REESTRUTURAÇÃO PRODUTIVA E SISTEMA BANCÁRIO
MOVIMENTO SINDICAL BANCÁRIO NOS ANOS 90

Editora Appris Ltda.
1.ª Edição - Copyright© 2025 dos autores
Direitos de Edição Reservados à Editora Appris Ltda.

Nenhuma parte desta obra poderá ser utilizada indevidamente, sem estar de acordo com a Lei n° 9.610/98. Se incorreções forem encontradas, serão de exclusiva responsabilidade de seus organizadores. Foi realizado o Depósito Legal na Fundação Biblioteca Nacional, de acordo com as Leis n°s 10.994, de 14/12/2004, e 12.192, de 14/01/2010.

Catalogação na Fonte
Elaborado por: Josefina A. S. Guedes
Bibliotecária CRB 9/870

A636r
2025
	Antunes, Ludmila Rodrigues
	    Reestruturação produtiva e sistema bancário: movimento sindical bancário nos anos 90 / Ludmila Rodrigues Antunes. – 1. ed. – Curitiba: Appris, 2025.
	    290 p. ; 23 cm. – (Ciências sociais).
	
	    Inclui referências.
	    ISBN 978-65-250-7471-9
	
	    1. Economia. 2. Bancos – Brasil. 3. Bancários – Sindicatos. 4. Neoliberalismo. I. Título. II. Série.
	
	                                              CDD – 332.1

Livro de acordo com a normalização técnica da ABNT

Editora e Livraria Appris Ltda.
Av. Manoel Ribas, 2265 – Mercês
Curitiba/PR – CEP: 80810-002
Tel. (41) 3156 - 4731
www.editoraappris.com.br

Printed in Brazil
Impresso no Brasil

Ludmila Rodrigues Antunes

REESTRUTURAÇÃO PRODUTIVA E SISTEMA BANCÁRIO
MOVIMENTO SINDICAL BANCÁRIO NOS ANOS 90

Appris
editora

Curitiba, PR
2025

FICHA TÉCNICA

EDITORIAL	Augusto Coelho
	Sara C. de Andrade Coelho
COMITÊ EDITORIAL	Ana El Achkar (Universo/RJ)
	Andréa Barbosa Gouveia (UFPR)
	Antonio Evangelista de Souza Netto (PUC-SP)
	Belinda Cunha (UFPB)
	Délton Winter de Carvalho (FMP)
	Edson da Silva (UFVJM)
	Eliete Correia dos Santos (UEPB)
	Erineu Foerste (Ufes)
	Fabiano Santos (UERJ-IESP)
	Francinete Fernandes de Sousa (UEPB)
	Francisco Carlos Duarte (PUCPR)
	Francisco de Assis (Fiam-Faam-SP-Brasil)
	Gláucia Figueiredo (UNIPAMPA/ UDELAR)
	Jacques de Lima Ferreira (UNOESC)
	Jean Carlos Gonçalves (UFPR)
	José Wálter Nunes (UnB)
	Junia de Vilhena (PUC-RIO)
	Lucas Mesquita (UNILA)
	Márcia Gonçalves (Unitau)
	Maria Aparecida Barbosa (USP)
	Maria Margarida de Andrade (Umack)
	Marilda A. Behrens (PUCPR)
	Marília Andrade Torales Campos (UFPR)
	Marli Caetano
	Patrícia L. Torres (PUCPR)
	Paula Costa Mosca Macedo (UNIFESP)
	Ramon Blanco (UNILA)
	Roberta Ecleide Kelly (NEPE)
	Roque Ismael da Costa Güllich (UFFS)
	Sergio Gomes (UFRJ)
	Tiago Gagliano Pinto Alberto (PUCPR)
	Toni Reis (UP)
	Valdomiro de Oliveira (UFPR)
SUPERVISORA EDITORIAL	Renata C. Lopes
PRODUÇÃO EDITORIAL	Renata Cristina Miccelli
REVISÃO	Monalisa Morais Gobetti
DIAGRAMAÇÃO	Jhonny Alves dos Reis
CAPA	Daniela Baumguertner
REVISÃO DE PROVA	Alice Ramos

COMITÊ CIENTÍFICO DA COLEÇÃO CIÊNCIAS SOCIAIS

DIREÇÃO CIENTÍFICA	Fabiano Santos (UERJ-IESP)
CONSULTORES	Alícia Ferreira Gonçalves (UFPB)
	Artur Perrusi (UFPB)
	Carlos Xavier de Azevedo Netto (UFPB)
	Charles Pessanha (UFRJ)
	Flávio Munhoz Sofiati (UFG)
	Elisandro Pires Frigo (UFPR-Palotina)
	Gabriel Augusto Miranda Setti (UnB)
	Helcimara de Souza Telles (UFMG)
	Iraneide Soares da Silva (UFC-UFPI)
	João Feres Junior (Uerj)
	Jordão Horta Nunes (UFG)
	José Henrique Artigas de Godoy (UFPB)
	Josilene Pinheiro Mariz (UFCG)
	Leticia Andrade (UEMS)
	Luiz Gonzaga Teixeira (USP)
	Marcelo Almeida Peloggio (UFC)
	Maurício Novaes Souza (IF Sudeste-MG)
	Michelle Sato Frigo (UFPR-Palotina)
	Revalino Freitas (UFG)
	Simone Wolff (UEL)

À vovó.
À Maria Lúcia.
Aos meus pais, Mary e Ezio.
Aos meus filhos, Flávia, Chico e Pedro,
com amor e gratidão.

APRESENTAÇÃO 1

A necessidade de reflexões sobre os processos atuais de construção de uma economia globalizada e o conflito travado em seu interior tem sido uma forte preocupação dos estudos de economia do trabalho, com a intenção de distinguir e detalhar os nexos causais dos movimentos de expansão mundializada do capital e seus desdobramentos no mundo do trabalho.

Um complexo conjunto de transformações aponta um cenário onde as desregulações da economia, a desmontagem das instituições de direitos sociais e do trabalho, a progressiva diminuição do alcance e qualidade de políticas públicas sociais, ancoradas em direitos consagrados e sua crescente face filantrópica, o encolhimento e fragmentação das negociações coletivas em diferentes setores da sociedade civil, a grande concentração de recursos financeiros nas grandes corporações empresariais, a consequente subalternidade dos Estados Nacionais e o acantonamento dos sindicatos e movimentos sociais, significam risco potencial para as sociedades contemporâneas.

A exclusão proposta como regime social, pelo consenso neoliberal, devasta energias coletivas, de criatividade política, apoiadas, tradicionalmente, na memória, história e identidades (Paoli, 2000), desmoralizando demandas sociais e cristalizando a perspectiva da inexorabilidade do progresso. Por sua vez, a concorrência internacional e a dinâmica da globalização realizadas em diferenciados ritmos de crescimento, acesso à tecnologia e à produtividade que realinharam países em níveis divergentes, indicam também renovadas tendências de crescimento econômico para altas taxas de desigualdade interna entre as regiões, cujo tipo de registro aos direitos sociais e trabalhistas apelam à própria reinvenção das sociedades e a ações concretas contra a destruição de direitos coletivos.

A estratégia de globalização, explicitada pela onda de políticas neoliberais dos últimos quase 30 anos, restringiu progressivamente a capacidade dos governos dos Estados Nacionais de regularem os movimentos de capitais estrangeiros, favorecendo importantes mudanças no sistema financeiro.

Ao optar pela adesão aos ditames do capital financeiro internacional, com o objetivo de obter a estabilização, o governo Fernando Henrique Cardoso tornou-se prisioneiro do câmbio e dos juros, cada vez mais dependente das oscilações dos mercados internacionais. Suas ações objetivaram garantir o ingresso de capitais para fechar as contas de balanço de pagamentos que pouco contribuíram para o aumento da competitividade brasileira.

Neste aspecto, a globalização, percebida também como um conjunto de políticas que traduzem iniciativas de uma potência hegemônica, os Estados Unidos da América, tem implicado em perda relativa da autonomia da maioria dos Estados Nacionais.

O resultado dos programas de ajustes, reformas e privatizações realizadas não tornaram o Estado enxuto ou redirecionado para área social, sujeito que está o Brasil às maiores pressões políticas das agências multilaterais e às determinações do capital financeiro internacional.

O favorecimento dos interesses financeiros internacionais foi realizado às expensas dos trabalhadores e as consequências são bastante conhecidas: a perda de influência política dos sindicatos que se expressou em menores salários e menores benefícios para os trabalhadores, maior insegurança no emprego e menor interesse dos políticos nos grupos passíveis de exclusão econômica e social.

É consenso que, a despeito do extraordinário fortalecimento do movimento sindical brasileiro nos anos 80, os impasses e desafios bastante complexos com os quais se deparou o mundo do trabalho apontam a busca de uma nova agenda em torno da questão, desde que as constantes soluções para os problemas advindos da crescente concentração econômica e transnacionalização produtiva e financeira, por parte dos Estados Nacionais e empresas, têm sido inegavelmente prejudiciais aos trabalhadores assalariados.

O processo de globalização da economia mundial tem como uma de suas principais características a internacionalização do sistema financeiro. O setor financeiro tem sido objeto de investigações, tanto quanto o setor industrial, relativas aos impactos dos processos de reestruturação produtiva já realizada e em fase de consolidação. Estes processos estiveram explicitados nos últimos anos pelas profundas alterações da forma de atuação dos conglomerados financeiros, a partir de redefinições de estratégia de mercado, adoção de novas técnicas de gestão de mão de obra, acompanhadas pela ampliação acelerada dos programas de automação.

Com efeito, uma série de trabalhos acadêmicos e institucionais foi desenvolvida com acento recorrente na problemática da adoção de processos de automação, programas de produtividade e da terceirização de serviços, articulando os processos de reestruturação produtiva à drástica redução dos empregos nos bancos. No caso brasileiro, a redução do emprego bancário está relacionada não só à globalização do sistema financeiro internacional, ao acirramento da concorrência internacional e nacional, à reestruturação produtiva, mas também à medida de ajuste realizada pelos bancos brasileiros a partir da segunda metade dos anos 80, diante da necessidade de se prepararem para sobreviver num ambiente econômico de estabilização. O impulso institucional à reorganização do setor, aprofundou os ajustes, redimensionou suas atividades, eliminou postos de trabalho na categoria, redefinindo inclusive o perfil da categoria bancária.

Assim, a estabilização da economia e a prometida retomada do crescimento econômico não trouxeram qualquer sinal de recuperação econômica no nível do emprego bancário. O movimento do emprego esteve estreitamente associado a políticas de racionalização e modernização adotadas pelas empresas que não só investiram na transformação do processo produtivo, mas também introduziram novos produtos, novas técnicas de gerenciamento da produção e da mão de obra e alteraram o perfil médio dos empregados. A disseminação da automação, a adoção de novas técnicas gerenciais, a terceirização, a necessidade do desenvolvimento de novos produtos e serviços provocaram mudanças significativas na composição da categoria bancária, ocorridas às margens de negociações amplas entre bancários e patrões.

A reestruturação produtiva nos bancos, assim como os resultados das orientações neoliberais da política do governo federal, trouxe impactos muito nefastos para o movimento sindical bancário, que se traduziram na perda de rumos, imobilismo, solidão e abandono para os trabalhadores.

O movimento sindical bancário se depara atualmente com uma mudança geracional com novos atores, novas demandas, em um cenário onde os movimentos sociais apontam cada vez mais para a reconstrução de uma solidariedade em bases profundamente diferentes daquelas preconizadas no pós-2ª Guerra Mundial.

O presente estudo procurou avaliar o comportamento e os reflexos dos processos de reestruturação produtiva e financeira do sistema bancário brasileiro no movimento sindical bancário nacional, buscando investigar as tendências, perspectivas e limites do mesmo.

O significativo número de ensaios, trabalhos acadêmicos e pesquisas produzidas, sobretudo, pela economia do trabalho e sociologia do trabalho, sobre o novo ambiente econômico internacional onde a competitividade empresarial tornou-se simultaneamente um imperativo e um mito, aponta a ênfase desta produção intelectual nas diversas formas de interpretar ou compreender os processos substantivos de mudanças na produção industrial, engendrados a partir das determinações de competitividade empresarial. Uma tendência não desprezível nesta literatura dedica muito da sua atenção para o que se tornou conhecido como reestruturação produtiva, modernização ou choque de competitividade, e suas relações com o mundo do trabalho e com o movimento sindical.

Entretanto a forma de tratamento encontrada na literatura nacional sobre as relações entre a reestruturação produtiva, e o processo de trabalho e a ação sindical no setor bancário brasileiro, ainda são insuficientes para analisar as tendências, limites e perspectivas desta mesma ação de forma mais abrangente. Muito embora o acúmulo de informações existentes sobre o tema, poucos são os trabalhos que claramente relacionam a ação sindical bancária às particularidades da constituição, ao funcionamento e à evolução do sistema bancário no Brasil.

Nossa pretensão foi adotar um procedimento teórico metodológico que nos permitisse identificar e analisar as particularidades do movimento sindical brasileiro diante do atual perfil do sistema bancário nacional. A análise esteve, portanto, articulada à conjuntura econômica do país e o período atual de mudanças no capitalismo reformado que marcam este final de século.

O campo de pesquisa sobre o movimento sindical bancário é recente, e sempre foi tratado de forma parcial, sob diferentes enfoques teóricos. No âmbito de análise da história econômica e economia do trabalho, adotamos uma perspectiva interdisciplinar a fim de conseguir uma percepção totalizante sobre as condições atuais do movimento sindical bancário brasileiro.

A fim de atender os objetivos expostos, a elaboração do primeiro capítulo buscou realizar uma apresentação sobre a evolução do setor bancário brasileiro do ponto de vista macrossetorial, assim como uma avaliação das suas atuais dimensões.

O segundo capítulo em sua primeira parte se propôs a exploração bibliográfica sobre o processo de reestruturação produtiva do setor bancário no Brasil, resgatando e sistematizando criticamente a produção internacional e nacional sobre o tema. Em um segundo momento apresenta uma discussão sobre o setor bancário brasileiro frente ao dinamismo do processo na organização do trabalho, contemplando assim aspectos básicos do problema, como as relações entre a automação e concorrência e os impactos das mudanças tecnológicas sobre os bancos brasileiros.

O terceiro capítulo apresenta as características básicas do trabalhador bancário no Brasil, procurando mapear o seu perfil, relacionando-o aos marcos históricos de referência discutidas no âmbito dos capítulos 1 e 2, quais sejam: a Reforma Bancária de 1964, a acelerada automação de base microeletrônica no sistema bancário nos anos 80, os momentos de ajuste setorial de redução de postos de trabalho de características mais conjunturais e a reestruturação setorial em curso desde o Plano Real.

O quarto capítulo examina como o movimento sindical bancário foi afetado pelo processo de reestruturação produtiva e reorganização empresarial, viabilizados por políticas de natureza neoliberal que foram implantadas no Brasil durante a década de 90. Em um esforço de revisão bibliográfica, o capítulo desenvolve a análise de alguns estudos sobre o movimento sindical bancário, cotejando-os com observações sobre o estágio desse movimento durante a década de 90.

O estudo abrangeu mais destacadamente a década de 90 e foi desenvolvido a partir de sistemática consulta e análise de dados, documentos e trabalhos acadêmicos sobre o tema propriamente dito e outros mais adjacentes e interdisciplinares. A participação no III Congresso de Sociologia do Trabalho em Buenos Aires, em maio de 2000, resultou por sua vez em uma experiência profundamente rica no sentido de trocas de informações e notas de trabalho. A contemporaneidade do tema tratado pode, porém, resvalar em omissões no que se refere à cobertura bibliográfica.

A orientação metodológica centrou-se na sistemática consulta e análise de dados documentais, levantadas em dedicada pesquisa de material das já tradicionais fontes sobre o assunto: Federação Nacional dos Bancos (Febraban); Associação Nacional das Instituições do Mercado Aberto (Andima); Sindicato dos Empregados em Estabelecimentos Bancários de São Paulo e Região (Seeb-SP); Confederação Nacional dos Bancários (CNB); e Departamento Intersindical de Estatísticas e Estudos Socioeconômicos (Dieese). Foram também consultados jornais, periódicos e revistas da imprensa especializada nas áreas financeira e tecnológica, publicações patronais e sindicais, pesquisas e textos sindicais que analisaram o conjunto de transformações observado no mundo dos negócios e do trabalho bancário.

Foram realizadas entrevistas com dirigentes sindicais, assessores sindicais, bancários sindicalizados na cidade de São Paulo. As entrevistas com dirigentes sindicais partiram de roteiros previamente elaborados e foram cotejadas com as entrevistas feitas com bancários do setor estatal e privado e com as fontes utilizadas. Cabe informar que o material resultante das entrevistas nos ajudou a localizar concretamente as informações colhidas junto às referidas fontes pesquisadas, sem, no entanto, terem sido aspecto central de reflexão.

A rigor, o objetivo principal desta escrita e que pretende estar presente em todos os capítulos foi esclarecer a natureza das relações entre a reestruturação produtiva encetada no setor bancário e seus impactos no movimento sindical bancário.

APRESENTAÇÃO 2

Este livro nasce da vontade de retomar uma longa jornada por temas caros como docente, pesquisadora e trabalhadora no Brasil. Reflexões, vivências e o trabalho acadêmico nos últimos 30 anos me incentivaram a considerar uma releitura do produto de meu doutoramento — realizado na Unicamp ao final da década de 90. Uma possibilidade de revisitar e compreender aspectos fundamentais do mundo da vida e do trabalho em meu país. Podendo, outrossim, com certa ousadia estender essas reflexões para outros cantos do mundo.

O que me trouxe até a presente edição da tese foi a quase urgência de dizer o que venho repetindo a mim mesma, assim como tantos outros e outras colegas. Por isso, me propus reler com os olhos de quase três décadas depois sobre o que estava em andamento para analisar a agilidade surpreendente dos processos que estavam, desde então, sendo estudados, analisados, quantificados e colocados sob escrutínio político, econômico e ideológico.

Não pensei com esse objetivo preparar um ou dois capítulos com informações atualizadas; seria outra tese portanto, um olhar de outra pessoa, outra pesquisadora.

A tese editada agora descreveu, estudou e analisou a reestruturação produtiva do sistema bancário e sua relação com o movimento sindical desse setor nos anos 90. Não se trata, pois, nesta sua edição de avaliar o sistema financeiro brasileiro contemporâneo ou mesmo reavaliar o movimento sindical bancário brasileiro atual.

Como docente no Departamento de Segurança Pública do Instituto de Estudos Comparados em Administração de Conflitos na Universidade Federal Fluminense, uma das disciplinas pelas quais estou responsável é Economia, Trabalho e Segurança, na qual fazemos avaliações permanentes das consequências econômicas da reestruturação de distintos setores econômicos e seus impactos na vida e proteção social dos trabalhadores. Estudando os temas do trabalho precário e informalidades e inseguranças do trabalho e suas relações com a segurança pública.

Entretanto algumas advertências devem ser feitas relativas ao que chamamos na tese sobre "as mudanças no perfil do trabalho bancário" e sobre condições e transformações, destacadamente quanto ao perfil de gênero, raça e escolaridade. No Brasil de 2023/24, o novo Censo do IBGE está apontando para estudos com alterações importantes para as categorias de trabalhadoras e trabalhadores bancários que já são assinaladas em estudos acadêmicos de novos e novas colegas.

Ao seu tempo, a tese buscou abordar um assunto sensível para o setor bancário, não apenas a própria reestruturação do setor financeiro, mas do setor bancário brasileiro em si, recuperando algumas de suas dimensões temporais.

Após um período de sucessos quase consecutivos, o movimento bancário perdeu robustez; o que constituiu dura experiência para um movimento sindical tradicionalmente pautado e consolidado em sólidas e potentes conquistas. Ao longo dos anos que se seguiram, as profundas mudanças tecnológicas ocorridas entre os anos 80 e 90 alteraram não só padrões de gestão e execução do labor bancário. A conformação e confirmação junto ao movimento político-econômico internacional do refinamento da ideologia liberal haveria de tornar-se uma matriz hegemônica cada vez mais profundamente conservadora, individualista, e mobilizada para desmontar a médio ou curto prazo conquistas centenárias da classe trabalhadora.

Afinal, por que se perguntar ainda hoje na segunda década do século XXI o que pode ter mudado entre os anos 1980 e 2000? Ou nas décadas que se seguiram? Afinal, sabemos o quanto houve de transformações em diferentes frentes nesse período, mas que reforçamos tratar-se de processo de quase meio século.

Lembramos que em meados de 1970, a economia brasileira, diferentemente de sentir os primeiros impactos das mudanças nos novos formatos de gestão financeira e produtiva da economia internacional, permanecia em "marcha forçada"; caminhou junto a uma política autoritária e fortemente reativa ao movimento sindical dos trabalhadores para um período futuro de crises econômicas duradouras que, no caso nacional, trariam importantes mudanças políticas para o país.

O movimento sindical brasileiro e as relações de trabalho não saíram ilesos das radicais alterações na gestão e na organização do trabalho que se processaram a partir de aspectos discutidos por esta tese ora publicada.

Ressalto que o trabalho bancário desde sempre tem entre suas especificidades, como a maior: o dinheiro. O que me faz recorrer ao recente livro de Luiz Gonzaga Beluzzo e Gabriel Galípolo, *Dinheiro, o poder da abstração real* (2021).

> [...] é acumulação de riqueza abstrata, monetária. Ou seja, não se trata de produzir e gerar abundância e conforto material para os indivíduos e suas vidas, mas de produzir mercadorias concretas, particulares, úteis ou inúteis, com o propósito de acumular dinheiro. Uma coisa é uma coisa, outra coisa é a mesma coisa. O problema é que, frequentemente, a mesma coisa não é a mesma coisa para países, seus trabalhadores e suas empresas.
>
> Não importa onde e o que produzir, mas distribuir e organizar a produção nos espaços que permitam a maximização dos resultados monetários, ambicionados por grandes empresas e bancos que controlam instrumentos de produção e dinheiro. As condições de vida dos habitantes dos espaços fracionados, abandonados ou ocupados, são mera consequência, boa ou má nos movimentos da abstração real. (Beluzzo; Galípolo, 2021, p. 13).

A guisa de sustentar essa apresentação penso que uma tese de 2001 sobre a reestruturação financeira no trabalho bancário, oportuniza avaliar mais detidamente as mudanças tecnológicas e no que elas afetam o trabalho de determinados segmentos e setores. No trabalho bancário, principalmente, faculta-nos mostrar como foi importante a introdução de tecnologias, conhecidas e denominadas à época como novas tecnologias do trabalho bancário.

Esse momento da reestruturação financeira pela qual passavam não só os bancos brasileiros e os bancos internacionais foi largamente estudado como um fenômeno da financeirização da economia internacional e das mudanças estruturais do capitalismo.

Nesta apresentação convido o leitor e leitora a debruçar-se sobre um tema cuja categoria e setor de trabalho são alguns dos precursores das importantes mudanças nas tecnologias, ideologias e narrativas que devastaram movimentos sindicais e conquistas do trabalho do último período do século XX. Entendendo, ademais, o quanto os percalços do trabalho bancário na primeira e na segunda década do século XXI conjugados aos impactos da pandemia para além das mudanças tecnológicas, afetaram a uma categoria pulsante e mobilizadora em grandes lutas políticas com conquistas que se ampliaram para outras frações das categorias de trabalhadores.

Novos dados e estudos sobre impactos e narrativas que abordam teoricamente o movimento bancário no contexto atual o apresentam em circunstâncias distintas e reconfiguradas.

As perguntas que dão motivação para a presente publicação trazem em si hipótese, problema, objetivo e respostas que como autora observei sendo gestadas ou a caminho de uma complexidade estrutural cada vez maior e uma conjuntura ainda mais adversa com o passar dos anos.

Neste aspecto, estudar atualmente a vigência do capitalismo de plataforma e do trabalho digital e sua desregulamentação e como estão balizando parte das condições, impactos, desafios, mudanças, trajetórias para o trabalho bancário — e de tantos e diversos outros segmentos — afetam diretamente a vida e cotidianos do trabalho e ativismos e movimento sindical e outras formas de movimentos sociais.

Proponho ao leitor e leitora, a leitura sobre um tempo passado — imperfeito — que se descortinou e adensou, não sem resistência, porém de modo contínuo e brutal desconstruindo e desorganizando, como descrito, assinalado, narrado e analisado na tese que ora se evoca.

Niterói, março de 2024.

PREFÁCIO

É uma grande honra prefaciar o livro da professora doutora Ludmila Rodrigues Antunes. Ao refletir sobre seu importante trabalho sobre a *Reestruturação produtiva e sistema bancário: movimento sindical bancário nos anos 90*, verificamos o quão foi impactante a ação dos grupos patronais contra os direitos adquiridos pelos trabalhadores desde a época do chamado "capitalismo organizado" que teve o fordismo como paradigma.

A reação neoliberal começa no início da década de 1980 nos países centrais, Estados Unidos e Reino Unido, cujos governos apoiados por entidades de classe, como a Comissão Trilateral e o *Business Roundtable*, ou *think tanks* conservadores como a *Heritage Foundation*, *American Enterprise Institute* ou *Cato Institute*, implementaram uma agenda antissindical e antissocial com vistas a recapturar o orçamento do Estado para suas demandas políticas e econômicas e também reduzir a renda dos salários na economia.

Aquela reestruturação começou por contrair as rubricas sociais do orçamento estatal, eliminar o caráter universal das políticas públicas e privatizar empresas estatais. O passo seguinte foi o de quebrar a espinha dorsal do movimento sindical (e também dos partidos ligados aos trabalhadores) ao destruir postos de trabalho por meio de estratégias de deslocalização produtiva (*offshoring*) e terceirização (*outsourcing*). Os empregos industriais migraram para países com baixos custos produtivos, considerados aí os salários, taxas de câmbio, isenções tributárias e escala de produtiva. É nesse contexto que a China se torna a "Fábrica do Mundo" e que as empresas multinacionais aumentam fortemente a sua participação na renda em detrimento das famílias trabalhadoras.

A produção audiovisual traz excelentes filmes que podem exemplificar esse processo, como a película dirigida por Petter Cattaneo, *The Full Monthy* (que no Brasil ganhou o nome de *Ou tudo ou nada*), de 1997, ou *Los Lunes al Sol*, dirigido por Fernando León de Aranoa, de 2002. Ambos relatam os impactos das políticas neoliberais sobre o trabalho organizado, particularmente o desemprego estrutural, o desalento, a precarização e a diminuição da renda por conta da globalização econômica criada no contexto da hegemonia neoliberal.

A introdução do neoliberalismo no Brasil ocorreu de forma retardatária em relação aos países centrais. Durante a década de 1980, o país estava em processo de redemocratização, num momento ascendente das classes populares. Paradoxalmente, enquanto os direitos trabalhistas eram retirados no mundo desenvolvido, a Constituição de 1988 instituía uma extensa plataforma de direitos sociais e a garantia de melhores condições para o desenvolvimento dos setores econômicos nacionais. Entretanto a queda do Muro de Berlim, em novembro de 1989, e a vitória de Fernando Collor de Mello, em 1989, criaram o contexto para uma grande revisão dos fundamentos da constituição recém-aprovada.

O programa econômico de Collor de Mello foi a versão brasileira da "terapia do choque" utilizada originalmente no Chile de Pinochet e, mais adiante, amplamente utilizada nos países que sobraram dos escombros do fim do socialismo de tipo soviético. Além do famoso "confisco" de poupanças, as iniciativas daquele governo afrontavam os direitos dos servidores públicos, iniciou uma abertura econômica não planejada, extinguiu algumas empresas e repartições públicas, bem como a privatização de outras. Do ponto de vista microeconômico, buscou aumentar a produtividade do setor privado por meio do Programa Brasileiro de Qualidade e Produtividade (PBQP), patrocinado pelo BNDES. Diversos consultores foram mobilizados para oferecer cursos junto a organizações empresariais e ao Sebrae. A tônica dessas consultorias era a de mostrar as inúmeras vantagens do modelo toyotista, particularmente a "qualidade total", o *"just in time"* e a terceirização.

Retornando aos aspectos abordados pela doutora Ludmila Antunes, peço licença para compartilhar minhas memórias, pois eu pude acompanhar de perto o início das reformas que transformaram o movimento sindical bancário. Na primeira metade da década de 1990, quando era funcionário do Banco do Estado de São Paulo, eu vivenciei os dilemas da época por três perspectivas: como caixa, como assessor da Diretoria de Representação e Participação (Direp) e como analista na área de Marketing. No primeiro posto, enfrentei uma população furiosa que não se conformava com o congelamento de seus ativos e não compreendia a lógica de possuir duas contas correntes, uma em Cruzados Novos (bloqueada) e outra em Cruzeiros, de livre disposição. Na qualidade de assessor da Direp, tive acesso a muitos cursos patrocinados pelo PBQP, com os custos pagos pelo banco. Lá, relacionava-se com membros da alta administração do Banespa, que ficaram fascinados com a propostas de modernização. Por fim, na área de Marketing, tomei parte das primeiras medidas significativas de segmentação de mercado, da criação da área de autoatendimento por meio da criação de áreas apartadas para a introdução de caixas eletrônicos (ATMs), e pela criação do serviço de teleatendimento e telemarketing, operado por atendentes, mas também por Unidades de Resposta Audível (URAs).

No banco, além dos receios da privatização, já que estávamos sob os auspícios do Consenso de Washington, também enfrentamos o súbito declínio da inflação após a introdução do Plano Real. De uma hora para outra, os ganhos de *"spread"* decorrentes da inflação caíram de forma significativa. Naquele momento essa era a principal fonte de lucro dos bancos. Essa crise impactou fortemente o setor e levou à quebra de diversos bancos, como o Nacional, Econômico e Bamerindus, e forçou o governo a lançar um forte apoio aos bancos para, ao menos em tese, evitar um risco sistêmico: o Programa de Estímulo à Reestruturação e ao Fortalecimento do Sistema Financeiro Nacional (Proer).

Vale lembrar que com a inflação elevada, os bancos organizaram-se para receber todo o dinheiro disponível. Contas menores, que hoje são pagas em casas lotéricas, como de serviços públicos, impostos, taxas condominiais, taxas de clubes, carnês do Baú da Felicidade etc. eram recebidos no caixa do banco. Isso influenciava, por exemplo, o layout das agências, onde a bateria de caixas era o coração do espaço. Consequentemente, a demanda por trabalhadores bancários era bastante forte, como caixas e escriturários. Além disso, existia um outro "exército" de trabalhadores que iniciava o trabalho após o fechamento das agências, como a parte de contabilidade que digitava os lançamentos diários, os funcionários dos centros de processamento de dados e ainda o pessoal da Compensação de cheques e documentos.

As transformações políticas, ideológicas e tecnológicas da década de 1990, como descreve Ludmila Antunes, impactaram fortemente a categoria bancária e a capacidade de articulação dos sindicatos. O movimento sindical bancário começou aquela década num movimento ascendente, resultado da articulação nacional dos dirigentes ligados à Central Única dos Trabalhadores (CUT) e à Confederação Nacional dos Trabalhadores nas Empresas de Crédito (Contec). Havia um comando único para as negociações com a Fenaban, a entidade sindical patronal, que negociava pelos bancos privados. Banco do Brasil e Banespa, por exemplo, possuíam os seus próprios comandos e negociavam diretamente com as suas respectivas diretorias. A greve geral bancária de setembro de 1985 foi a grande catalisadora do movimento. No começo da década de 1990 a força política do movimento parecia imbatível. A descrição dos direitos garantidos das convenções coletivas de trabalho é evidência dessa força.

A partir de 1994 a situação se altera profundamente, tal como descreve a autora. A queda da inflação, a concentração bancária, a privatização dos bancos estaduais, das quais a do Banespa foi a mais expressiva, os fortes ataques do governo de Fernando Henrique Cardoso aos sindicatos[1] e a rápida inovação tecnológica com os avanços das tecnologias de informação e comunicação (TICs) mudaram drasticamente o setor. Atualmente, caiu fortemente o número de agências bancárias. A maior parte das transações é realizada de forma remota por meio de Internet Banks ou smartphones, o dinheiro em espécie está sendo substituído pelo PIX e o atendimento pessoal de clientes se concentra no público que pode viabilizar negócios para os bancos, e não mais transações.

O livro da professora Ludmila Rodrigues Antunes possui um papel muito importante para compreender não apenas as vicissitudes do trabalho bancário, mas do trabalho no Brasil de forma geral. A década de 1990 é o lócus onde se gera a precarização, a informalidade e a queda significativa da renda do trabalho no PIB nacional. Esta obra, ao tratar do passado relativamente recente, é um convite para pensar os desafios atuais enfrentados por uma parcela muito grande da população que não se pode mais chamar de classe, no sentido marxista formulado por Edward Thompson[2], mas de um grande aglomerado disforme que hoje é caixa de ressonância de movimentos protofascistas.

Parabenizo a autora e desejo ao leitor uma ótima e agradável leitura.

Marília, 17 de outubro de 2023.
Marcos Cordeiro Pires
Professor da Universidade Estadual Paulista (Unesp)

---

[1] A postura do governo FHC, em 1995, frente à greve dos petroleiros, é comparada com a forma como Margaret Thatcher lidou com a greve dos mineiros, uma década antes. Não negociou, pressionou os Tribunais do Trabalho contra qualquer mediação, impôs multas que inviabilizaram os sindicatos por anos e jogou a opinião pública contra os grevistas. Especificamente no Tribunal Regional do Trabalho, de São Paulo, nenhum acordo garantiu ganho real aos trabalhadores durante os oito anos de FHC.

[2] THOMPSON, E. P. *A Formação da classe operária inglesa*. Rio de Janeiro: Paz e Terra, 1987. (Três volumes).

SUMÁRIO

INTRODUÇÃO 23

CAPÍTULO 1
EVOLUÇÃO DO SISTEMA BANCÁRIO NO BRASIL 29
    1.1 O sistema bancário pré-reforma 29
    1.2 A reforma bancária de 1964/65 30
    1.3 A nova estrutura financeira 32
    1.4 As alterações no perfil operacional do sistema bancário 34
    1.5 O setor bancário nos anos 80 36
    1.6 O setor bancário nos anos 90 42
        1.6.1 O ajuste do sistema financeiro após o Plano Real 45
        1.6.2 A ampliação da participação estrangeira 52

CAPÍTULO 2
O PROCESSO DE REESTRUTURAÇÃO PRODUTIVA NO SETOR BANCÁRIO BRASILEIRO 83
    2.1 Introdução e disseminação da automação bancária no Brasil 85
    2.2 Os impactos das mudanças tecnológicas sobre os bancos 92
        2.2.1 Automação e concorrência 110
            2.2.1.1 A tecnologia no Brasil e no sistema bancário internacional 130
    2.3 Os programas de qualidade e remuneração variável 136

CAPÍTULO 3
O TRABALHO DO BANCÁRIO FRENTE AO PROCESSO DE REESTRUTURAÇÃO PRODUTIVA 145
    3.1 Os traços constitutivos da categoria profissional bancária 147
    3.2 A força de trabalho feminina nos bancos 182
    3.3 As condições de acesso, permanência e ascensão no setor bancário segundo raça e sexo 185
    3.4 O novo perfil do trabalhador bancário 192

CAPÍTULO 4
O MOVIMENTO SINDICAL BANCÁRIO DOS ANOS 90 197
    4.1 A experiência do movimento sindical internacional nos anos recentes 199

4.2 Relações de trabalho e o movimento sindical brasileiro nos anos 80.........206
4.3 Relações de trabalho e o movimento sindical brasileiro nos anos 90.........208
4.4 O movimento sindical bancário nos anos 90 223
4.5 As negociações coletivas como expressão da trajetória do movimento sindical bancário..228
    4.5.1. Observações gerais sobre as negociações coletivas no setor bancário brasileiro...231
4.6 Possibilidades de resistência e ação coletiva do movimento sindical bancário nos anos 90 258
    4.6.1 Campanhas salariais em um contexto de estabilização................... 262
    4.6.2 Dilemas e impasses do movimento sindical bancário da década de 90 266

CONCLUSÃO...271
REFERÊNCIAS 275

INTRODUÇÃO

Na década de 90, a questão da modernização econômica esteve entre os inúmeros desafios que se apresentaram à sociedade brasileira. A questão da modernização econômica assume particular relevância quando examinada pelo ângulo de suas implicações sobre as relações de trabalho e consequentemente sobre o movimento sindical, dada a própria inserção do país no cenário internacional marcado pela nova configuração geopolítica e pela crescente mundialização da economia, a frequente importação de modelos, ideias e inclusive mercadorias. Tal situação caracterizou-se por uma forma crítica e perigosa de avaliar e implementar o processo de modernização econômica (Vianna, 1993).

Após algumas décadas de expansão e de aparente consolidação do padrão fordista de produção e consumo, a reversão cíclica da década de 70, que afetou o mundo capitalista, significou não só um novo padrão tecnológico e organizacional, como também importantes transformações na gestão empresarial. A obsolescência de alguns aspectos do paradigma anterior de produção tornou-se mais evidente quando as novas tecnologias de automação passaram a ser utilizadas em combinação com formas distintas de organização pelo forte poder competitivo de empresas japonesas, apontando dessa forma, novos fatores condicionantes de produtividade e qualidade, impondo, outrossim, radicais mudanças na qualificação da mão de obra e nos modelos de relações de trabalho.

A vasta bibliografia que emergiu destas novas condicionalidades mostrou que as transformações estabelecidas nos processos de trabalho e regimes salariais das principais economias do capitalismo central destacaram dois processos simultâneos de natureza distinta: a interrupção do crescimento do produto e do emprego assalariado e a introdução de técnicas de automação e de organização do trabalho que incidiram sobre as relações de trabalho anteriormente existentes.

O efeito conjugado desses dois movimentos sobre o mercado de trabalho foi sobejamente analisado pela bibliografia sobre o assunto, principalmente no tocante a repercussões profundas na representação dos interesses dos trabalhadores e nos salários reais. Nesse sentido, os estudos em geral apontaram a ampliação da taxa de desemprego, uma maior segmentação dos mercados de trabalho que alterou tendências salariais homogeneizadoras relativas à centralização de contratos coletivos, para a fragmentação dos interesses dos trabalhadores e uma severa diminuição do poder de barganha sindical.

A extraordinária velocidade do progresso técnico, experimentado então em áreas como informática, telecomunicações e finanças, combinada com a redução dos custos de transporte, desregulamentação de diversos mercados e remoção de controles e barreiras, facilitou sobremaneira uma crescente integração comercial[3] e financeira das economias nacionais assim como a internacionalização dos próprios processos de produção em muitos setores e também a internacionalização do capital financeiro (Batista Jr., 2000).

Em decorrência do progresso tecnológico nas áreas de informática e telecomunicações, e das condições macroeconômicas mundiais, profundas transformações institucionais ocorreram no sistema financeiro mundial durante os anos 80, expressas na forma de funcionamento dos mercados, abrangência das relações de endividamento e tipos de ativos e na emergência de novos atores no processo de intermediação. As transformações do sistema financeiro ocorrem simultaneamente às dos campos da tecnologia, comércio e regulação, sem que haja, contudo, sincronização entre essas mudanças. A sucessão de episódios disruptivos (volatilidade cambial, encadeamentos recessivos, crises setoriais) ocorre, por sua vez, sem a definição de um novo padrão monetário internacional, deixando em aberto, crises de proporções maiores ou transições administradas pelos governos do capitalismo central (Fundap, 1991).

Esse processo inicia-se com a elevação das taxas de juros ao final dos anos 70, o que marca o início da chamada globalização financeira, caracterizada pela integração dos mercados financeiros sob a hegemonia norte-americana, resultando em uma estrutura internacional assimétrica.

Após a derrocada de Bretton Woods[4], e ao longo da década de 70, as políticas econômicas de inspiração keynesiana são progressivamente abandonadas.

---

[3] O grau de internacionalização econômica das últimas décadas, entretanto, não é uma total novidade. A integração dos mercados mundiais remonta à segunda metade do século XIX, e já existiam nas décadas finais desse mesmo século, meios de informação e transporte capazes de sustentar um sistema econômico de características internacionais.

[4] "[...] o sistema era constituído de 3 características: taxas de câmbio fixas, porém ajustáveis; existência de controles rígidos sobre os fluxos de capital; existência de organismo supra-nacional destinado a supervisionar e auxiliar os países em caso de dificuldades passageiras [...]" (Eichegreen, 1996, s/p).

A despeito de seu crescimento, o investimento estrangeiro caracterizou-se basicamente em investimentos de portfólio, aplicações de renda fixa e financiamento do comércio exterior. Esse novo tipo de inserção financeira resultou na adaptação do marco regulatório brasileiro às novas tendências do mercado financeiro internacional, de modo que o Brasil executou seu programa de estabilização de acordo com as normas dos mercados financeiros e, agora, liberalizados[5].

A significativa redução do patamar inflacionário implicou em redimensionamento do sistema financeiro e no enxugamento das suas estruturas dos sistemas bancários, notadamente os de varejo, abrindo espaço para a atuação, principalmente, de bancos de investimento — estrangeiros ou associados a capitais estrangeiros — com estruturas operacionais de menor porte. Os grandes conglomerados financeiros brasileiros envolveram-se ativamente nesse segmento de mercado associando-se a bancos estrangeiros na área de investimentos.

O aprofundamento da abertura do setor financeiro ao capital estrangeiro, a consequente consolidação do sistema — via liquidação dos bancos mais frágeis e absorção de instituições mais fortes — e a adoção dos princípios básicos do Acordo da Basiléia — que visou aperfeiçoar os regimes contábeis de supervisão — significaram a associação com as políticas de liberalização, desregulamentação e privatização, vigoroso impulso ao processo de reestruturação produtiva no setor bancário brasileiro, cujo movimento complexo e acelerado de transformações do sistema financeiro nacional fez desencadear brutais modificações nas condições de trabalho, emprego e salário dos trabalhadores nos bancos.

Articulada com a expansão e internacionalização do sistema financeiro mundial das décadas anteriores (60, 70 e 80) e com as transformações que determinaram uma nova configuração do mesmo, na década de 90, a reestruturação do sistema financeiro brasileiro significou, sobretudo, o aprofundamento da dominação do grande capital privado transnacional no Brasil.

Importa ressaltar é que, muito embora a liberalização financeira e externa tenha proporcionado um possível aumento da poupança finan-

---

[5] "[...] é preciso entender que a regra básica das esterilizações com abertura financeira é a da criação de uma oferta de ativos atraentes que possam ser encampados pelo movimento geral da globalização. Neste rol estão incluídos títulos da dívida pública, em geral curtos e de elevada liquidez; ações de empresas em processo de privatização; bônus e papéis comerciais de empresas e bancos de boa reputação; e posteriormente, ações depreciadas de empresas privadas, especificamente, daquelas mais afetadas pela abertura econômica e pela valorização cambial, que geralmente acompanha esses programas [...]" (Coutinho; Belluzo, 1996, p. 141).

ceira, num contexto de estabilidade de preços, isto significou a queda da poupança macroeconômica, ou seja, a queda do fluxo de financiamento em novos investimentos (Cintra, 1998).

A estratégia brasileira de modernização constitui-se, portanto, em um projeto de transformação da economia, composto por um programa anti-inflacionário, por um conjunto de reformas que pretendeu viabilizar uma nova estrutura financeira e bancária e um Estado minimizado, que rompeu definitivamente com o padrão de desenvolvimento econômico e de organização do Estado predominante desde os anos 30, de modo que sua trajetória esteve condicionada na década de 90, no plano internacional pela "globalização" e, internamente, pela implementação de políticas liberalizantes.

No Brasil, durante os anos 80, o desenvolvimento e a expansão financeira foram condicionados pela restrição externa e pelos processos de inflação crônica. A crise da dívida externa incide em um processo de concentração do sistema financeiro, marcado por um contexto de baixas taxas de crescimento econômico e elevados patamares de inflação. A elevada rentabilidade do sistema financeiro nesse período era derivada basicamente do *float* de recursos do sistema, especialmente nos bancos de varejo, que por possuírem uma ampla rede de agências, apropriaram-se de parte significativa do imposto inflacionário.

Nesse contexto, a expansão dos investimentos para a ampliação da capacidade produtiva e da infraestrutura econômica apresentou-se potencialmente mais fragilizada que o habitual; de todo modo, a demanda por esse tipo de financiamento já havia diminuído bastante com a implantação de programas de ajuste da dívida externa e com a retração da taxa de investimento[6].

O início dos anos 90, porém, caracterizou-se pela recuperação dos influxos de capital privado para os países da América Latina, verificando-se um alívio na restrição externa, condicionando modificações nas experiências de estabilização e na inserção financeira internacional desses países. Os diferentes graus de receptividade do ingresso de recursos externos variaram de acordo com a política econômica e gestão macroeconômica de abertura.

---

[6] "No Brasil, embora os créditos de fomento também tenham diminuído drasticamente, sobretudo aqueles direcionados aos setores agrícolas e imobiliário do Banco do Brasil e da Caixa Econômica Federal, respectivamente, o BNDES manteve os programas de financiamento de longo prazo para investimentos industriais" (Cintra, 1998, p. 114).

Ocupando posição central no debate brasileiro da década de 90, a problemática da "globalização" fez prevalecer percepções de que os processos em curso dominavam de maneira inexorável a economia mundial, destruindo fronteiras nacionais e revelando crises nos Estados Nacionais. Nesse aspecto, vale dizer, que a despeito da expansão das transações econômicas internacionais, do crescimento acelerado dos fluxos financeiros e do crescimento do grau de abertura das economias nacionais, as taxas de desemprego, assim como outras variáveis econômicas e sociais permaneceram dependentes do comportamento de suas economias domésticas e de políticas de âmbito nacional, indicativas de que a ideia de inexorabilidade da globalização precisa de fato ser relativizada.

O desafio brasileiro à modernização econômica foi iniciado sem a rigidez necessária quanto aos pressupostos ideológicos que regem o quadro geral da economia internacional, resultando em problemático envolvimento com os volúveis mercados financeiros internacionais, em desestabilização das contas externas e desaceleração das atividades econômicas. Por não possuir liberdade efetiva para determinar sua taxa de juros, o Brasil depende da captação de recursos externos para enfrentar o *deficit* em conta corrente do balanço de pagamentos, de modo que a dependência de financiamentos e investimentos externos, cujo fluxo depende das instáveis conjunturas internacionais e das estratégias globais das multinacionais, condenam-nos à subordinação no plano internacional e à instabilidade recorrente (Braga, 2001).

As radicais modificações, em curso na base material da sociedade capitalista, aqui apontadas, quando transpostas para os países do capitalismo periférico, como é sobejamente reconhecido, ganham contornos ainda mais ásperos do que aqueles identificados nos países do capitalismo central.

No campo das ideias, a ofensiva neoliberal tem operado com destacada ênfase todo um esforço de desmonte do Estado e das conquistas sociais obtidas pela luta dos trabalhadores, como pré-condições para uma nova fase de acumulação flexível para o livre fluxo do capital e para a moderna política burguesa.

O novo mundo do trabalho, tal como proposto, é fruto das transformações em curso no modo de produção capitalista.

A reestruturação produtiva encetada buscou formas de regulação cujas bases estavam na flexibilização da produção, na intensificação do trabalho, no modelo cooperativo da organização sindical e desverticalização da produção, de forma a superar a propalada crise fordista do capital, o que por si só implicava na absoluta dependência do enfraquecimento do sindicalismo combativo.

Os movimentos intensivos de reorganização do trabalho nos bancos, associados ao amplo processo de transformações institucionais e estruturais do sistema financeiro brasileiro e a um quadro de crescentes índices de desemprego e subemprego no setor, agravam sobremaneira as condições de vida e de trabalho do grupo de trabalhadores mais diretamente vinculados aos movimentos do capitalismo mundial dominados pelo capital financeiro.

A análise do processo de reestruturação do setor, seus efeitos sobre os trabalhadores bancários e sobre sua ação sindical são analisados no decorrer deste livro.

Capítulo 1

EVOLUÇÃO DO SISTEMA BANCÁRIO NO BRASIL

1.1 O sistema bancário pré-reforma

As principais instituições financeiras do Brasil surgiram no início do século XIX. Eram bancos comerciais que atendiam fundamentalmente às atividades mercantis. O Banco do Brasil, criado em 1808, é a primeira instituição de crédito do país.

A partir de 1838, começaram a aparecer os primeiros bancos comerciais de iniciativa privada, visando basicamente ao atendimento ao setor primário e de exportação, que não demandava mecanismos de financiamento com maior grau de especialização.

Além dos bancos comerciais, também existiam casas de importação e exportação instaladas em praças comerciais de maior importância.

A estrutura bastante simples, praticamente resumida ao sistema bancário comercial, manteve-se até meados do século XX, que acompanhando o processo de dinamização pelo qual passava a economia brasileira, começa a se sofisticar.

O esforço de institucionalização bancária que se inicia na década de 20, com a criação da Inspetoria Geral dos Bancos, tem continuidade nos anos 30, quando é criada a Caixa de Mobilização Bancária com o objetivo de garantir aos bancos condições de mobilidade de seus ativos.

Em 1945, aprofundando o processo de regulação do sistema financeiro, foi criada a Superintendência da Moeda e do Crédito (Sumoc) que além de reunir as competências de um banco central, estava encarregada de preparar a organização deste e desempenhar seu papel até sua criação. A partir desse momento, a Sumoc e o Banco do Brasil desempenharam conjuntamente as funções de um banco central.

Nos 20 anos de existência da Sumoc, a estrutura do aparelho produtivo brasileiro alterou-se substancialmente. Entretanto o sistema bancário não logrou ter se aparelhado para desempenhar o papel reclamado pelo estágio da economia brasileira da época, que exigia a formação de recursos financeiros para crédito de médio e longo prazo.

Sendo assim, durante esse período, os mecanismos de financiamento inerentes aos bancos comerciais com base na captação de depósitos à vista, revelaram-se inadequados ou insuficientes ao processo vigente de aceleração industrial.

Diante da impossibilidade de concretizar um processo viável de acumulação e mobilização financeira, além dos créditos possibilitados pelos bancos comerciais, o suprimento de crédito ao setor privado deveria ser complementado pela atuação das Sociedades de Crédito e Financiamento (SCFI) em um novo esquema de intermediação financeira indireta, que realizava novos tipos de operações no mercado financeiro a partir de empréstimos e captações e taxas mais elevadas[7]. O suprimento de crédito ao setor privado, deveria ainda ser complementado pela atuação do Banco de Desenvolvimento Econômico (BNDE), criado em 1952, visando suprir o mercado financeiro com crédito de médio e longo prazo. Contudo o BNDE e as financeiras não foram capazes de alterar de fato os marcos institucionais do sistema de financiamento do setor privado.

Entre 1959 e 1964, a aceleração inflacionária agravara o comportamento pouco ousado do sistema financeiro, de modo que se tornara urgente a necessidade de criar linhas de financiamento não só para o segmento privado — especialmente de prazos mais longos — como também financiar os gastos públicos para (de acordo com a versão oficial) minimizar o *deficit* governamental, um dos focos básicos da própria inflação.

1.2 A reforma bancária de 1964/65

O novo governo militar, entronizado em março de 1964, introduziu uma série de reformas (fiscal, agrária, administrativa, tributária, cambial etc.) que associadas à reforma bancária redefiniriam não só uma reestruturação do sistema financeiro nacional, conforme os interesses da nova composição social do poder, como uma reorganização das relações de dominação.

Com o intuito geral de dar suporte ao capital produtivo, o governo brasileiro pós-64 implantou uma reforma bancária que asseguraria o

---

[7] As SCFI forneciam crédito para a aquisição de bens de consumo duráveis a partir de fundos de participação que mais tarde seriam substituídos pelas letras de câmbio, enquanto o BNDE atuava como fornecedor de recursos de longo prazo para projetos de infraestrutura.

processo de acumulação capitalista no Brasil, ressaltando a posição do sistema financeiro nacional como setor estratégico para o desenvolvimento econômico do país. Nesse sentido, o golpe de Estado imporia uma reestruturação do sistema financeiro adequada à sua política econômica.

Facilitadora da associação dos capitais industrial, comercial e bancário, sob a hegemonia do capital financeiro, a reforma bancária permitiu a subordinação dos sistemas produtivo e comercial ao sistema financeiro, estimulando pôr fim à concentração na área bancária, por meio da associação de capitais estrangeiros, e incentivando a transnacionalização das finanças brasileiras (Jinkings, 1995).

Os principais objetivos da reforma bancária foram: a obtenção da redução nos custos operacionais dos bancos, a diminuição nas taxas de juros dos empréstimos concedidos pelos bancos, o desenvolvimento no sistema bancário da capacidade de oferecer cobertura financeira a grandes empresas atuantes no setor industrial, comercial e de serviços. A reforma bancária deveria também melhorar a estrutura de capital dos bancos e facilitar a fiscalização. Na verdade, buscava-se estabelecer controle sobre a atuação das instituições financeiras, criando novos esquemas de financiamento para o setor público e privado, conferindo maior especialização e flexibilidade ao conjunto do sistema financeiro; viabilizando e estimulando dessa forma, o desenvolvimento da intermediação não bancária (Teixeira, N. G., 1985).

O reordenamento institucional do setor financeiro propiciado pela reforma financeira traria por meio da Reforma Bancária (Lei nº 4.595, de 31 de dezembro de 1964), da Reforma do Mercado de Capitais (Lei nº 4.728, de 14 de julho de 1965) e do Plano de Ação Econômica do Governo (1964/1966) a criação de mecanismos legais de controle e fiscalização pelo Estado das instituições públicas e privadas do sistema financeiro, assim como a formação de instituições financeiras especializadas na captação e aplicação de recursos a médio e longo prazos e a institucionalização da correção monetária na remuneração de aplicações para incentivar a poupança. As novas formas de captação de recursos financeiros favoreciam a especialização e a diversificação do sistema financeiro nacional.

Dessa forma, a supremacia dos ativos monetários do início dos anos 60 deu lugar ao predomínio de ativos não financeiros na década de 70, com a multiplicação de instituições financeiras especializadas, tais como bancos de investimento, financeiras, companhias de seguro, sociedades de crédito imobiliário e associações de poupança e empréstimo (Minella, 1988).

No curso de aperfeiçoamentos posteriores, merece destaque a criação de fundos de poupança compulsória instituídos pelo governo (FGTS, PIS e Pasep) que buscavam ampliar as fontes institucionais de financiamento e os mecanismos institucionais de captação de recursos externos. Esses mecanismos de intervenção estatal, a favor do grande capital, incentivaram fortemente a concentração de renda no setor bancário, onde os custos do trabalho significavam grande porcentagem dos gastos gerais (Jinkings, 1995).

Todavia, a reforma financeira não permitiu a mobilização de recursos financeiros ou fundos disponíveis para empréstimos e financiamentos com efeitos reprodutivos. As reformulações, de fato, haviam aberto as possibilidades de acumulação estritamente financeira.

1.3 A nova estrutura financeira

À especialização somava-se a tendência à concentração, explicitada pelos mecanismos e instrumentos estatais que estimulavam a concorrência interbancária e permitiam que uma quantidade ilimitada de empresas financeiras não bancárias fosse controlada pelos grandes bancos.

O processo de expansão do setor bancário que se desencadeava apontava um claro aumento de concentração de riqueza privada e aumento da especulação financeira. Esse processo se reverteu em movimento de centralização, em que os bancos menores eram incorporados ou excluídos do mercado por bancos de maior poder econômico.

Dessa forma, os bancos privados nacionais protagonizaram o processo de fusões e incorporações ocorridas no sistema financeiro, tornando-se posteriormente poderosos grupos econômicos e conglomerados financeiros que controlavam empresas da área não financeira e atuavam nos diferentes segmentos do mercado bancário.

No período pós-Reforma até a segunda metade dos anos 70, o eixo das transformações ocorridas está dado pela ampliação das agências financeiras estatais, pelo instituto da correção monetária e pela criação dos já mencionados fundos compulsórios de financiamento, que apontavam para uma maior intervenção estatal na área financeira e para a institucionalização das bases ao processo de acumulação essencialmente financeira.

Nas palavras de Natermes Teixeira (1985, p. 41):

> [...] a reforma teve uma vertente fundamental relacionada à gestação, em base ampliada e diversificada, de processos de endividamento. Tais processos atingiram as unidades familiares [...]; o Governo, a partir da colocação dos títulos da dívida pública de sua emissão, as empresas privadas e estatais [...] e finalmente o sistema bancário.

As profundas transformações estruturais pelas quais passou o sistema bancário brasileiro, no período subsequente à Reforma Bancária, acompanharam o movimento cíclico da economia sendo também e principalmente um reflexo do curso da política econômica daquele contexto.

Segundo Natermes Guimarães Teixeira (1985, p. 44), o eixo das transformações daquele período, do ponto de vista do capital bancário, explicitava-se por meio das seguintes ocorrências:

> [...] o movimento de concentração, pelo desaparecimento de vários bancos através, principalmente, de um intenso processo de fusões e incorporações;
>
> o movimento simultâneo de conglomeração no setor financeiro, no rumo da centralização de capital mediante criação e grupamentos de instituições financeiras "especializadas" em cada mercado;
>
> a emergência e consolidação dos chamados multibancos – fruto dos movimentos anteriores – reforçando a competição via diversificação das operações e serviços financeiros;
>
> a gestão de um mercado nacional de crédito.
>
> A crescente diversificação das atividades bancárias ampliou enormemente a prestação de serviços nos bancos brasileiros. A este movimento fez-se acompanhar o processo de racionalização do sistema bancário.

O novo quadro exigiu mudanças organizacionais, centralizando o processo administrativo nas matrizes dos bancos e controlando as atividades desenvolvidas nas agências agora dispersas geograficamente.

A racionalização do sistema financeiro que se propunha foi coerente com medidas tomadas pelo Banco Central. Em 1967, a autorização para abertura de novas agências e filiais passou a estar condicionada à exigência de que os requerentes operassem a taxas de juros de até 1% a.m., acrescidas de comissões e despesas não superiores também a 1% a.m.

A medida beneficiava os grandes bancos que conseguiram operar com maiores economias de escala. Em 1971, o Decreto-lei 1.182, de criação da Comissão de Fusão e Incorporação de Empresas (Cofie), com a atribuição de apreciar os processos de reavaliação, fusão e incorporação de empresas em atividades no país, estabelecia uma série de benefícios fiscais no caso de fusões e incorporações de empresas que fossem consideradas de interesse para a economia nacional. Posteriormente, em 1974, outro Decreto-lei (1.337) beneficiava as fusões e incorporações, com a dedução do lucro tributável pelo imposto de renda dos valores pagos pelas instituições, para aquisições de direitos ao exercício de atividades financeiras (Accorsi, 1992). É muito provável que um grande número de bancos tenha se beneficiado dos incentivos fiscais e creditícios do Cofie.

O Banco Central teve importante atuação no apoio à concentração bancária, por meio principalmente das medidas tomadas em relação à política de transferência e remanejamento de agências, na política de aumento do capital mínimo e na política de suspensão de concessão de novas cartas patentes para as agências bancárias. Em sua maioria, as exigências do Banco Central podiam ser cumpridas apenas pelos grandes bancos que de fato apresentavam crescimento substancial em suas dependências. As medidas do Banco Central de apoio à concentração bancária têm nos bancos seus beneficiários, além de criarem instituições fortes em nível nacional.

A expansão dos grandes bancos ocorre a partir da fusão e incorporação dos bancos médios e pequenos — com capital estritamente nacional. O que se observa neste processo de concentração bancária é que, após 1964, o número de sedes de bancos decresce sensivelmente, aumentando muito, porém, o número de agências em nível nacional.

A política de fusões e incorporações implementadas pelo Banco Central é a principal responsável por essas atuações.

1.4 As alterações no perfil operacional do sistema bancário

Com a crescente complexidade das relações econômicas e o próprio ritmo de desenvolvimento econômico da sociedade brasileira, os bancos, após 1965, beneficiados pelas medidas implementadas pelo Banco Central, puderam disseminar uma vasta rede de agências por todo o território nacional.

Atendendo à crescente necessidade de transferência de ativos financeiros entre as entidades econômicas, os bancos nacionais passaram a responder pelo sistema de arrecadação, transformando as agências bancárias em intermediárias entre órgãos públicos e contribuintes.

O sistema de arrecadação e intermediação aponta o teor das relações entre o governo e o sistema bancário. O compromisso aqui se baseia no tempo de permanência no próprio banco dos recursos obtidos pelo recolhimento dos diversos tipos de tributos[8].

O perfil operacional do sistema bancário sofre alterações importantes à medida que não só arrecadava tributos para os órgãos públicos, mas também passava a efetuar cobranças diversas para o setor privado.

Com o aumento substantivo do número de agências a controlar, o processo administrativo dos bancos precisou ser reorientado, para uma maior centralização que intensificasse a padronização de rotinas e atividades.

De novo o Banco Central desempenhou um papel de colaboração com os bancos. Em 1967 é criada a Padronização Contábil dos Estabelecimentos Bancários (Paceb), exigindo a padronização dos sistemas de contabilidade dos diversos bancos.

Em termos gerais, portanto, o setor bancário comercial foi alvo de um amplo e intenso movimento de concentração e centralização de capital, que se refletiu tanto na diminuição do número de instituições em funcionamento, como no aumento de participação das empresas líderes nos termos de mercados institucionais de captação e aplicação.

No início dos anos 70, verificou-se o movimento de concentração exclusivamente no segmento privado nacional; mas sobretudo a partir da segunda metade dos anos 70, a despeito da política protecionista aplicada ao setor bancário, um crescimento relativo no número de bancos estrangeiros pôde ser observado. O movimento de concentração mais intenso se deu nos anos entre 1969 e 1974, correspondendo ao movimento de concentração induzida.

O crescimento da rede de agências bancárias nos anos seguintes é notável, com exceção do conjunto de bancos controlados pelo capital estrangeiro, cuja expansão interna da rede de agências era bloqueada pelo Banco Central.

---

[8] Nesse aspecto específico, a permanência desses recursos no caixa dos bancos torna-se mais interessante de acordo com a taxa inflacionária, desde que possam ser aplicados até o seu repasse à entidade devida.

No que tange a empréstimos, a concentração pode ser mais bem observada nos primeiros anos da década de 70, ficando configurado um forte movimento de concentração bancária, principalmente no mercado de captação de recursos do público.

A centralização operacional, em termos dos diversos esquemas e possibilidades de atuação no mercado bancário financeiro, reforça e amplia o poder dos grandes bancos enquanto estruturas bancárias.

1.5 O setor bancário nos anos 80

Nos anos 80, uma das fases mais difíceis da economia brasileira, o setor financeiro brasileiro desempenhou um importante papel no sentido de radicalizar o desequilíbrio vigente.

Ao conferir valorização de recursos financeiros livres, as atividades financiadas se tornaram cada vez mais sujeitas ao contexto adverso da recessão industrial e da política creditícia restritiva do período. Além disso, a elevação inusitada das taxas de juros reais, gera um processo de deterioração das condições financeiras das empresas em geral. Contudo o setor bancário iria absorver não só os impasses da própria recessão, como as medidas e instrumentos de política governamental.

A estrutura bancária que se conforma nesse contexto geral é fruto dos efeitos da crise econômica dos anos 80, marcada em sua primeira metade pela grande instabilidade econômica e alta de inflação.

Segundo Natermes Teixeira (1985), o impacto da crise sobre os bancos requer uma avaliação que contemple os aspectos institucionais sobrepostos ao movimento cíclico da economia e também as peculiaridades do setor bancário.

Diante da natureza operacional do setor bancário, as manifestações de recessão sobre esses tipos de instituições possuem algumas características específicas; a recessão global irá manifestar-se inicialmente no setor produtivo, para apenas em segundo momento manifestar-se no setor financeiro. Como o crédito bancário incorpora obrigatoriamente termos de garantia, isso permite que os bancos disponham de cobertura aos valores adiantados e não amortizados, sendo assim, o setor bancário percebe os efeitos da crise recessiva de forma defasada, mantendo seus ativos patrimoniais garantidos (Teixera, N. G., 1985).

O sistema financeiro nos anos 80 pode, portanto, manter sua rentabilidade acima do nível de 1980 até 1984, diferentemente do setor produtivo que enfrentou dificuldades já no final do ano de 1980.

Somente a partir do Plano Cruzado, em 1986, a crise se fará sentir para o sistema bancário, pois com a queda da inflação, a sua principal fonte de lucro no período anterior — os depósitos não remunerados (depósitos à vista e tributos) — deixará de existir.

Diante desse quadro, o governo logo implementou uma série de medidas visando ao auxílio aos bancos: reduziu o custo do redesconto — empréstimos de liquidez aos bancos e caixas econômicas —, permitiu o recolhimento de depósitos compulsórios em títulos públicos em até 10% de exigibilidade de cada instituição, reduziu o horário de atendimento ao público, criou o Certificado de Depósito Bancário (CDI) a fim de maximizar o uso de recursos disponíveis pelas instituições financeiras, aprovando também a cobrança de tarifas máximas por serviços prestados pelas instituições bancárias.

Por sua vez, os bancos tomaram suas próprias medidas de ajustes. Houve nesse período o fechamento de mil agências e a demissão de 120 mil bancários, o que significava cerca de 25% do efetivo nos bancos privados. Reduziram também os serviços prestados e exigiram maior rigor na seleção de clientes (Accorsi, 1990).

Em 1987 o período crítico já havia passado e os bancos puderam retomar seu crescimento; desta vez, com uma estrutura administrativa enxuta, resultante dos ajustes operacionais já realizados.

O novo contexto permitiu ainda que uma reforma bancária elaborada pelo Banco do Brasil e pelo Banco Central fosse agilizada. A reforma visava à redução de custos operacionais a partir da criação dos chamados bancos múltiplos que englobavam o banco comercial, o banco de investimentos, a financeira e o banco de poupança. Apesar do aumento de sedes de bancos, no período 1980 a 1990, o quadro não se altera, exceto com relação à tendência da transformação de bancos comerciais em bancos múltiplos. Permanece pequeno o número de bancos grandes dominando o sistema financeiro e muitos bancos pequenos e médios se especializam em outros segmentos do mercado.

Com efeito, durante a década de 1980, o sistema bancário comercial brasileiro refletiu as diretrizes da política econômica anti-inflacionária. Os fluxos reais de despesas administrativas e operacionais foram crescentes, muito embora o crescimento do lucro tenha superado a despesa. Os créditos em liquidação cresceram frente aos empréstimos, houve elevação das despesas administrativas em relação ao saldo de recursos depositado pelo público no sistema e substancial aumento dos recursos externos na estrutura passiva dos bancos comerciais em seu conjunto[9].

O aprofundamento da recessão provocou mudanças importantes no perfil operacional do setor bancário. Desde que os empréstimos e depósitos deixam de ser as variáveis institucionais de mais relevância do setor bancário comercial, as agências assumiram formas diferentes do seu caráter tradicional quando funcionavam fundamentalmente como locais onde se buscavam empréstimos e confiavam depósitos (Teixeira, N. G.,1985). Os bancos decidiram então ter à disposição — de forma centralizada — todas as possibilidades institucionais de operações e serviços financeiros creditícios do mercado.

O segmento dos bancos privados demonstrou, na década de 80, altos e crescentes níveis de participação de recursos externos em relação ao total de suas obrigações por empréstimos. Mas os maiores índices de lucratividade do período ficaram com os bancos conglomerados estrangeiros.

Quanto ao setor bancário governamental, seus índices de rentabilidade são bastante modestos no início na década e no final de seu último triênio tiveram prejuízo operacional. É importante ressaltar, porém, que o prejuízo dos bancos estaduais ou lucro dos outros segmentos não foram originados a partir das operações de crédito.

De acordo com Natermes Teixeira (1985), a atuação bancária em geral, é balizada por normas político-institucionais que se sobrepõem ao movimento cíclico da economia. No caso brasileiro, a conjuntura dos anos 80 aponta a coparticipação dos bancos na grande desordem do sistema financeiro, que surge não só a partir da crise econômica, mas também pelos mecanismos criados pela Reforma Bancária Financeira dos anos 60.

À crise dos anos 80, explicitada pela desaceleração da taxa de acumulação, pela explosão inflacionária e pelo desequilíbrio estrutural das contas externas, sobrepõe-se a crise financeira internacional dos anos 70, que impõe rígidas restrições à economia brasileira.

À grave recessão que se segue, tanto os bancos quanto as empresas procuram desenvolver mecanismos de defesa ancorados em práticas

---

[9] De acordo com os dados analisados por Natermes Teixeira (1985), houve decréscimo dos saldos reais, dos empréstimos e mais acentuadamente dos depósitos totais captados. A poupança dos depósitos à vista sobre o total de depósitos captados pelo sistema acusa sensível redução, chegando a pouco mais que a metade em 1984.

que buscavam a valorização na órbita financeira. Havendo uma grande capacidade ociosa no conjunto das empresas, a fim de dar continuidade a geração do lucro, as empresas passaram a buscar a esfera financeira em detrimento da esfera produtiva.

Como mencionado anteriormente, em resposta aos incentivos do governo e posteriormente às determinações do mercado, o grande capital bancário organizou-se na década de 80 sob a configuração de multibanco, a partir dos movimentos de concentração e conglomeração, consolidando assim um mercado nacional integrado de crédito. Atuando enquanto bloco de capital, os grupos bancários se tornaram presentes tanto em termos espaciais como setoriais. No novo contexto da década de 80, a intermediação financeira convencional, tal como requerida pela Reforma Bancária, já não fazia mais sentido prático, desde que foi o banco comercial que assumiu a posição estratégica junto ao conglomerado de se tornar o supridor da liquidez do multibanco.

A conformação de multibanco conferiu extrema flexibilidade ao grande capital bancário, de modo que foi possível recompor os resultados do encarecimento da composição passiva, a deterioração da captação de recursos e concessão de empréstimos.

A década de 80 aponta também um movimento bastante intenso de tomadas de empréstimos externos em moedas estrangeiras, repassados internamente ou congelados em depósitos no Banco Central. Trata-se de um outro aspecto da evolução do sistema bancário brasileiro que, sobreposto ao movimento de transnacionalização bancária, incidiu em um avanço relativo das instituições financeiras estrangeiras, oriundo e agravado pela persistente política interna de restrição creditícia e do crédito bancário, e pelas pressões de grupos financeiros internacionais desejosos de participar do setor bancário brasileiro de forma mais diversificada e intensa.

Quanto à dinâmica dos bancos nesse período, podemos dizer que o setor bancário marginalizava inexoravelmente os pequenos bancos que não podiam concorrer com os grandes bancos varejistas — que apresentavam maior dispersão, dispunham de maior volume de recursos pulverizados e tinham condições de baixar suas margens operacionais de risco —, e poderiam "quebrar" caso adotassem um perfil atacadista — já que não possuíam maior agilidade operacional e possibilidade de selecionar melhor seus clientes.

Do ponto de vista dos grandes bancos, a concentração bancária imposta pela concorrência capitalista, havia se tornado inclusive desejada.

A recessão do início dos anos 80 apresentou um resultado paradoxal para os bancos. Os grandes grupos bancários elevaram seus lucros de uma forma espantosa, extraindo vantagens da política de ajustamento e da instabilidade monetária e financeira. Como já foi dito, a alta lucratividade dos bancos ocorria num momento em que a economia enfrentava uma severa e prolongada recessão de proporções até então desconhecidas.

Ao longo da década, concluído o ajustamento, acentuou-se a tendência de geração de superlucros, não apenas na esfera bancária, como também na esfera produtiva.

Durante a segunda metade dos anos 80, parecia ser inexorável a tendência de evolução dos lucros do grande capital, real ou financeiro.

Segundo Almeida (1994, p. 256), percebe-se nitidamente uma inflexão na trajetória do lucro bancário quando dá início e ajuste recessivo. Uma das explicações para tanto, pode estar na combinação do desenvolvimento financeiro — que se alcança a partir das reformas financeiras de 1964/65 — com a alta inflação. Além disso, a ampliação da rede de agências, a diversificação da oferta de serviços e o investimento em informatização das operações[10] concorreram para tornar o setor bancário extremamente lucrativo nesse período.

A concorrência bancária visava então maximizar a obtenção da renda inflacionária, o que dependia não só dos processos e mudanças conduzidos pelos bancos como da inflação, da política de taxas de juros e de facilidades de remuneração dos saldos bancários. Ainda que a concorrência bancária só pudesse ser liderada pelos grandes bancos varejistas, a fonte de lucro extraordinária obtida pela inflação e pela política de ajustamento beneficiou as demais categorias de bancos[11].

Um outro fator, porém, destaca-se na explicação do lucro bancário nesse período: a política de dívida pública que ao colocar novos títulos apoiou-se em taxas reais de juros extremamente atrativas.

Os objetivos macroeconômicos que orientavam a política de dívida pública eram a contenção da demanda interna e o incentivo à contratação de empréstimos no exterior, amplamente utilizados pelos bancos

---

[10] Especialmente exigida diante da necessidade da ágil aplicação de recursos.
[11] Os grandes bancos estaduais só foram beneficiados à medida que o lucro inflacionário impediu que seus demonstrativos evidenciassem os enormes prejuízos operacionais (Almeida, 1994).

brasileiros e estrangeiros. Até a crise da dívida de 1982, a fonte externa permitiu a compensação da queda dos depósitos à vista na estrutura dos recursos do sistema bancário.

O sistema bancário privado alterou-se com a rapidez necessária, buscando a redução do crédito e reorientando suas operações e serviços, a fim de obter o lucro da arbitragem inflacionária e as altas rendas dos títulos da dívida do setor público.

Mesmo no processo ordenado de queda das taxas de juros e recuperação da liquidez, comandada pela política econômica, o sistema bancário permaneceu com sua lucratividade crescendo, pois alterou a estrutura de seus ativos e recompôs as suas fontes de renda com menor risco de operação.

O êxito do Plano Cruzado resultou numa alteração repentina da estrutura bancária, pois colocou em xeque o lucro da arbitragem inflacionária do dinheiro em um momento em que a estrutura bancária de serviços e investimentos em informatização estava orientada na direção dessa fonte de renda. De acordo com Carvalho (1996), os ganhos econômicos obtidos pelos bancos em ambiente inflacionário são resultantes da perda de valor real dos recursos neles depositados sem remuneração. Por não pagarem a seus titulares um rendimento para compensar a corrosão desses valores pela inflação, incluindo esta compensação na taxa cobrada do tomador dos empréstimos financiados por tais recursos, os bancos, na verdade, apropriam-se da diferença, sendo que, também, nesta taxa de aplicação não estão incluídos os ganhos de *floating*[12]. As medidas governamentais e as ações internas dos bancos resultaram, enfim, na reacomodação da estrutura operacional bancária já mencionada anteriormente.

Mas seria no final da década de 80, em 1989, a partir do Plano Verão, que estariam criadas as bases para uma espetacular lucratividade, ao combinar restrição ao crédito, altas taxas de juros, facilidades de aplicações financeiras de curtíssimo prazo e uma aceleração inflacionária sem precedentes.

A Reforma Bancária de 1988 trouxe a desregulamentação para o mercado financeiro brasileiro a partir da extinção da carta patente e da criação de banco múltiplo. Na verdade, por não haver determinado por restrições legais o fim da especialização no mercado financeiro, foi o próprio resultado das estratégias de concorrência das instituições financeiras que na prática já agiu nesse sentido.

---

[12] Rendimento adicional gerado pelos recursos não remunerados ao serem aplicados pelas mesmas taxas das diversas operações ativas dos bancos (Carvalho, 1996).

O congelamento de saldos e aplicações financeiras foi o meio pelo qual o governo recém-empossado tentava interromper a gravíssima crise econômica.

Diante da quebra súbita da liquidez da nova moeda, as taxas de juros elevaram-se extraordinariamente, o que independentemente da cautela dos bancos e dos próprios controles governamentais, ocasionou o aumento das rendas das operações de crédito.

No início de 1990, os bancos buscavam proteger suas taxas de lucro por meio do aumento das rendas de serviços bancários e da redução das despesas administrativas, fundamentalmente como a dispensa de funcionários. Os investimentos em informatização foram bastante intensificados visando mais uma vez à redução de custos e ao atendimento a uma clientela mais ampla e diferenciada.

1.6 O setor bancário nos anos 90

Os problemas atuais do setor bancário são derivados do próprio mecanismo de funcionamento do capitalismo financeiro global. Os mercados financeiros de meados da década de 90 são, em parte, o resultado da revolução de sua tecnologia de informações que propicia o aumento exponencial do giro de dinheiro.

Desde a década passada, vêm ocorrendo nos países capitalistas centrais, transformações financeiras, tais como a: desregulamentação e liberalização financeira, a proliferação de novos instrumentos e produtos, o surgimento de novos atores nos mercados de capital associado ao processo de institucionalização da poupança financeira, que alteraram profundamente o mundo das finanças nos âmbitos mundial e nacional.

No processo de transição para um sistema financeiro mais liberalizado, os bancos deparam-se com o surgimento de novos concorrentes em atividades que lhes eram antes exclusivas. Este teor concorrencial das mudanças desencadeou um processo de concentração e reestruturação nos sistemas bancários, explicitados especialmente pelas fusões e aquisições no setor (Almeida; Freitas, 1998)[13].

. Tal como apontado ao longo do capítulo, os bancos no Brasil apresentam uma tendência muito maior de concentração na captação de recursos,

---

[13] Tal como aponta Almeida e Freitas (1998), o movimento de fusões e aquisições se realimenta na própria busca de ampliação da base de clientes e de negócios inerente à dinâmica concorrencial, apontando uma contínua tendência de diminuição do número de instituições bancárias e de aumento da concentração.

para fins de aplicação no mercado mobiliário, do que para fins de concessão de crédito. O setor público, por meio da rolagem do estoque de títulos da dívida pública, tornou-se preferencialmente um tomador de empréstimos.

Costa e Marinho (1997) apontam que o relatório analítico parcial do Paep-Seade de 1997, enfatiza a recente onda de megafusões de bancos em âmbito internacional, notadamente no caso norte-americano e japonês, tem realizado a criação de instituições financeiras cujo montante de ativos é excepcionalmente desproporcional ao mercado brasileiro. Em comparação aos bancos internacionais, o sistema bancário brasileiro apresenta-se também sem dimensões extraordinárias.

Ao longo do período de 1988 (após a Reforma Bancária) e junho de 1994, a predominância de bancos múltiplos destacou-se bastante. Entretanto o processo de fusões e aquisições que incidiu no acirramento da competição internacional tem promovido substanciais alterações no setor bancário, para além do âmbito daquelas preconizadas pela Reforma Bancária do período entre 1988 e 1994.

O projeto da Reforma Financeira, elaborada pelo Banco Central e iniciada em 1987, teve como principal objetivo a institucionalização de um novo segmento dentro do sistema financeiro brasileiro constituído pelos chamados Bancos Múltiplos. Tratava-se de uma alternativa facultativa e tinha como prazo de transformação o período de cinco anos.

Os principais resultados observados foram o aparecimento de um grande número de novas instituições financeiras e a criação acelerada de bancos múltiplos. De acordo com os dispositivos anteriores, era muito difícil e oneroso instalar um banco no país, dado que o valor das cartas patentes era bastante elevado; porém, ao ser extinto o valor comercial das mesmas, organizava-se um regime facilitador de criação de novas empresas bancárias.

Observou-se então um intenso e rápido crescimento do número de novas instituições financeiras com o status de bancos múltiplos. Às instituições foi dada a opção de atuar em algum segmento isolado do mercado financeiro (comercial, de investimentos, de crédito imobiliário), e, mais tarde, caso desejassem, poderiam adquirir o status de bancos múltiplos.

Entre 1988 e 1994, o número de instituições financeiras e carteiras operacionais praticamente duplicou. Mesmo que o número de instituições independentes tenha decrescido, o número de multibancos expressou um crescimento substancial para um segmento que sequer existia formalmente até 1987.

As vantagens da atuação multibancária, tal como preconizadas no Projeto de Reforma Bancária, estavam relacionadas às consequências do aumento de tamanho e capacidade da instituição financeira, o que incidiria em economias de escala, além da complementaridade entre operações de crédito e a flexibilização operacional oriunda da centralização de recursos.

De acordo com Natermes Teixeira (1985), a Reforma ratificou a forma de organização e funcionamento do Sistema Financeiro do Brasil nos moldes consolidados na década de 70, reiterando o funcionamento não formalizado das empresas bancárias como bancos múltiplos, a partir dos movimentos de concentração e centralização do capital, admitindo-se de forma legal o que já ocorria.

À medida que a Reforma não conseguiu romper com as condições operacionais avessas à concessão de empréstimos, especialmente os de longo prazo, o sistema bancário financeiro permaneceu pouco comprometido com o crescimento econômico do país.

A transformação estrutural do setor bancário financeiro, que ocorreu ao longo dos anos 90, esteve, portanto, muito mais relacionada às modificações que envolveram a abertura do setor, a privatização dos bancos oficiais estaduais e federais, a independência da Banco Central e a discussão sobre o tabelamento da taxa de juros, o que nos dois últimos casos, não interfere na estrutura organizacional do Sistema Financeiro Nacional.

A questão que se coloca é como romper com a disfuncionalidade do sistema financeiro, de modo que se operasse com eficiência no cumprimento de suas funções básicas, canalizando capital dinheiro ao setor produtivo da economia (Teixeira, 1998).

A reforma facilitou e incentivou a abertura de estabelecimentos bancários no país, estimulados também pelos mecanismos do ganho inflacionário do período.

A tendência ao monopólio que hoje se observa, encontra, na própria dinâmica do capitalismo, algumas restrições. Não só a capacidade de renovação do capitalismo, mas também o fato de ele mesmo infringir suas próprias normas de livre mercado, gera possíveis intervenções governamentais em sentido contrário ao monopólio. De fato, o funcionamento do sistema financeiro internacional alterou-se substancialmente nos anos 90. A atividade de captar recursos e conceder empréstimos a empresas e governos vem sendo substituída pelas vendas de títulos de renda fixa ou variável aos investidores, de modo que a concentração bancária dos anos

90 teve o objetivo de buscar novos mercados, reduzindo sua dependência em relação à renda proveniente de empréstimos. Quanto ao processo atual de fusões bancárias, estas basicamente têm como objetivo adquirir clientes, entrar em novos mercados e cortar custos, partindo de uma infraestrutura de maior porte. Reduzir os custos e ampliar a oferta de serviços, são as formas encontradas pelos grandes bancos para enfrentar as ameaças ao seu crescimento.

1.6.1 O ajuste do sistema financeiro após o Plano Real

Com efeito, a organização financeira brasileira modificou-se substancialmente durante os anos 90, especialmente a partir do programa de estabilização monetária do governo Fernando Henrique Cardoso, cujas opções político-institucionais determinaram não só a internacionalização do sistema bancário brasileiro, bem como sua fragilização.

De acordo com Paula, Oureiro e Jonas (2003), o combate à inflação tem como contrapartida a geração de *deficit* em conta corrente, financiado pelo ingresso de fluxos de capitais voláteis; sendo condição necessária para o êxito do conjunto de programas de estabilização, o retorno dos fluxos de capitais voluntários para a América iniciado no final dos anos 80. Nesse sentido, os processos de estabilização e abertura financeira estimularam a oferta de crédito a partir da queda da inflação e do ingresso de recursos externos.

A implantação do Plano Real teve impactos profundos sobre o sistema bancário brasileiro, determinando, assim, um amplo processo de reestruturação do sistema financeiro nacional.

São efeitos decorrentes da estabilização macroeconômica, a perda da importante fonte de receita representada pelas transferências inflacionárias e o aumento na oferta e demanda por empréstimos bancários.

Podemos dizer que se o sistema bancário brasileiro em 1995 não enfrentou uma crise explicitada pela falência em cadeia das instituições, seus problemas estiveram relacionados a um processo de fragilização crescente vinculado aos impactos da queda da inflação sobre a rentabilidade dos bancos. Ainda segundo Braga e Prates (1998), a especificidade dos problemas enfrentados pelo sistema bancário brasileiro, deve-se ao menor grau de abertura financeira da economia brasileira vis-à-vis à mexicana e à argentina, e à forte dependência dos bancos em relação às receitas inflacionárias.

A estabilização monetária incidiu em drástica redução da participação do Sistema Financeiro Nacional no PIB, dado que anteriormente esse sistema usufruía dos elevados lucros propiciados pela inflação e atuava como intermediário entre o governo e o público na gestão da dívida pública (Carvalho, 1995 *apud* Freitas, Prates, 2002). A participação do sistema bancário no PIB que aumentou continuamente na década de 80 (8,3% nos primeiros anos de 80 e 26,4% em 1989) decresce substancialmente em 1995 (de uma média de 12,7% entre 1990 e 1994 para apenas 7% em 1995) (Freitas, Prates, 2002).

Os efeitos negativos da queda da inflação sobre a rentabilidade bancária impuseram uma série de ajustes no sistema bancário nacional. As instituições de pequeno porte e os bancos estaduais foram os mais prejudicados.

A recomposição da rentabilidade se deu a partir da expansão das operações de crédito e do aumento das tarifas. A estabilização afetou a demanda agregada e seus efeitos dinamizadores puderam ser sentidos na procura por crédito dos agentes econômicos e no endividamento das pessoas físicas para a compra de bens de consumo duráveis. Todavia, temeroso quanto ao surgimento de pressões inflacionárias resultantes da expansão excessiva do crédito, o Banco Central promulgou medidas de restrição ao crédito, paralelas à reforma monetária.

Realmente, o contexto de estabilidade de preços e crescimento da demanda impulsionado pelo Plano Real trouxe a expansão de empréstimos sem a respectiva avaliação dos riscos e a expansão de empréstimos, associada à nova dinâmica concorrencial, ressaltou o despreparo da estrutura operacional dos bancos brasileiros.

A rentabilidade dos bancos no primeiro ano do Plano Real esteve vinculada à expansão das receitas com operações de crédito, e em menor grau, ao aumento das tarifas bancárias; entretanto, num ambiente de taxas de juros elevadas, limitação dos prazos dos empréstimos e de avaliação inadequada de riscos, o procedimento do sistema bancário nacional acabou por estimular o aumento dos créditos de liquidação duvidosa.

A dependência de fluxos de capitais voláteis, provocada pela estratégia de estabilização com âncora cambial logo demonstraria suas consequências funestas, como já havia feito no episódio da crise do México. A saída de capitais decorrente da crise resultou, portanto, na fragilização das instituições bancárias mesmo no caso brasileiro que diante da sua menor abertura financeira com o exterior viu-se diante da necessidade de aumentar as taxas de juros e de optar pelo aumento da preferência pela liquidez. Ou seja, a adversidade do ambiente de reversão de expectativas e o crescimento da inadimplência implicaram na contração da oferta de recursos interbancários (Braga; Prates, 1998).

A saúde financeira dos bancos privados do país, a deterioração da qualidade dos ativos dessas instituições e os casos específicos do Econômico e Nacional deram início, a partir do 2º semestre de 1995, à intervenção direta do governo federal a partir de um conjunto de medidas, que de acordo com o discurso governamental, destinavam-se à reestruturação e ao fortalecimento do Sistema Financeiro Nacional, entre essas medidas destacam-se:

- o estabelecimento de incentivos fiscais para a incorporação de instituições financeiras (MP n.º 1.179 de 03/11/95);
- a instituição do Programa de Estímulo à Reestruturação e ao Fortalecimento do Sistema Financeiro Nacional (PROER – Resolução n.º 2208 de 03/11/95);
- a aprovação do estatuto e regulamentação do Fundo de Garantia de Créditos (FGC – Resolução n.º 2261 de 16/11/95);
- a dificuldade de constituição de novas instituições financeiras e a criação de incentivos para os processos de fusão, incorporação e transferência de controle acionário (Resolução n.º 2212 de 16/11/95).

Para que as linhas básicas do programa de ajuste do sistema financeiro pudessem ser implementadas foi necessário ainda promover algumas mudanças na legislação que permitissem ao Banco Central melhorar sua fiscalização bancária, tais como:

- o aumento do poder de intervenção do BACEN nas instituições financeiras (MP n.º 1182 de 17/11/95);
- a instituição de responsabilidade das empresas de auditoria contábil ou dos auditores independentes em caso de irregularidades na instituição financeira (MP n.º 1331 de 13/03/96);
- a alteração de legislação que trata da abertura de dependências dos bancos no exterior e consolidação das demonstrações finan-

ceiras dos bancos no Brasil com suas participações no exterior, como também a permissão da cobrança de tarifas pela prestação de serviços por parte das instituições financeiras (Resolução n.º 2302 de 25/07/96);

- a criação da Central de Risco de Crédito (Resolução 2390 de 25/05/97).

Com o programa de ajuste do sistema financeiro, o governo pretendia fortalecer a legislação e a supervisão bancária, garantindo ao Banco Central condições de atuação.

Para Rodrigues (1999), essa série de medidas permitiu a conformação de um novo tipo de formato do setor financeiro, idealizado pelas autoridades econômicas, que podem ser resumidas em três grandes metas: **a maior participação de instituições internacionais do SFN, a maior participação do setor privado no SFN e o fortalecimento sistêmico**, ou seja, a liberação de condicionalidades para manutenção de elevadas receitas e facilidades operacionais no setor e adaptação a parâmetros internacionais.

Após a estabilização de preços, os bancos estaduais, ao contrário dos bancos privados e federais, ficaram fora do mercado de crédito e tiveram sua liquidez comprometida com o agravamento da crise fiscal dos estados (Barros; Almeida Jr., 1997). O processo de ajuste dos bancos estaduais foi organizado pelo governo com o propósito de reduzir a presença do setor público estadual na atividade bancária, por meio principalmente da privatização e eventual transformação desses bancos em agências de fomento. A situação dos bancos públicos durante esse período pode ser observada no quadro que se segue:

Quadro 1 – O Proer e a situação dos bancos públicos estaduais (30/10/98)

Situação	Estado	Instituição	Observações
Opção pela privatização	Bahia	Baneb	Já privatizado (Bradesco)
	Ceará	Bec	Federalizado
	Maranhão	Bem	
	Minas Gerais	Credireal	Já privatizado (Bradesco)
		Bemge	Já privatizado (Itaú)
	Paraná	Banestado	Já privatizado (Itaú)
	Pernambuco	Bandepe	Já privatizado (ABN -Amro/Real)
	Rio de Janeiro	Banerj	Já privatizado (Itaú)
	Rondônia	Beron	
	São Paulo	Banespa	Já privatizado (Santander)
Opção por transformar em agência de fomento	Acre	Banacre	
	Alagoas	produban	
	Amapá	Banap	
	Bahia	Desenbanco	
	Mato Grosso	Bemat	
	Minas Gerais	Bdmg	
	Pernambuco	Bandepe	
	Rio Grande do Norte	Bdrn	
	Rio Grande do Sul	CAIXA Econômica	
	Rondônia	Rondonpoup	
	Roraima	Banerj	
	Santa Catarina	Badesc	
Opção pelo saneamento e manutenção do controle	Espírito Santo	Banestes	
	Pará	Banpará	
	Rio Grande do Sul	Banrisul	
	Santa Catarina	Besc	
	São Paulo	Nossa Caixa	
	Sergipe	Banese	
Bancos liquidados	Alagoas	Produban	
	Amapá	Banap	
	Mato Grosso	Bemat	
	Minas Gerais	Minas Caixa	
	Rio de Janeiro	Parte do Banerj	
	Rio Grande do Norte	Badem	
Fora do PROER	Amazonas	Bea	
	Distrio Federal	Brb	
	Espírito Santo	Bandes	
	Goiás	Beg	
	Paraíba	Paraiban	
	Piauí	Bep	

Fonte: Caderno CNB-CUT (1998, p. 18), elaborado pelo Dieese – Linha bancários. Atualizado pela autora em 30 de novembro de 2000

De acordo com a Secretaria de Política Econômica do Ministério da Fazenda, até maio de 1997, o processo de ajuste do sistema financeiro contabilizava um total de 33 intervenções em bancos privados e sete intervenções em bancos estaduais. Nesse mesmo período, sem a utilização de recursos públicos, um grande número de instituições bancárias passou por processos de transferência de controle acionário, incorporação ou fusão. Ou seja, do início do Plano Real até maio de 1997, de um total de 271 bancos (múltiplos, comerciais, de desenvolvimento e de investimento), 72 deles haviam sofrido algum processo de ajuste que resultou em transferência de controle acionário, intervenção ou liquidação por parte do Bacen e incorporação por outras instituições financeiras (Barros; Almeida Jr., 1997). O quadro a seguir enuncia os bancos que realizaram operações de compra de controle e incorporações de bancos sem os recursos do Proer.

Quadro 2 – Transferência de controle acionário e incorporações de bancos privados no Plano Real sem a utilização de recursos do Proer (junho/94 – maio/97)

Natureza	Instituições/1	Data do contrato Compra e Venda	Data da aprov. pelo Banco Central
Transferência de controle acionário	**Aprovadas**	04/08/92	14/12/94
	Banco de Financiamento Internacional	15/01/93	11/10/94
	Banco Ourinvest S.A	14/10/93	26/12/95
	Banco Digibanco S.A	30/11/93	31/01/95
	Banco Boreal S.A	18/01/94	03/03/95
	Banco Industrial do Brasil S.A (Santista)	06/06/94	25/03/96
	Banco Financeiro Industrial de Investimento	26/07/94	07/02/96
		17/08/94	07/02/96
	Banco Crefisul S.A	30/12/97	09/04/96
	Banco AGF Braseg S.A	08/03/95	15/12/95
	Banco do Investimento Planibanc	03/07/95	15/04/96
	Banco BCN Barclays S.A	03/07/95	15/04/96
	Banco Francês e Brasileiro	18/07/95	04/01/96
	BFB Banco de Investimento S.A	14/08/96	18/09/96
	Continental Banco S.A (Consell)	Jan/97	Em estudo
	Banco Grande Rio S.A	Jan/97	Aprovado
	Banco Sogeral para Société Generále	Maio/97	Em estudo

Natureza	Instituições/1	Data do contrato Compra e Venda	Data da aprov. pelo Banco Central
	Banco Geral do Comércio para Santander		
	Banco ABC-Roma para Arab Banking Corporation		
	Em Exame		
	Banco Fininvest S.A		
	Banco Itabanco S.A		
Incorporações	Banco Cindam-Banco Fonte		
	Bando Dibens-Banco Battistela		
	Banco Crediplan-Banco Mercador S.A		
	Banco Lavra-Bancos Segmento		
	Banco BCN-Banco Itamarati		
	Bancos que estavam em Regime de intervenção ou Liquidação extrajudicial	**Data da intervenção ou Liquidação**	**Comprador**
Venda de parcela dos Ativos e passivos	Banco Comercial de São Paulo	11/08/95	BNP
	Banco Columbia	13/11/90	Banco Ford
	Banco Investcorp	05/12/95	CS-First Boston
Total	27		

Obs.:

- algumas das transferências de controle acionário, já divulgadas pela imprensa e consideradas nesse quadro, ainda não deram entrada do processo junto ao Banco Central;

- além das transferências de controle, o CMN autorizou, em janeiro de 1997, a entrada no mercado brasileiro do Korea Bank.

Fonte: Barros e Almeida (1997, p. 12), extraído do Banco Central

1.6.2 A ampliação da participação estrangeira

A reestruturação do sistema bancário[14] brasileiro realizada nessa conjuntura resultou especialmente na privatização e internacionalização do sistema, que a partir de então se tornou regulamentada. Dois grandes movimentos marcaram o processo de reestruturação do setor bancário nos últimos anos: o desaparecimento gradual dos bancos estaduais e a maior penetração do capital estrangeiro[15].

A abertura do mercado bancário no Brasil, desde o segundo semestre de 1995, trouxe infinitas perspectivas de negócios para as instituições estrangeiras no país[16].

Ainda que as instituições privadas brasileiras respondam por significativas parcelas das operações do sistema financeiro do país, a tendência observada é de que o maior ritmo de expansão tem sido realizado pelos bancos estrangeiros[17].

É consenso que o processo de fusões entre bancos ganhou rapidez nos últimos anos em função da necessidade de reduzir custos em um ambiente cada vez mais competitivo. A tendência à concentração bancária não está restrita aos EUA e a outros países europeus. O fenômeno, que também atinge o Brasil, aponta frequentes incorporações de bancos por instituições maiores, percebendo-se inclusive um considerável aumento da participação de bancos estrangeiros no mercado nacional.

Cintra e Freitas (1998) aponta que a estratégia de diversificação assumiu até agora distintas formas nos diversos países, de acordo com seus respectivos aparatos legais e regulamentares, que se traduziram em criação de subsidiárias, participações acionárias cruzadas, aquisições domésticas e de fronteiras e constituições de holdings.

O fenômeno das fusões e aquisições tem sido um elemento de destaque nos processos de estabilização econômica adotados pelos países da

---

[14] Ver Exposição de Motivos nº 311, de 23 de agosto de 1995, editada pelo Ministro da Fazenda Pedro Malan.
[15] Todavia, a abertura do setor ao capital estrangeiro manteve uma importante parcela de grandes e médios bancos na mão do capital nacional e a privatização dos bancos estaduais, fortaleceram as duas maiores instituições privadas nacionais: o Itaú e o Bradesco.
[16] São oportunidades altamente lucrativas: a privatização da infraestrutura, a abertura do mercado de capitais, o lançamento de ações e títulos brasileiros no Brasil e exterior, assessorias em *Corporate Finance* e potencial de crescimento das atividades bancárias de varejo.
[17] O estudo de Fernando P. Puga, "Sistema Financeiro Brasileiro", citado na *Gazeta Mercantil* de 28 de maio de 1999, destaca esse fato. Em junho de 1994, os Bancos estrangeiros responderam por 6,4% dos ativos do total dos bancos múltiplos e comerciais, e em 1998, a participação dos bancos estrangeiros foi de 18,4%.

América Latina. Dentre as principais motivações que levariam a fusões e aquisições de instituições financeiras, Rodrigues (1999) aponta: ganhos de escala[18] e uma maior racionalização de processos e procedimentos, viabilizada pela possibilidade de sobreposição ou de ociosidade de setores que nesse sentido podem significar:

- ampliação da rede de agências;
- aquisição e ou ampliação em determinadas praças e regiões;
- aproveitamento de tecnologias, quando é possível maximizar o conhecimento tecnológico, especialmente nos setores de informática e telecomunicações;
- ampliação da base de capital, em decorrência da competição entre instituições, da necessidade de inversões pesadas em tecnologia, da disponibilidade de redes de atendimento expressiva ou da adequação aos parâmetros internacionais de capitalização;
- especialização e qualificação do capital humano.

Entretanto todas as vantagens dependem da especificidade e da gestão de cada caso. De acordo com relatório[19] divulgado pelo Banco para Compensações Internacionais (BIS) em janeiro de 2001, a despeito da existência de conglomerados cada vez maiores e complexos, os efeitos das fusões e aquisições não corresponderam necessariamente a administrações mais eficientes.

O relatório aponta que os dados relativos a fusões e aquisições de 1990 até 1999 em 13 países — Alemanha, Austrália, Bélgica, Canadá, Espanha, Estados Unidos da América, França, Grã-Bretanha, Holanda, Suíça, Itália, Japão e Suécia — apresentaram uma concentração crescente do número de fusões e aquisições[20].

O relatório informa ainda que o número de bancos diminuiu em quase todos os países durante a década de 90 e que a concentração do setor bancário, medida pela percentagem dos depósitos de um país controlado pelos maiores bancos, tendeu a aumentar.

---

[18] Redução do custo unitário médio por operação ou transação, propiciado pela fusão e ou aquisição, a partir do uso otimizado dos fatores (Rodrigues, 1999).

[19] Esse relatório é fruto do Grupo de Trabalho/Grupo dos 10 Mais Industrializados, que realizou estudo sobre as mudanças na paisagem financeira resultantes da onda de concentração (Gazeta Mercantil, 26 jan. 2001).

[20] Em 1990, foram 321; em 1991, 549; 616 em 1992; 682 em 1993; 773 em 1994; 856 em 1995; 842 em 1996; 901 em 1997, com leve refluxo em 1998, quando totalizaram 874 e em 1998, 887 (Gazeta Mercantil, 26 de janeiro de 2001).

Como já assinalado, os fatores citados no Relatório como estímulos à concentração estão relacionados aos progressos da tecnologia de informação na desregulamentação financeira, da globalização de mercados financeiros e ativos reais, e à pressão cada vez mais forte dos acionistas por desempenho financeiro. Quanto à regulamentação doméstica e às diferenças culturais corporativas e nacionais, estas atuam no sentido de frear a consolidação.

A consolidação das fusões e aquisições que apresenta uma tendência à continuação é vista positivamente pelo relatório quanto ao seu aspecto de diversificação, sobretudo a diversificação geográfica, que mesmo assim depende da composição de cada portifólio. O Relatório informa também que a concentração tende a aumentar os riscos operacionais e as complexidades de gerenciamento, não havendo garantias de que as economias de custos ou ganhos de eficiência se concretizem.

No quadro a seguir, destacam-se as principais fusões/aquisições ocorridas no Brasil nos últimos anos; o critério utilizado foi o de regime de capital.

Quadro 3 – Fusões e aquisições segundo Regime de Capital

Controlador Nacional	Controlado
Itaú	Banerj, Bemge BFB
Unibanco	Nacional/Bandeirantes
Bandeirantes	Banorte
Excel	Econômico
Bozano, Simonsen	Meridional
Bradesco	Credireal, BCN
Controlador Estrangeiro	
Santander	Geral do Comércio, Noroeste, Bozano Simonsen (Meridional) e Banespa
Sudameris	América do Sul
ABN-Amro	Real, Bandepe
HSBC	Bamerindus

Controlador Nacional	Controlado
Interatlântico	Boavista
Bilbao Viscaya	Excel/Econômico
CSFB	Garantia

Fonte: Rodrigues (1999). Atualizado pela autora em 30 de novembro de 2000

Em dezembro de 1995, eram 231 bancos, dos quais apenas três estrangeiros estavam entre os 20 maiores. Em março de 1999, o número de bancos caiu para 190, porém, a participação de bancos estrangeiros nos 20 maiores dobrou, passando para sete. Os ativos totais do sistema passaram de US$512,7 bilhões em dezembro de 1995 para US$564,3 bilhões em 1998. Com relação ao movimento de fusões e aquisições no setor financeiro, em 1996 ocorreram 29 operações, e em 1997 foram 34 operações, apontando um crescimento de 17% no ano de 1997. As explicações para esse aumento estão nas exigências crescentes de capitalização e no aumento da concorrência por uma fatia de mercado. Sendo assim, os bancos estrangeiros interessados no segmento de varejo, buscaram a aquisição de instituições já estabelecidas e com participação do mercado[21].

Os quadros a seguir informam a participação estrangeira até 1998 e a ciranda bancária até 1997.

Quadro 4 – Participação estrangeira

Por ações – em R$ milhões.						
Bancos Nacionais	Bancos Estrangeiros			Part. De estrangeiros	
	12/98			12/98	
	Ativo total	Patri. Líq.	Part. (%)	Ativo total	Patr.líq..
1. Real (ABN)	16.626,7	956,9	70,6	11.738,4	675,6
2. HSBC Bamerindus	13.839,7	981,0	100,0	13.839,7	981,0
3. Meridional	10.090,3	1.079,3	63,7	6.427,5	687,5

---

[21] Esta foi a estratégia do banco espanhol Santander, que assumiu o controle do Banco Geral do Comércio em março de 1997 e comprou o Noroeste em finais de 1997.

Por ações – em R$ milhões.				
Bancos Nacionais	Bancos Estrangeiros		Part. De estrangeiros	
4. BankBoston (Grupo)	9.335,1	719,0	100,0	9.335,1	719,0
5. Santander Brasil	9.105,3	920,7	100,0	9.105,3	920,7
6. Citibank (Grupo)	8.286,2	1.086,8	100,0	8.286,2	1.086,8
7. BBA	8.252,1	650,3	48,0	3.981,0	312,1
8. ABN Amro	8.098,1	2.701,0	32,1	2.598,6	886,7
9. Sudameris	7.699,8	836,2	78,2	6.021,3	653,9
10. Santander Noroeste	7.699,8	632,9	70,8	5.451,5	448,1

Fonte: *Atlantic Rating* com base nos balanços do exercício de 1998 de 160 bancos nacionais. *Gazeta Mercantil* (27 maio 1999)

Quadro 5 – A ciranda bancária

Principais Negócios – 1996			Principais Negócios – 1997		
Data	Comprador / sócio	Vendedor / sócio	Data	Comprador/ sócio	Vendedor/ sócio
Jan.	Banco Pontual	Continental Banco	Jan.	Société Générale	Banco Sogeral
Jan.	Sul América	Iochpe-M. Seguradora	Jan.	Renato Bastos Ribeiro	Banco Augusta Ind. Com.
			Jan.	CS First Boston	Investcorp
Jan.	Icatu	Fininvest	Jan.	Deutsche Bank	Irmãos Guimarães CTVM
Jan.	Recriparque	COFIPSA	Jan.	Wachovia Corp Finance	Português do Atlântico
Fev.	Unibanco	Fininvest	Fev.	Excel Econômico	UBP

Principais Negócios – 1996			Principais Negócios – 1997		
Data	Comprador / sócio	Vendedor / sócio	Data	Comprador/ sócio	Vendedor/ sócio
Mar.	Banco A. de Queirós	Banco United	Fev.	Loyds Banck	Multiplic
			Fev.	Grupo Pactual	Electra
Abr.	Banco Dibens	Banco Battistella	Mar.	Arabian Bank	ABC Roma
Abr.	Banco Fator	Verolme-Ishibrás	Mar.	Cigna Internacional Corp	Excel Econômico
Abr.	Sonae Investt./ Risf.	Brascan	Mar.	HSBC	Banco Bamerindus
			Mar.	HSBC	Bamerindus DTVM
Mai.	BBA Creditanstalt	Capital A. Management	Mar.	HSBC	Bamerindus CCVM
Mai.	BNP	Coml. de São Paulo	Mar.	HSBC	Bamerindus Leasing
			Mar.	HSBC	Bamerindus Adm. cartões
Mai.	Deutsch-Sudameris.	Grande Rio	Mar.	Santander	Geral do Comércio
Mai.	RMS CVTM	Termo	Abr.	Morgan Greenfell	Irmãos Guimarães
Jun.	Goldman, Sachs	Multishopping	Mai.	Mellon Bank	Brascan
			Jun.	Itaú	Banco Banerj
Jul.	BBA Credtanstalt	Cia Financ. Mappin	Jul.	BCN	Alliance Capital Manaq.
Jul.	BBA Creditanstalt	Mappin Adm. Crédito	Jul.	AIG Consr Finance Group	Banco Fenícia
			Ago.	Suplicy	Finasa

\multicolumn{3}{c	}{Principais Negócios – 1996}	\multicolumn{3}{c}{Principais Negócios – 1997}
Data	Comprador / sócio	Vendedor / sócio	Data	Comprador/ sócio	Vendedor/ sócio
Jul.	Banco Cidam	Banco Fonte	Ago.	American Express	SRL
Jul.	BCN	Banco Itamarati	Ago.	Esp. S.to/ Monteiro Aranha	Boavista
Ago.	Banco Investor	Estructura DTVM	Ago.	Santander	Nororeste
Ago.	Fund Hab. Exército	Banfort	Ago.	BCN	Credireal
			Set.	Boavista	Interatlântico
Out.	Pactual, Icatu, Opport	IVEN	Set.	Bradesco	Templeton
Out.	Loyds Bank	Multiplic	Out.	Electra Fleming	Pactual
Out.	Unibanco	Stephen R. & Partners	Out.	Morgan Stanley	-
Nov.	Banco Lavra	Banco Segmento	Out.	CM Capital Markets	-
			Nov.	NationsBank	Liberal
Nov.	Banco CAOA	Schahin Cury	Nov.	Swiss Bank	Omega
Nov.	Socimer do Brasil	Milbanco	Nov.	CS First Boston	-
			Nov.	PSA Peugeot	-
Dez.	Banco Gália	BCN Barclays	Nov.	American Express	SRL
Dez.	Jaime Pinheiro Part	Banco BMC	Dez.	Pactual	Sistema
Dez.	Nelson e Norberto Nogueira Pinheiros	Pinebank	Dez.	Bradesco	BCN
			Dez.	Bozano, Simonsen	Meridional

Fonte: KPMG e Centro de Informações da Gazeta Mercantil. *Gazeta Mercantil* (dez. 1997)

A expansão dos bancos estrangeiros no Brasil tem ocorrido de forma bastante acelerada. Segundo dados divulgados pelo "Relatório Bancos Estrangeiros" do jornal *Gazeta Mercantil* (ago. 2000), os bancos estrangeiros quadruplicaram seus ativos totais de R$44,7 bilhões para R$184,7 bilhões, entre dezembro de 1995 e março de 2000, apresentando uma expansão de 313,2%. Durante esses cinco anos, a participação de bancos controlados por capitais externos no mercado brasileiro subiu de 9% para 24%, principalmente a partir de 1997, quando da entrada de novos participantes no mercado por meio de aquisições de bancos brasileiros. Nesse mesmo período, o saldo de depósitos totais, captados pelos bancos estrangeiros, cresce 259,4% (R$51.4 bilhões) e sua participação nesse segmento subiu de 6% para 16,2% do sistema todo e de 14,8% para 34,1% no setor privado. O avanço dos bancos estrangeiros pode ser observado no quadro a seguir.

Quadro 6 – Dezembro de 1995 a março de 2000 (em R$ bilhões)

Categoria	Ativos Totais (R$ bilhões)	Variação (%)	Operações de Crédito (R$ bilhões)	Variação (%)	Depósitos Totais (R$ bilhões)	Variação (%)	Patrimônio Líquido (R$ bilhões)	Variação (%)
	Dez 1995	Mar 2000		Dez 1995	Mar 2000		Dez 1995	Mar 2000
Privados nacionais	152,5	232,9	52,7	45,5	58,3	28,1	65,9	92,5
Estrangeiros	44,7	184,7	313,2	11,0	41,0	272,7	14,3	51,4
Estaduais e federais	262,2	324,2	23,6	111,4	96,5	-13,4	142,7	166,6
Subtotal privados*	236,6	444,8	88,0	67,2	105,0	56,3	96,9	150,9
Total geral	498,9	768,9	54,1	178,6	201,5	12,8	239,6	317,5

Categoria	Ativos Totais (R$ bilhões)	Variação (%)	Operações de Crédito (R$ bilhões)	Variação (%)	Depósitos Totais (R$ bilhões)	Variação (%)	Patrimônio Líquido (R$ bilhões)	Variação (%)
Participação dos estrangeiros no total geral (%)	9,0	24,0	-	6,2	20,3	-	6,0	16,2
Participação dos estrangeiros no subtotal privados (%)	18,9	41,5	-	16,4	39,0	-	14,8	34,1

*Inclui, também, valores relativos a bancos de controle nacional com participação de capital estrangeiro, não incluídos nos grupos privados nacionais e estrangeiros.

Fontes: Austin Assis (Gazeta Mercantil, ago. 2000)

A despeito do expressivo avanço dos bancos estrangeiros, existem dificuldades para que eles ampliem sua participação no país, afinal os três principais concorrentes nacionais — Bradesco, Itaú e Unibanco — têm se mostrado bastante competitivos e competentes ao defender suas posições.

A necessidade de redes de agências para captar clientes e depósitos, materializa-se por meio das aquisições de bancos com grandes bases de clientes e redes de distribuição, que após a compra do Banco do Estado de São Paulo e do Banestado têm se apresentado mais restritas.

O forte movimento de fusões e aquisições por bancos estrangeiros não viabiliza a internacionalização total do mercado financeiro brasileiro. As condições de atuação e porte de alguns bancos nacionais impedem que isso ocorra no varejo, daí a opção por outras formas de atingir metas de crescimento que não contemplem a aquisição de bancos nacionais, tais como a segmentação da clientela e os bancos de investimento, onde as instituições internacionais já são dominantes.

O quadro a seguir mostra as principais aquisições realizadas pelos bancos nos últimos anos:

Quadro 7 – As principais aquisições

Comprador	Instituição adquirida	Mês/ano	Valor
Santander HSBC	Bco Geral do Comércio Bamerindus	Março-1997 Março-1997	US$ 150 milhões
Santander American Express Bank	Noroeste SRL	Agosto-1997 Setembro-1997	R$ 500 milhões
AIG Espírito Santo Crédit Agricole e Grupo Monteiro Arruda	Fenícia Boa Vista/InterAtlântico	Setembro-1997 Setembro-1997	-
Caixa Geral de Depósitos** Sudameris	Bandeirantes Banco América do Sul	Janeiro-1998 Abril-1998	-
BBVA ABN AMRO	Excel Econômico Real	Outubro-1998 Novembro-1998	R$ 500 milhões US$ 2,0 bilhões
Banif Santander	Primus Bozano, Simonsen/Meridional	Maio-1999 Janeiro-2000	US$ 20 milhões R$ 1,3 bilhão

Fontes: KPMG e Centro de Informações Gazeta Mercantil (Relatório G.M., 31 ago. 2000)

    O conceito de segmentação da clientela identificado pelo Private Bank Corporate foi adotado no Brasil inicialmente pelo Bank Boston, valorizando demandas específicas de clientelas diferenciadas, que em função de sua renda possuem demandas por serviços financeiros com qualidade e atendimento diferenciado, o que obviamente invalida o cliente de baixa renda. Dessa forma, alguns bancos estrangeiros consolidaram-se no mercado financeiro nacional ao oferecerem serviços sofisticados, com opções de investimentos no exterior para uma elite de investidores de um país com enorme concentração de renda.

Para alguns estudiosos e instituições especializadas[22], o setor bancário permanece em fase de consolidação e continuará ainda realizando processos de fusão e aquisição. Acreditam também que futuramente haverá apenas dois tipos de instituição: os grandes bancos, com todo tipo de serviço financeiro e os bancos segmentados com alto grau de especialização em determinado serviço ou atendimento. As justificativas estão referenciadas à necessidade de os bancos crescerem organicamente, o que agora só pode ocorrer por meio de fusões e aquisições que favoreçam o crescimento rápido e ganho de escala. De 1992 até o final do ano 2000, o processo de fusões e aquisições na economia brasileira no setor financeiro já contabilizou 169 procedimentos.

Os quadros a seguir indicam o preço dos principais bancos vendidos para o período entre 1997 e 2000, o ranking dos bancos privados e a atual participação estrangeira no mercado local.

Quadro 8 – O preço dos bancos

	Ano da Venda	Por agência (US$ mil)	Por cliente (US$- mil)	Por valor patrimonial	Por ativos (em %)	Por depósitos (em %)
Banespa	2000	12.304	2.270	4.9	24.0	63.5
Banestado	2000	2.307	1.577	4.1	23.4	41.7
Bandeirantes Unibanco	2000	3.281	1.143	2.1	7.87	45.2
Boavista/Bradesco	2000	6.709	5.591	1.5	17.3	40.6
Meridional/ Santander	2000	3.285	894	1.4	14.7	62.4
Baneb/Bradesco	1999	824	824	1.9	9.0	18.0
Bandepe/ABN Amro	1998	3.100	1.076	1.6	12.0	35.0
Real/ABN	1998	3.559	909	1.3	10.0	14.3

---

[22] Cf. Aloísio Campelo e Erivelto Rodrigues: Austin Assis Consultoria e KPMG Corporate Finance apresentam esses argumentos. In: *Conjuntura Econômica*. FGV, nov. 2000, p. 50/62.

	Ano da Venda	Por agência (US$ mil)	Por cliente (US$-mil)	Por valor patrimonial	Por ativos (em %)	Por depósitos (em %)
Bemge/Itaú	1998	1.034	1.034	2.5	18.0	29.0
Banerj/Itaú	1997	833	139	0.8	6.0	8.0
Credireal/BCN/ Bradesco	1997	833	382	0.9	9.0	31.0
Meridional Bozano	1997	400	126	0.5	2.0	10.0

Fonte: *Gazeta Mercantil* (nov. 2000)

Quadro 9 – Ranking dos bancos privados – por ativos totais (em%)

Bancos	%
Bradesco	16.4
Itaú	11.6
Santander + Banespa	10.9
Unibanco	7.6
ABN-Real	5.0
Safra	4.6
Bank Boston	3.6
HSBC	3.5
Citibank	3.0
BBVA	2.0

Fonte: *Gazeta Mercantil* (nov. 2000)

Quadro 10 – Participação dos bancos estrangeiros no mercado local – (R$1.000,00)

Junho de 1995	Ativos	Créditos	Junho de 2000	Ativos	Créditos
1 CCF Brasil	5.262.427	159.483	1 Santander Banespa**	50.822.186	7.516.451
2 Sudameris	4.677.240	1.853433	2 ABN Amro	26.91.458	7.750.617
3 Bank Boston*	4.379.094	450.455	3 Bank Boston*	20.217.372	3.890.664
4 Citibank*	4.193.837	1.065.983	4 HSBC	16.919.830	4.651.223
5 América do Sul	3.727.810	1.695.580	5 Sudameris	12.023.814	3.320.707
6 Lloyds TSB	2.925.866	720.574	6 Citibank*	19.143.430	4.531.143
7 ABN Amro	2.762.976	613.794	7 BBVA	9.697.793	1.269.289
8 Chase Manhattan	1.427.646	32.338	8 Bandeirantes	7.914.742	1.777.363
9 Sogeral	1.280.546	167.136	9 Chase Manhattan	5.366.278	141.712
10 Fiat	11.263.044	830.545	10 Lloyds TSB	4.754.757	266.731
27 Santander	349.557	0			
Total estrangeiros	32.250.043	7.589.321	Total estrangeiros	228.679.098	48.878.871
Total geral	498.857.568	178.585.738	Total geral	820.212.160	223.736.343
Participação (%)	6.46	4.25	Participação	27.88	21.85
* Consolidado			** soma sem consolidação		

Fonte: Austin Asis (Gazeta Mercantil, ago. 2000)

A concorrência dos bancos estrangeiros, porém, ainda não chegou diretamente às principais instituições federais — Banco do Brasil e Caixa Econômica Federal — mesmo com a venda do Banco do Estado de São Paulo, que permitiu ao Santander um salto no ranking ao exercer maior concorrência com os bancos nacionais. Tanto a CEF como o BB têm dedicado atenção a clientela com renda mais baixa. No caso da CEF não existe atuação em comércio externo, onde os bancos estrangeiros têm forte presença.

Incluímos, aqui, um quadro com os bancos públicos remanescentes após a venda do Banespa e um quadro com a posição dos bancos após a compra do Banespa pelo Santander (nov. 2000).

Quadro 11 – Os bancos públicos remanescentes após a venda do Banespa – valores em R$1.000,00

Federais	Ativo	Crédito	PL	Agências	Funcionários
Banco do Brasil	144.439.461	24.629.128	7.528.220	2.889	77.166
Caixa	124.349.430	69.705.771	3.959.143	1.694	99.523
BNB	8.302.011	5.153.469	975.082	174	3.945
Basa	2.192.928	226.828	242.943	61	2.584
BEG	1.537.151	184.470	177.678	153	ND
BEA	385.681	107.628	118.571	37	720
Participação (%)	34.28	44.70	4.05	31.25	45.57
Estaduais	**Ativo**	**Crédito**	**PL**	**Agências**	**Funcionários**
Nossa Caixa	16.390.310	1.675.270	994.954	485	12.115
Banrisul	6.824.035	1.817.400	537.525	365	8.460
Banestes	1.678.350	513.106	83.707	84	ND
BRB	1.343.881	496.415	197.716	55	1.582
Besc	1.042.179	180.056	-133.908	256	4.951
BEC	780.849	94.848	104.352	70	979
BEM	561.289	59.703	58.041	76	567

Banpara	535.775	167.874	60.040	37	748
Banese	463.911	116.126	53.578	50	859
BEP	135.132	23.219	29.656	7	236
Total Estaduais	29.755.711	5.144.017	1.985.661	1.485	30.497
Participação (%)	3.63	2.30	0.62	9.27	7.56
Total estatal	310.962.373	105.151.311	14.987.298	6.493	214.435
Participação (%)	37.91	47	4.67	40.51	53.13
Total Geral	820.212.160	223.736.343	320.790.551	16.027	403.612

Fonte: Austin Assis (Gazeta Mercantil, jun. 2000)

Quadro 12 – Posição dos Bancos antes e depois do leilão do Banespa (R$1.000,00) – jun. 2000

Antes	Ativos	Depois	Ativos
1 Banco do Brasil	144.439.461	1 Banco do Brasil	144.439.461
2 Caixa	124.349.430	2 Caixa	124.349.430
3 Bradesco	61.626.621	3 Bradesco	61.626.621
4 Itaú	48.980.766	4 Itaú	48.980.766
5 Unibanco	35.034.700	5 Santander Banespa	47.351.512
6 Banespa	28.352.016	6 Unibanco	35.034.700
7 ABN Amro	26.910.458	7 ABNAmro	26.910.458
8 Safra	20.737.801	8 Safra	20.737.801
9 Santander	18.999.496	9 HSBC	16.919.830
10 HSBC	16.919.830	10 Nossa Caixa	16.390.310
Total	820.212.160	Total	820.212.160
	Créditos		Créditos

Antes	Ativos	Depois	Ativos
1 Caixa	69.705.771	1 Caixa	69.705.771
2 Banco do Brasil	24.629.128	2 Banco do Brasil	24.629.128
3 Bradesco	18.430.525	3 Bradesco	18.430.525
4 Itaú	11.355.496	4 Itaú	11.355.496
5 Unibanco	11.227.853	5 Unibanco	11.227.853
6 ABN Amro	7.750.617	6 ABN Amro	7.750.617
7 HSBC	4.651.223	7 Santander Banespa	7.156.285
8 Banespa	4.112.680	8 HSBC	4.651.223
9 Safra	4.039.438	9 Safra	4.039.438
10 Santander	3.043.605	10 Nossa Caixa	1.675.270
Total	223.736.343	Total	223.736.343

Fonte: Austin Assis (Gazeta Mercantil, set. 2000). Dados referentes a jun. 2000, exceto Bradesco, Itaú, Unibanco e Banespa

A participação dos bancos de capital estrangeiro ou associado a estrangeiro apresenta-se em processo de crescimento, tornando-se mais significativa a partir de 1997, quando as grandes transações foram iniciadas. São destaques a compra do Bamerindus pelo HSBC, do Banco Geral do Comércio, Noroeste, Bozano e Simosen e do Banespa pelo Santander, do Excel Econômico pelo Bilbao Viscaya e do Real pelo ABN Amro Bank. O mercado brasileiro[23] tem apresentado enorme atividade no negócio de fusões e aquisições e a aquisição de bancos com grande base de clientes tem se tornado a melhor opção para os bancos estrangeiros, desde que as posições no mercado dos maiores nacionais (Unibanco, Itaú e Bradesco) estão fortemente consolidadas.

O crescimento expressivo do interesse de instituições de capital externo pode ser demonstrado pela variação do patrimônio líquido total da área bancária doméstica controlada por capital externo, que de 7,8% em 1992, havia evoluído para 15,5% até o final de 1998.

---

[23] No primeiro semestre de 2000 – segundo levantamento da Thompson Financial Securities Data divulgado na *Gazeta Mercantil* – foram movimentados US$21.9 bilhões do total de US$55.9 bilhões em negócios de fusões e aquisições registradas na América Latina (Conjuntura Econômica, FGV, nov. 2000).

De acordo com dados do Banco Central[24], existiam em julho de 1999, 183 escritórios de representação de bancos estrangeiros no Brasil, e até dezembro de 1998, 63 instituições de capital externo tiveram autorização para adquirir controle ou ter participação em empresas financeiras do país, das quais 60 haviam obtido o aval desde agosto de 1995.

Os escritórios de representação enfrentam as limitações previstas em lei, não podendo realizar operações financeiras diretamente, mas podem não só intermediar transações para suas matrizes, como realizar trabalhos de consultoria, especialmente em processos de fusões e aquisições. Nesse aspecto específico, as instituições de origem estrangeira usam a representação para testar o mercado brasileiro, verificando assim a oportunidade de ampliar os negócios.

A abertura do mercado brasileiro à banca internacional aumentou enormemente a concorrência, daí a necessidade de melhorar a eficiência[25], o que impõe ao sistema bancário nacional o duplo desafio de não apenas ser solvente, mas ser um sistema fortemente competitivo.

Atualmente, a busca da eficiência tem sido uma das principais metas das instituições bancárias. Os primeiros quatro anos do programa de estabilização econômica apontaram a necessidade de uma reestruturação, onde os bancos deveriam buscar mais receitas de crédito e de tarifas. Todavia, bastante distantes do nível de eficiência dos bancos europeus e norte-americanos que estão entrando no mercado brasileiro, os bancos brasileiros têm-se deparado não só com a necessidade de enfrentamento do novo cenário econômico nacional, mas também com a concorrência com os bancos estrangeiros, o que tornou as margens de lucro mais estreitas. Os índices de eficiência apresentados pelos bancos brasileiros não os impedem, porém, de terem lucratividade igual ou maior que a observada pelos bancos estrangeiros.

Uma das razões sempre apontadas pelos analistas da menor eficiência operacional dos bancos brasileiros, deve-se ao fato de que possuem despesas administrativas elevadas relativas à extensa rede de agências e a um quadro de pessoal ainda elevado, apesar dos cortes que vêm sendo realizados desde a década passada.

---

[24] Citado na *Gazeta Mercantil*, de 3 de setembro de 1999, Caderno de Finanças.
[25] O padrão internacional de eficiência é medido mundialmente pela divisão da soma das despesas de pessoal e administrativa, pela soma da receita de intermediação financeira (juros recebidos menos juros pagos) e da receita de serviços, tal como informa o Paep-Seade (1999).

Durante o ano de 1998, chegava em sua última fase o projeto de reestruturação do setor financeiro que dava continuidade ao processo iniciado em 1994, marcado pelo reajuste dos bancos públicos estaduais. As etapas anteriores da reestruturação foram marcadas pela transferência do controle acionário entre os bancos privados, por mudança na legislação, pelo aperfeiçoamento da supervisão bancária e pela adoção do Proer.

Além disso, as disposições governamentais pautaram-se pela implementação de medidas que viabilizassem o controle bancário interno, especialmente no tocante às instituições bancárias federais.

Conforme previsto na Resolução nº 2554 do Banco Central (Bacen), as instituições financeiras brasileiras, a partir de janeiro de 1999, precisaram instituir procedimentos de controle bancário interno.

Além da necessidade de identificar os possíveis riscos enfrentados, tornaram-se necessários o desenvolvimento e implementação de uma cultura organizacional voltada para os controles internos, a fim de cumprir as determinações do Bacen.

Por sua vez, o Bacen alega estar buscando o contínuo aperfeiçoamento do arcabouço regulatório das instituições financeiras do país, já que a falência de instituições tradicionais no mercado financeiro nacional e o forte movimento de fusões e aquisições tornaram necessário o acompanhamento mais próximo proposto por essa instituição.

As alterações estruturais do mercado financeiro impõem o fortalecimento e a preparação do mercado para enfrentar a concorrência acentuada com o processo de globalização financeira.

Para tanto, o Bacen buscou compatibilizar as suas normas com as recomendações de órgãos e entidades internacionais, especialmente as recomendações contidas nos Treze Princípios do Comitê de Supervisão Bancária da Basiléia[26], criado pelos governadores dos Bancos Centrais dos países do Grupo dos Dez. Esse comitê estabeleceu princípios de minimização dos riscos de insucesso no cenário internacional, que em contrapartida garantissem a solvência e liquidez do sistema financeiro internacional[27], com novas regras de adequação do capital que procu-

---

[26] O *Basle Commitee on Banking Supervision* (ou Comitê da Basiléia) tem procurado harmonizar os princípios de supervisão bancária em todos os países e estimular a sua aplicação em âmbito nacional e internacional (Freitas; Prates, 2002).

[27] O prazo concedido pela resolução do Bacen não pôde ser cumprido diante das dificuldades metodológicas que envolvem a adoção de sistemas de controle interno, o que não só requer um certo tempo, como também custos elevados envolvendo todas as áreas dos bancos.

ram impedir que os bancos internacionais assumam posições arriscadas (Freitas; Prates, 2002).

Uma revisão desse acordo, que estabeleceu padrões internacionais para uma administração e supervisão bancárias mais seguras e eficientes, foi divulgada no início de 2001, propondo o fim da padronização generalizada com um enfoque mais flexível, destacando a ênfase nas metodologias de gerenciamento de risco na supervisão das autoridades bancárias e no fortalecimento da disciplina no mercado. O novo acordo visa à melhoria do capital dos bancos desde que permita uma avaliação mais eficiente e sensível da propensão ao risco de cada instituição bancária.

O Acordo da Basiléia prioriza os itens relativos ao capital mínimo requerido para transações bancárias com uma nova metodologia de mensuração, análise e administração dos riscos de crédito e operacionais, conferindo às agências internacionais[28] de classificação de risco um papel relevante no gerenciamento de risco das instituições financeiras.

Os outros itens referem-se à atuação das autoridades nacionais e internacionais que vigiam os bancos e a disciplina do mercado. Nesse aspecto, os bancos devem realizar processos internos seguros de avaliação de risco, capital e provisionamentos, que correspondam aos seus respectivos perfis de risco conservador, moderado ou agressivo, enquanto os supervisores averiguam e comprovam se os métodos e procedimentos dos bancos estão compatíveis às novas exigências.

O Bacen tem realizado a análise dos sistemas adotados para classificação de empréstimos[29] concedidos aos clientes desde junho de 2000, mas como essa avaliação é feita banco a banco, o processo não tende a ser muito ágil.

Como pudemos observar ao longo do capítulo, o novo formato para o setor bancário brasileiro, que vem sendo definido pelo governo FHC, pretende um setor mais concentrado, mais internacionalizado e menos público. De acordo com as intenções governamentais já analisadas, diante desse novo modelo, o setor bancário brasileiro teria chances maiores de

---

[28] Como a Standard e Poor's, a Moody's e a Fitch/BCA (cf. Gazeta Mercantil, jan. 2001).

[29] De acordo com as regras estabelecidas no início de 2000, todas as operações de crédito das instituições devem ser avaliadas considerando uma série de critérios, entre eles, a pontualidade no pagamento, a probabilidade de inadimplência e a renda. Para isso foram criados nove níveis e, à exceção do primeiro (AA), nos demais é exigido um percentual de provisionamento por parte da instituição que vai aumentando gradualmente nas diferentes categorias até chegar a 100% de operação no pior nível de crédito, H. (Gazeta Mercantil – Acordo da Basiléia – jan. 2001).

tornar-se mais moderno e eficiente, captaria a custos mais baixos com a presença dos bancos estrangeiros, o que garantiria uma concorrência saudável com ganhos para a economia.

O que se observa, entretanto, é que a seletividade na concessão de empréstimos nos bancos privados nacionais tem aumentado bastante, apontando uma menor elasticidade do sistema financeiro nacional e um maior racionamento de crédito. E que a despeito da ampliação da participação dos bancos privados com controle estrangeiro[30], a seletividade na concessão de empréstimos nesses bancos é ainda maior.

Para além dos ajustes promovidos com sucesso e os pesados investimentos no movimento de "racionalização administrativa"[31] — que tornou possível a diminuição do número médio de bancários por agência: de 43 para 25, as despesas administrativas vêm caindo também proporcionalmente ao Ativo Total, demonstrando que o sistema financeiro talvez pudesse, enfim, desempenhar algumas funções precípuas de sua existência, como financiar a produção, contemplar a oferta de recursos com prazos, custos e exigências adequadas à economia nacional.

No quadro a seguir, podemos comparar a rede de atendimento dos bancos no Brasil com o estoque estimado de emprego, confirmando a diminuição do número médio de bancários por agência, resultante do movimento de racionalização administrativa.

Quadro 13 – Bancos no Brasil: Rede de Atendimento e Estoque de Emprego

	31/12/90	31/12/94	31/12/98	31/12/99
Agências	16.715	17.434	16.060	16.165
Postos de Atendimento Bancário	8.985	14.488	7.211	7.260
Total de pontos de atendimento	25.700	31.922	23.271	23.425
Estoque estimado de Empregados	724.526	608.537	420.218	408.209

---

[30] De acordo com os dados apresentados pelo Centro de Estudos de Conjuntura e Política Econômica da Unicamp, a participação dos bancos privados no patrimônio total ampliou-se de 55% para 70% do Sistema Financeiro Nacional (SFN), entre 1993 e 1999, sendo que os bancos com controle estrangeiro aumentaram sua participação de 7% para 23% (Carta Capital, 2000).

[31] "O banco Itaú gastava em média R$12,50 para cada R$100,00 de Ativo que administrava (para ser mais criterioso deve-se registrar que também está incluso nesta relação a administração do Passivo). Em 1998, nesta mesma instituição, esta razão reduz-se: R$7,00 de despesas administrativas para cada R$100,00 de ativo" (Gouveia, 1999, p. 3).

	31/12/90	31/12/94	31/12/98	31/12/99
Empregados por agência	43,3	34,9	26,2	25,3
Empregados por ponto de atendimento	28,2	19,1	18,1	17,4

Fonte: Banco Central e Ministério do Trabalho/Caged. Elaboração: Dieese – Subseção CNB/CUT (1999)

A reestruturação do Sistema Financeiro Brasileiro vem resultando, portanto, na consolidação patrimonial do setor, confirmando uma concentração em curso nesse setor. Envolvendo instituições bancárias e não bancárias — exceto cooperativas de crédito —, em junho de 2000, havia 778 instituições em funcionamento, numa redução de 27% em comparação ao número registrado no final de 1993. No quadro a seguir isto pode ser observado:

Quadro 14 – Instituições Financeiras em Funcionamento

Instituições	Dezembro de 1993	Junho de 2000
Bancos Múltiplos	206	167
Bancos Comerciais	35	25
Caixas Econômicas	2	1
Bancos de Desenvolvimento	7	5
Bancos de Investimento	17	21
Financeiras	41	41
Agências de Fomento	0	7
Outras Instituições	757	505
Subtotal	1.065	778
Cooperativas de Crédito	877	1.216
Total	1.942	1.994

Fonte: Banco Central do Brasil. Elaboração: Dieese – subseção CNB/CUT (2000)

As razões da concentração em curso no setor bancário são assim apresentadas por Gouveia (2000): a primeira razão está relacionada à iniciativa das empresas em reduzir o custo unitário por transação e diversificar o conjunto dos produtos e serviços oferecidos, e a segunda razão está relacionada ao seu próprio caráter institucional, ou seja, à ação do Estado, que como já apontamos, vem definindo um novo perfil para o setor ao buscar o fortalecimento do segmento privado nacional, a internacionalização, o saneamento e a privatização dos bancos públicos. No quadro a seguir pode ser observado o atual estágio das vendas de bancos públicos:

Quadro 15 – Bancos Públicos Privatizados

Mês/Ano	Instituição Privatizada	Instituição Compradora
Junho/1997	Banerj	Itaú
Agosto/1997	Credireal	BCN
Dezembro/1997	Meridional	Bozano, Simonsen
Setembro/1998	Bemge	Itaú
Novembro/1998	Bandepe	ABN-AMRO
Junho/1999	Baneb	Bradesco
Novembro/2000	Banespa	Santander

Fonte: *Gazeta Mercantil*, vários números. Elaboração: Dieese – Subseção CNB/CUT (2000)

Para Gouveia (2000), a consequência imediata desse novo modelo de setor bancário brasileiro, é o esvaziamento da oferta de serviços e de créditos bancários nas regiões menos atrativas sob a ótica da rentabilidade privada, dado que as fusões, aquisições e privatizações significam um movimento de concentração das sedes bancárias na região Centro-Sul brasileira, destacadamente na região Sudeste, ocorrendo ainda uma redução de amplitude geográfica da rede de atendimento[32]. De modo que se torna evidente uma certa regressividade resultante do processo de transformação e reestruturação do sistema financeiro nacional, diante não só da estagnação da oferta de crédito, crescente seletividade no acesso aos

---

[32] "O número de municípios brasileiros sem dependência bancária aumentou 44% entre dez/ de 1994 e jun/ de 2000 [...] a cada 10 municípios, 3 não dispunham de atendimento bancário" (Gouveia, 2000, p. 4).

produtos e serviços bancários, mas também da ausência de dependências bancárias, como mostram os quadros a seguir.

Quadro 16 – Bancos, Caixas Econômicas e Agências de Fomento: Geografia das Sedes (Instituições autorizadas a funcionar e em funcionamento em 30 de junho de 2000)

Região			Bancos		Caixas	Agências de
	Múltiplos	Comerciais	Desenvolvimento	Investimento	Econômicas	Fomento
Norte	2	1	0	0	0	3
Nordeste	13	0	1	0	0	1
Centro Oeste	2	2	0	2	1	1
Sudeste	132	20	3	19	0	0
Sul	18	2	1	0	0	3
Brasil	167	25	5	21	1	8

Fonte: Banco Central do Brasil. Elaboração: Dieese – Subseção CNB/CUT (2000)

Quadro 17 – Cobertura Geográfica da Rede de Atendimento

	12/1997	06/2000	Variação	Composição	
				12/1994	06/2000
Municípios	5.011	5.612	12%	100%	100%
Sem atendimento	1.137	1.638	44.1%	22.7%	29.2%
C/1 ponto de atendimento	1.733	2.122	22.5%	34.6%	37.8%
.Agência	1.402	1.395	-0.5%	28%	24.9%
.Posto de Atendimento Avançado (PAA)	-	564	-	0.0%	10.1%

	12/1997	06/2000	Variação	Composição	
				12/1994	06/2000
Posto de Atendimento Bancário (PAB)	331	163	-50.76%	6.6%	2.9%
Município com mais de 1 ponto de atendimento	2.141	1.852	-13,50%	42.7%	33.0%

(PAA) instituído em junho de 1997 pela Resolução 2.396.

Fonte: Banco Central do Brasil. Elaboração: Dieese – Subseção CNB/CUT (2000)

Quadro 18 – Distribuição Geográfica da Rede de Atendimento: Brasil, Regiões e Estados (31 de dezembro de 1994)

	Municípios	Pontos de Atendimento		Municípios		
		Agências	PAB´s	c/1 Agência	C/1PAB	S/atendimento
Norte	301	643	407	59	16	135
Nordeste	1.666	2.960	1.272	492	124	651
Centro Oeste	534	1.579	814	120	74	108
Sudeste	1.524	9.681	5.709	531	73	13.9
Sul	986	3.897	1.923	200	57	104
Brasil	5.011	18.760	10.125	1.402	344	1.137
Acre	23	42	25	3	2	9
Amapá	14	17	9	1	-	10
Amazonas	73	154	98	12	1	42
Pará	139	306	175	29	11	57
Rondônia	44	102	85	9	2	17
Roraima	8	22	15	5	-	-

	Municípios	Pontos de Atendimento		Municípios		
		Agências	PAB´s	c/1 Agência	C/1PAB	S/atendimento
Norte	301	643	407	59	16	135
Alagoas	99	166	109	27	7	41
Bahia	418	921	434	165	63	70
Ceará	184	414	158	38	15	67
Maranhão	137	296	74	54	11	25
Paraíba	238	191	71	49	4	158
Pernambuco	175	529	254	76	3	42
Piauí	187	124	27	33	2	138
Rio Grande do Norte	152	144	91	27	10	95
Sergipe	76	175	54	23	9	15
Nordeste	1.666	2.960	1.272	492	124	651
Distrito Federal	9	270	233	-	-	-
Goiás	233	602	305	57	69	13
Mato Grosso	97	307	86	34	1	10
Mato Grosso do Sul	77	308	173	21	-	-
Tocantins	118	92	17	8	4	85
Centro Oeste	534	1.579	814	120	74	108
Espírito Santo	68	340	166	13	-	-
Minas Gerais	757	1.978	975	323	46	128

	Municípios	Pontos de Atendimento		Municípios		
		Agências	PAB´s	c/1 Agência	C/1PAB	S/atendimento
Rio de Janeiro	79	1.779	872	10	-	1
São Paulo	620	5.584	3.696	185	27	10
Sudeste	1.524	9.681	5.709	531	73	139
Paraná	386	1.449	663	100	21	29
Rio Grande do Sul	338	1.576	843	37	34	31
Santa Catarina	262	872	417	63	2	44
Sul	986	3.897	1.923	200	57	104

Fonte: Banco Central do Brasil. Elaboração: Dieese – Subseção – CNB/CUT (2000)

Quadro 19 – Distribuição Geográfica da Rede de Atendimento: Brasil, Regiões e Estados (31 de junho de 2000)

	Municípios	Pontos de Atendimento		Municípios		
		Agências	PAB´s	c/1 agência	C/1PAB	S/atendimento
Norte	328	488	286	41	7	167
Nordeste	1.837	2.320	832	406	72	830
Centro Oeste	606	1.256	479	125	25	209
Sudeste	1.669	8.813	3.673	541	42	254
Sul	1.172	3.346	1.340	282	17	178
Brasil	5.612	16.223	6.610	1.395	163	1.638
Acre	23	24	15	2	-	14
Amapá	16	13	13	-	-	11

	Municípios	Pontos de Atendimento		Municípios		
		Agências	PAB´s	c/1 agência	C/1PAB	S/atendimento
Amazonas	73	120	94	14	-	40
Pará	144	246	135	20	7	66
Rondônia	56	73	17	4	-	25
Roraima	16	12	12	1	-	11
Norte	328	488	286	41	7	167
Alagoas	103	106	44	22	7	45
Bahia	417	728	290	159	38	85
Ceará	184	321	112	37	18	64
Maranhão	215	241	43	51	-	93
Paraíba	251	148	47	25	-	175
Pernambuco	185	411	166	45	-	42
Piauí	239	100	33	24	3	187
Rio Grande Norte	167	121	45	25	1	122
Sergipe	76	144	52	18	5	17
Nordeste	1.837	2.320	832	406	72	830
Distrito Federal	17	261	197	-	-	7
Goiás	243	510	147	68	24	32
Mato Grosso	127	207	55	30	1	51
Mato Grosso do Sul	77	213	66	18	-	13
Tocantins	142	65	14	9	-	106
Centro Oeste	606	1.256	479	125	25	209

	Municípios	Pontos de Atendimento		Municípios		
		Agências	PAB´s	c/1 agência	C/1PAB	S/atendimento
Espírito Santo	78	282	112	5	-	2
Minas Gerais	854	1.754	537	321	15	218
Rio de Janeiro	91	1.527	530	19	-	-
São Paulo	646	5.250	2.494	196	27	34
Sudeste	1.669	8.813	3.673	541	42	254
Paraná	407	1.238	470	126	12	70
Rio Grande do Sul	471	1.326	516	83	4	64
Santa Catarina	294	782	354	73	1	44
Sul	1.172	3.346	1.340	282	17	178

Fonte: Banco Central do Brasil. Elaboração: Dieese – Subseção – CNB/CUT (2000)

Com relação à rede de atendimento bancário, os bancos públicos federais (exceto o BNDES) respondiam por cerca de 30% das 16.060 agências bancárias até o final de 1999, assim como 32,3% dos bancários estavam empregados nos bancos públicos federais.

O quadro a seguir informa os bancos selecionados, por ativo, patrimônio líquido, lucro líquido, número de agências e quadro de pessoal.

Quadro 20 – Bancos selecionados: ativo, patrimônio líquido, lucro líquido, agências e quadro de pessoal (31 de dezembro de 1999)

Banco	Ativo Total	Patrimônio líquido	Lucro Líquido	Rentabilidade Líquida	Agências	Pessoal
Banco do Brasil	125.084.164,0	7.270.731,0	843.050,0	11.60%	2.839	69.437
Caixa Federal	122.441.169,0	3.900.219,0	394.524,0	10.12%	1.693	55.558
Bradesco	56.219.242,0	6.769.219,0	1.104.806,0	16.32%	2.131	47.521
Itaú	44.746.277,0	6.419.891,0	1.955.567,0	30.46%	1.193	29.982
Unibanco	31.162.211,0	4.001.706,0	590.683,0	14.76%	711	18.840
Banespa	27.937.994,0	4.175.933,0	21.393,0	0.51%	571	20.098
BNB	7.758.393,0	955.734,0	75.375,0	7.89%	175	3.833
BASA	1.993.308,0	244.981,0	74.277,0	33.0%	82	2.395

Fonte: Demonstrações contábeis. Elaboração: Dieese – Subseção CNB/CUT (2000)

No novo formato do Sistema Financeiro Nacional, a participação dos bancos públicos nos ativos totais administrados pelos bancos que atuam no Brasil mostrou uma queda de 7,2%, entre 1993 e 1998. De acordo com a análise de Gouveia (2000), o processo de ajuste do segmento dos bancos estaduais e federais e o incentivo à entrada de bancos estrangeiros no mercado nacional, tendem a acentuar a queda da participação dos bancos públicos no controle de ativos do sistema financeiro nacional.

Quadro 21 – Participação das Instituições no Ativos dos Bancos, Caixas e Cooperativas (em %)

	1993	1994	1995	1996	1997	1998
Banco do Brasil	22.93	18.28	13.91	12.52	14.42	18.41
Caixa Econômica Federal	14.51	14.98	16.40	16.47	16.57	17.98
Outros Bancos Públicos	13.41	18.17	21.90	21.92	19.06	10.79

	1993	1994	1995	1996	1997	1998
Bancos com controle estrangeiro	8.35	7.16	8.39	9.79	12.82	14.15
Demais bancos privados	40.67	41.21	39.16	39.00	36.76	38.15
Cooperativas de Crédito	0.13	0.20	0.24	0.30	0.37	0.52

Fonte: Banco Central do Brasil. Elaboração: Dieese – subseção. CNB/CUT (2000)

As consequências da reestruturação produtiva do setor bancário no redimensionamento do próprio trabalho bancário, no perfil do trabalhador bancário e no movimento sindical serão analisadas nos capítulos seguintes.

Capítulo 2

O PROCESSO DE REESTRUTURAÇÃO PRODUTIVA NO SETOR BANCÁRIO BRASILEIRO

O desenvolvimento tecnológico é um dos fatores que influenciaram a organização e a natureza do mundo do trabalho. Diante do gigantesco processo de reestruturação produtiva, acompanhado de mudanças substantivas na sociedade contemporânea, o mundo do trabalho vive transformações[33] importantes que têm sido profundamente estudadas, especialmente no âmbito do impacto criado pelas novas tecnologias.

O modelo produtivo e de relações monetárias e financeiras, característico do pós-guerra, entrou em crise especialmente a partir da segunda metade dos anos 70, revelando assim uma profunda instabilidade financeira e recessão produtiva. O processo de transição no interior do processo de acumulação de capital, iniciado nos anos 70, esteve marcado por um confronto direto com a rigidez do fordismo (Harvey, 1992).

O declínio do modelo fordista dá lugar ao desenvolvimento de um modelo de especialização flexível (Piore; Sabel, 1984) que modifica as condições sociais e técnicas da organização do trabalho. Nessa conjuntura, o trabalho necessitou ajustar-se às novas exigências que intensificaram ou potencializaram a tecnificação da força produtiva de trabalho.

Diferentemente do regime fordista que se caracterizava pelo predomínio da grande empresa industrial e que produzia em larga escala produtos estandardizados, utilizando máquinas especializadas, o modelo de especialização flexível caracterizou-se, nas palavras de Hirata (1994, p. 258), pelo "trabalho cooperativo em equipe [...] o que implica num funcionamento fundado sobre a polivalência e rotação de tarefas".

Nas diversas nações do capitalismo globalizado, esse novo modelo de organização do trabalho viveu várias formas transitórias que se expressaram de modo bastante complexo.

---

[33] "Estas alterações afetariam o conjunto do mundo do trabalho: suas relações no interior do processo produtivo, a divisão do trabalho, o mercado de trabalho, o papel dos sindicatos, as negociações coletivas e a própria sociabilidade de um sistema baseado no trabalho" (Mattoso, 1995, p. 521-22).

Em princípio, a mudança no paradigma produtivo ocasionou as transformações tradicionais: geração do aumento de produtividade e desemprego.

> [...] os 03 momentos do processo de exclusão social conhecido na história do desenvolvimento capitalista tinham dois aspectos importantes: (I) ela atingia de forma mais ou menos homogênea cada uma das economias nacionais; e (II) ocorria em fase de desenvolvimento ainda restrito ao modo de produção, permitindo derivar o problema do emprego da limitada contaminação das estruturas econômicas pelas novas formas de organização da atividade econômica e social. Dessa maneira [...] a reorganização da atividade econômica não negava a possibilidade futura de uma recomposição do nível de emprego (Dedecca, 1999, p. 18).

Entretanto esse novo paradigma de produção e sua consequente adaptação à nova fase de acumulação de capital gestaram profundas transformações no mercado de trabalho e nas relações de trabalho do mundo contemporâneo. A onda de mudanças que se processou faz parte das respostas do capital às suas próprias crises, relativas à manutenção e à adequação do novo modo de acumulação capitalista (Ianni, 1994, p. 5).

No processo de reestruturação produtiva, o trabalho assumiu formas flexibilizadas, indicadoras de um possível ajuste entre a variação de demanda e a quantidade de trabalho necessário.

É importante ressaltar que nesse contexto houve significativa diminuição da classe operária industrial tradicional, tal como nos aponta o estudo de Antunes (1995, p. 41-42), ocorrendo uma tendência mundial de crescimento do setor terciário da economia e uma ampliação do assalariamento no setor de serviços, que se mostrou, contudo, um trabalho com características precarizadas, expresso na sua forma parcial, subcontratada, temporária, terceirizada etc.[34].

No Brasil, a partir dos anos 50, a participação dos serviços no emprego total (assalariado e não assalariado) passou de 24% em 1950 a 31% em 1970 e a 57% em 1996 (Gadrey, 1999). No tocante à absorção de novas tecnologias, foram vários os efeitos produzidos nos diferentes serviços, especialmente quanto a sua utilização nos negócios financeiros. O sistema

---

[34] Não há consenso no debate sobre o crescimento do setor de serviços e a literatura é bastante ampla. Alguns estudos apontam que "a ampliação do setor de serviços em um determinado contexto histórico pode significar o desenvolvimento positivo da qualidade de vida de um país como também pode revelar um processo de precarização do trabalho, através da expansão de ocupações menos formalizadas e de rendimentos menores" (Segnini, 1998, p. 18).

financeiro brasileiro representa um dos mais importantes subsetores do setor terciário da economia, não só no aspecto de sua participação no PIB (1989 = 19,5%) e na PEA, como também na difusão de novas tecnologias e das novas formas de organização do trabalho (Segnini, 1998).

Segnini (1998) considera o setor financeiro no Brasil uma "ilha setorial de modernidade"[35], que transformou suas estruturas tecnológicas concomitantemente ao desenvolvimento da indústria nacional de informática por ele estimulada. No final dos 70 e início da década de 80, o setor financeiro financiou e demandou a criação de equipamentos e sistemas, que posteriormente permitiram que a difusão da automação bancária com base na microeletrônica se tornasse uma realidade.

Neste capítulo, pretendemos realizar uma discussão sobre o dinamismo do processo de reestruturação produtiva na organização do trabalho bancário, contemplando alguns aspectos básicos do problema, como as relações entre a automação e a concorrência e os impactos das mudanças tecnológicas sobre os bancos brasileiros. A questão específica sobre os impactos da reestruturação produtiva no trabalhador bancário estará mais bem desenvolvida nos capítulos 3 e 4, quando analisarmos o perfil do trabalhador bancário na década de 90 e as atuais condições de atuação do movimento bancário frente a essas transformações.

2.1 Introdução e disseminação da automação bancária no Brasil

Metodologicamente, a automação bancária deve ser entendida dentro do contexto político-econômico brasileiro, levando-se em consideração as especificidades do processo de trabalho no sistema financeiro, onde se destacam como essenciais a circulação de informações e sua velocidade (Ely, 1993). Adotaremos neste trabalho, o mesmo conceito adotado pelo Instituto de Pesquisas Tecnológicas (IPT) da Universidade de São Paulo (IPT, 1996, p. 4-5), também utilizado em outros estudos[36], que entende a automação como todas as atividades de informática e telecomunicações no banco, e que considera a automação como sinônimo de tecnologia de informação usada em bancos. Para o IPT a automação do setor bancário brasileiro tem sua especificidade explicitada por quatro

---

[35] Segnini (1998) relaciona indicadores sociais, carências sociais e a defasagem tecnológica de outros setores da economia, especialmente o setor industrial, com as características apresentadas pelo sistema financeiro, destacando a utilização de inovações tecnológicas pelo setor e o nível de escolaridade de seus trabalhadores.
[36] Cf. Rodrigues (1999, p. 103).

fatores: o longo período de alta inflação; a atuação nacional em um país de dimensões continentais; o papel de categoria pública; e a proteção de mercado até 1988 (IPT *apud* Rodrigues, 1999), o que ratifica a acepção metodológica de que a automação bancária deve ser entendida dentro de um contexto político e econômico específico. A automação bancária está inserida dentro de um cenário de mudanças mais abrangentes no setor bancário, onde ocupa lugar de destaque junto ao redimensionamento e ao aumento de eficiência das estruturas operacionais (Madi, 1995 *apud* Rodrigues, 1999).

Em linhas gerais, o processo de automação bancária no Brasil é iniciado a partir da década de 70, após a consolidação dos primeiros resultados do movimento de conglomeração e concentração do sistema financeiro nacional. A profunda reestruturação do sistema financeiro brasileiro, efetuada a partir de 1964, possibilitou entre outras mudanças, já descritas no Capítulo 1, o crescimento da captação de recursos dos bancos no mercado financeiro e possibilitou inversões em novas tecnologias.

O notável crescimento dos lucros bancários nesse período estimulou a expansão do número de agências e funcionários, a expansão de investimentos tecnológicos e a centralização das rotinas bancárias, trazendo para os bancos um enorme aumento do volume de serviços, que por sua vez impulsionou não só a modernização das estruturas produtivas do setor financeiro, como estimulou mais ainda a expansão do setor de informática.

A automação do sistema financeiro nacional caminhou paralelamente à sua racionalização iniciada em 1964. Assim, estipuladas as condições para a introdução da informática nos bancos, o computador iniciou sua participação no cotidiano do sistema bancário a partir da segunda metade dos anos 60. O governo subsidiou a compra de computadores de grande porte por meio da Resolução 144 (1970) e propiciou condições de produção e disseminação de microcomputadores em agências e administração dos bancos, beneficiando fabricantes nacionais de equipamentos de informática através da reserva de mercado (Accorsi, 1992).

A trajetória da participação governamental no processo de automação bancária no Brasil pode ser observada a partir dos primeiros anos da década de 70, quando o governo federal apresentou a sua política para o setor de informática, prevista no âmbito dos dois primeiros Planos Nacionais de Desenvolvimento (I e II PND) e dos dois primeiros Planos Básicos de Desenvolvimento Científico e Tecnológico (I e II PBDCI). Entre os anos

1970 e 1975, vigoraram o I PNB e o I PBDCT, que estimularam a criação de uma indústria nacional de computadores e periféricos. A primeira intervenção estatal no setor de informática, em fevereiro de 1971, manifestou-se pela criação do Grupo de Trabalho Especial (GTE), que tinha como objetivo principal a produção de um protótipo[37] de computador eletrônico para operações navais.

A institucionalização da intervenção estatal na área de informática esteve relacionada à criação da Comissão de Atividades de Processamento Eletrônico (Capre), que muito embora não formulasse inicialmente diretrizes para uma política industrial para o setor, tinha como interesse principal a racionalização do uso de computadores na administração pública, a aquisição de equipamentos e treinamento de pessoal.

A partir de 1976, a Capre assumiu novas atribuições; além de controlar as importações de computadores e periféricos, de peças e componentes para fabricação e reposição, tornou-se o órgão responsável pelo planejamento e coordenação das atividades do setor de informática.

Com tais atribuições, a Capre passou a privilegiar a indústria de capital 100% nacional, ainda que permitisse o licenciamento de tecnologia de fabricantes estrangeiros. O modelo de terços tornou-se superado e a Capre apostou na reserva de mercado para a indústria de capital exclusivamente nacional.

Os anos de 1974 a 1979 estão marcados pelo compromisso com o desenvolvimento da capacitação tecnológica nacional, observado na criação de empresas de equipamentos de informática de caráter estatal ou misto[38].

Ao final da década de 70, a Capre foi extinta, sendo substituída pela criação da Secretaria Especial de Informática, vinculada ao Conselho de Segurança Nacional. A criação da SEI consolidou a participação do Estado no setor de informática.

---

[37] O GTE apontava os segmentos de minicomputadores e pequenos sistemas como os mais adequados aos interesses nacionais, além de preconizar a coparticipação do capital privado nacional, do Estado e minoritariamente do capital estrangeiro nesse novo empreendimento (cf. Certain, 1995, p. 3).

[38] A Digibras (Empresa Digital Brasileira S.A.), holding estatal criada em 1974, opunha-se ao modelo de terços e defendia o licenciamento de tecnologia, e por não atender aos objetivos do projeto inicial foi extinta em 1984. A Cobra (Computadores e Sistemas S.A.) atendia ao modelo de terços e foi criada em julho de 1974, só funcionando efetivamente a partir de 1977. Em dezembro de 1977, a Cobra, a Edisa e a Labo têm permissão para fabricar minicomputadores, ancorados em licenciamento de tecnologia. Em 1979, é a vez da Sisco receber autorização para fabricação de minicomputadores no país. (cf. Relatório do projeto de pesquisa "Processo de Difusão da Automação Bancária no Brasil" – São Paulo, 1985).

A principal função da SEI consistia em assessorar, coordenar e executar a Política Nacional de Informática, cujas decisões políticas foram tomadas no âmbito da Comissão de Informática da SEI, onde tinham assento e participação quatro representantes da iniciativa privada, o SNI, o CSN e o Ministério das Relações Exteriores. As atribuições da SEI possuíam maior abrangência do que as funções da Capre, pois não só controlavam as importações, supervisionavam a demanda de órgãos públicos e de empresas estatais, mas também eram responsáveis pela concessão de licenças de fabricação para as empresas.

Na década de 80, foi aprovada a Lei de Informática — 7.232/84 — que ratificava a intervenção do Estado no setor. Essa lei estabeleceu os princípios, os objetivos e as diretrizes da Política Nacional de Informática, assim como os fins e os mecanismos de sua formulação. A Lei de Informática criou o Conselho de Informática e Automação (Conin) e os Distritos de Exportação de Informática. A referida lei autorizou ainda a criação da fundação Centro Tecnológico para Informática (CTI), e instituiu o Plano Nacional de Informática e Automação e o Fundo Especial de Informática e Automação.

Inicialmente, a política governamental para a área de informática pautou-se por ações de controle e restrições de importações orientando a produção nacional.

De acordo com Cassiolato (1992), a política brasileira de informática abriu a possibilidade de uma trajetória tecnológica independente, balizada pela rápida difusão dos microcomputadores particularmente no setor de serviços que colocou o mercado brasileiro para microcomputadores em lugar de destaque, tal como demonstrado no quadro seguinte.

Quadro 22 – Principais mercados para microcomputadores segundo o tamanho e o crescimento nos anos de 1984 e 1987

Principais Mercados	1984 (US$ milhões)	1987 (US$ milhões)	Taxa média anual De crescimento (%)
Países desenvolvidos			
Estados Unidos	13.124	19.953	15
Canadá	208	274	10
Alemanha Ocidental	730	1.774	34

Principais Mercados	1984 (US$ milhões)	1987 (US$ milhões)	Taxa média anual De crescimento (%)
Inglaterra	544	1.319	34
França	510	1.206	33
Itália	334	680	27
Suécia	157	468	22
Japão			
Países em desenvolvimento			
Brasil	189	992	74
China	112	662	81
Índia	61	300	70
Austrália	144	210	12
México	74	179	34
Coréia	54	108	26

Fonte: Departamento de Comércio dos Estados Unidos (1987) apud Cassiolato (1992)

O processo de automação do sistema bancário no Brasil se deu de forma bastante acelerada[39]. A introdução de tecnologia avançada no setor de informática tem no sistema bancário um dos usuários mais importantes de computadores no país. Cassiolato (1992), a partir de dados da SEI, afirma que de 1982 a 1985, aproximadamente 29% das vendas de equipamentos de informática foram destinados ao setor financeiro, tanto privado quanto público. Afirma ainda que, até 1986, os bancos foram responsáveis por cerca de 50% das vendas das empresas brasileiras e que em 1988, dentre os 10 maiores usuários de microcomputadores no Brasil, cinco eram bancos.

---

[39] Cassiolato (1992), Helena Bins ELY (1995), Sonia Larangeira (1993), Nize Jinkings (1994) comentam a velocidade com a qual os bancos informatizaram-se especialmente a partir dos anos 80, relacionando esse movimento ao processo inflacionário e especulativo desse período, e à diversidade e ao volume de serviços realizados pelos bancos também nesse período.

O quadro seguinte apresenta o número de computadores de grande porte, minicomputadores e microcomputadores dos principais bancos brasileiros até 1988.

Quadro 23 – Computadores de grande porte, minicomputadores e microcomputadores dos principais bancos brasileiros até 1988

Bancos	Computadores de Grande Porte	Mini-computadores	Micro-computadores
Privados	101	876	7.307
Bradesco	29	552	1.186
Itaú	22	-	3.300
Citibank	5	2	1.030
Unibanco	4	-	807
Real	5	42	66
Bamerindus	9	48	316
Nacional	7	4	59
Econômico	5	55	210
Francês Brasileiro	2	47	160
Safra	3	58	99
Sudameris	3	-	38
Chase Manhatan	2	64	167
Montreal Bank	1	1	39
Noroeste	4	3	110
Governamentais	32	578	4.194
Banco do Brasil	15	323	2.167
Banco Central	4	7	772
CEF	2	92	645
Banespa	2	-	470

Bancos	Computadores de Grande Porte	Mini-computadores	Micro-computadores
Banerj	4	118	58
Banestado	5	38	82
Total	133	1.454	11.501

Fonte: *Dados e Idéias* (1988). São Paulo, *Gazeta Mercantil*, v. 13, n. 126, nov., p. 62-8 a*pud* Cassiolato, 1992, p. 189

A evolução da automação bancária no Brasil por tipo de equipamento pode ser observada no quadro a seguir.

Quadro 24 – Evolução da automação bancária no Brasil por tipo de equipamento

TIPOS	1984	1985	1986	1987	1988
Concentrador	3.160	5.265	6.563	7.427	11.276
Terminal bancário	47.096	80.284	93.123	106.328	126.244
ATM	-	-	-	-	-
Máquinas de entrega de dinheiro	-	-	-	356	1.168

Fonte: Panorama do Setor de Informática (1988, 1989), Brasília, SEI, v. 1, v. 2 *apud* Cassiolato, 1992, p. 189

A introdução da tecnologia de base microeletrônica no sistema financeiro nacional efetivou-se em três momentos distintos de transformações tecnológicas:

a. Início da década de 60, quando são criados os centros de processamento de dados com a incorporação de computadores de grande porte;

b. No final da década de 70, quando foi implantado o sistema on-line nos grandes bancos, e na metade dos anos 80, quando houve sua difusão;

c. De meados dos anos 80, quando ocorreu um processo intenso de difusão do sistema on-line e aperfeiçoamento das telecomunicações no Brasil.

2.2 Os impactos das mudanças tecnológicas sobre os bancos

Nos anos 60, após a Reforma, bancos e órgãos governamentais tornaram-se os primeiros usuários de computadores no Brasil. O primeiro banco a criar o Centro de Processamento de Dados foi o Banco do Brasil. Inicialmente, os bancos dependiam do Centro de Processamento de Dados (CPD's) localizados nas proximidades dos centros urbanos, para onde eram enviados documentos, que processados durante a noite, retornavam pela manhã em listagens atualizadas enviadas às agências (Cassiolato, 1992, p. 175). Os CPD's foram criados com o objetivo de centralizar e modernizar o processo das informações sobre o movimento do dinheiro nas agências, sua criação fez desaparecer uma série de procedimentos realizados anteriormente no final do expediente, alterando dessa forma o processo de trabalho nos bancos.

Até a Reforma Bancária de 1964, os bancos exerciam apenas as funções de intermediação financeira, cujo âmbito de atuação estava restrito às condições regionalizadas e descentralizadas das várias sedes espalhadas pelo território brasileiro. O esforço de automação bancária em seu momento inicial esteve intimamente relacionado ao objetivo de integrar as agências em escala nacional.

A respeito do processo de trabalho nos bancos, podemos dizer que até a década de 60 a estrutura do sistema bancário era bastante simples. Os serviços de administração geral eram realizados na matriz do banco e dividiam-se entre a alta direção, a contadoria, a inspetoria, o departamento pessoal, a central de câmbio e a tesouraria. Nas agências eram realizados serviços contábeis relativos ao movimento diário de captação e empréstimo, atendimento à reduzida clientela, atividades de suporte ao atendimento, atualização de contas correntes e arquivos e cálculos de juros (Jinkings, 1995).

Os serviços eram desenvolvidos sob a supervisão do gerente, que cuidava do aspecto comercial da empresa e do contador que era o responsável pelo serviço administrativo. Havia ainda as chefias intermediárias, subgerente, subcontador e chefe de expediente. Os escriturários trabalhavam distribuídos nos setores de contas corrente, cadastro, desconto de títulos e contabilidade. Seu trabalho era o de controle e escrituração dos papéis em circulação, além das atividades de suporte ao atendimento aos clientes. Os caixas recebiam os depósitos e o pagamento dos cheques (Jinkings, 1995).

Segundo Accorsi (1990), as agências tinham um funcionamento precário e funcionavam nos seguintes moldes:

> [...] um escriturário permanece no balcão de atendimento, outro no controle de caixa, dois no desconto e outros dois na contabilidade. Os caixas apenas recebem e pagam, desconhecendo a rotina geral dos serviços no banco (Accorsi *apud* Blass, 1992a, p. 5).

Nas palavras de Accorsi (1990), a chegada de um cliente à agência para um desconto de cheque implicava no seguinte fluxo de trabalho:

> [...] o escriturário no balcão de atendimento recebia do cliente o cheque e entregava-lhe uma senha; o cheque então, era enviado ao controle de caixa para o registro de sua entrada, e em seguida, encaminhado ao setor de firmas para conferência de assinatura e ao setor de contas correntes, onde era encaminhada a cartela com os dados da conta corrente, verificado o saldo disponível e anotado o débito na conta do cliente. Somente depois desse percurso é que o cheque era remetido ao caixa para pagamento e, posteriormente, enviado ao setor de contabilidade. Após o horário de atendimento ao público procedia-se à operação "bate", desenvolvida no setor de controle de caixa: eram conferidos os valores registrados no caixa e comparados aos do débito e créditos do dia (Accorsi, 1990 *apud* Jinkings, 1995, p. 30).

Com os CPD's e a padronização contábil, o processo de trabalho se altera: os funcionários que realizavam os serviços de retaguarda preparam nas agências, após o expediente, os documentos que devem ser enviados ao CPD. Cabia ao CPD reunir todos os papéis das agências de uma determinada região, digitar e processar seus dados nos computadores de grande porte, para, pela manhã, cada agência, antes do início do expediente, receber suas listagens. As informações de um número cada vez maior de agências, assim como de todo o conglomerado financeiro eram controlados e centralizados pelos CPD's (Blass, 1992a). O processamento de dados permitiu um volume muito maior de operações, com efetivos ganhos de escala, que aliados às determinações ou normas governamentais previstas na Reforma Bancária possibilitaram também o aumento de produtividade do setor bancário (Rodrigues, 1999).

Segundo Rodrigues (1999), os Departamentos de Organização e Métodos, a partir da produção de vários estudos sobre layout de agências e processo de trabalho, procuraram transformar a rotina do trabalho bancário, o que concretamente se verificou na predeterminação do tempo para execução das várias tarefas, na imposição do ritmo de trabalho e definição das cotas de produtividade para cada segmento e posto de trabalho.

Para Accorsi (1990), o período de racionalização taylorista nos bancos, trouxe a segmentação e parcialização do trabalho, o que incidiu no aproveitamento de pequena parcela de funcionários no processo de mudança então realizado, tornando a experiência acumulada desses funcionários desnecessária, à medida que seu conhecimento prático para a organização da nova racionalidade fundada na informática não era mais aproveitável. Nessa mesma linha de reflexão, Jinkings (2000) afirma que a criação dos CPD's modificou substancialmente a organização do trabalho nos bancos. Havia perda da relativa autonomia das agências quanto aos serviços de contabilização e com a transferência de grande parte das tarefas contábeis realizadas na retaguarda das agências para os CPD's, percebeu-se um processo de fragmentação e esvaziamento no conteúdo do trabalho do bancário tradicional — que conhecia não só contabilidade como possuía uma visão mais abrangente do processo de trabalho. Jinkings (2000, p. 47) cita Grun (1985) quanto à "desapropriação do saber de métier" do bancário, resultante da introdução do computador, juntamente com as inovações organizacionais que racionalizaram e normatizaram o trabalho nos bancos.

A expansão que ocorre nesse período no setor financeiro, seja no âmbito físico operacional ou de estoque de funcionários, viabilizou a absorção dos funcionários que haviam se tornado desnecessários diante do progresso técnico promovido pela automação. Assim como o trabalho de retaguarda nos bancos, o trabalho dos caixas também sofreu transformações importantes a partir do apoio dado pelas listagens nos CPD's. Alguns bancos adotaram o chamado caixa executivo que tinha como tarefa não só pagar e receber cheques e valores, mas executar tarefas que anteriormente pertenciam aos escriturários como a conferência de assinaturas e de saldos e efetuar lançamentos (Blass, 1992a). Este é um período em que a agência tradicional — gerente isolado, poucos caixas e área de atendimento reduzida — foi sendo substituída por um modelo de agências de atendimento — gerência exposta, vários caixas e grande área de atendimento (Accorsi, 1999).

Entretanto foi somente a partir da década de 70 que se configuraram as condições para que a aceleração da automação bancária pudesse ocorrer.

Nesse período, definiram-se bases sobre as quais a organização do sistema bancário brasileiro operaria a sua transformação em termos tecnológicos, ou seja, a partir da crescente utilização de computadores, da participação dos bancos na definição de tecnologias, e do investimento direto no desenvolvimento tecnológico de informática para o setor bancário.

O processo de automação bancária apresentou uma nova dimensão com a modernização dos sistemas de apoio às decisões gerenciais (SAD), que permitiu à gerência e à alta administração dos bancos melhor acompanhar as operações financeiras. Os SAD's constituíam uma espécie de arquivo eletrônico que centralizava e processava informações sobre diversas operações do conglomerado e arquivavam informações sobre os clientes e sistema financeiro (Bins, 1992 *apud* Jinkings, 1995).

A conjuntura inflacionária, de altas taxas de juros cobrados pelos bancos e de intensificação da especulação financeira do final da década de 70, possibilitou aos bancos lucros excepcionais. Os SAD's atenderam nesse momento à demanda do setor bancário por sistemas de informações rápidos e eficientes sobre os saldos financeiros, garantindo segurança nos investimentos de capital e lucros mais expressivos (Jinkings, 1995).

No final dos anos 70, a automação bancária já se caracterizava pela descentralização do processamento de dados em agências[40], não obstante não tenham sido desenvolvidos produtos com tecnologia compatível às necessidades dos bancos brasileiros, seja pela nascente indústria de informática nacional ou pelas multinacionais. É notável o esforço realizado por algumas instituições bancárias nacionais; nesse sentido, o Bradesco, em 1978, torna-se pioneiro em termos internacionais no desenvolvimento de seu próprio sistema de leitura de caracteres magnéticos impressos em cheques, criando um laboratório de eletrônica digital e associando-se, posteriormente, a algumas empresas brasileiras (SID, Digilab) onde tinha participação minoritária (Cassiolato, 1992). Em seguida, o Itaú criou a Itautec que desenvolvia e fabricava sistemas, concentrando-se na produção de microcomputadores e terminais para uso próprio. Atualmente, a Itautec diversificou suas atividades para quase todas as áreas da informática.

---

[40] De acordo com Cassiolato (1992), entre 70 e 80, de todas as operações processadas em uma determinada agência só eram relevantes para essa agência. A solução buscada pautou-se pela descentralização do processamento de dados e pela instalação de um microcomputador em cada agência.

Os elementos propulsores da automação bancária do início dos anos 80 são os processos de crescente conglomeração do sistema e a intensificação da concorrência interbancária em um cenário de inflação elevada.

Os chamados bancos eletrônicos com agências on-line, que empregam sistemas automatizados de atendimento ao público surgem nesse momento. As inovações tecnológicas do início dos anos 80 produziram mudanças importantes na organização e conteúdo do trabalho bancário, desta vez relativas à rotina de trabalho dos caixas, que se alterará completamente.

Nas palavras de Rodrigues (1999, p. 72):

> [...] o caixa passou a ter as informações antes disponibilizadas após o processamento nas matrizes. Também ocorreu a simplificação de uma série de tarefas, como o fechamento e a abertura do caixa, possibilitando, inclusive, a operação num único turno.

Ou ainda, nas palavras de Jinkings (1995, p. 52):

> [...] a introdução do on line possibilitava aos caixas o acesso aos dados necessários à execução de suas tarefas diretamente no terminal do computador, que lhes servia, a partir de então, de instrumento de trabalho. Aumentava drasticamente a produtividade, com a maior rapidez de atendimento e a intensificação de seu ritmo de trabalho no guichê. Por outro lado, o on line tornava mais seguro o trabalho dos caixas, diminuindo o risco de erros, já que o próprio computador recusa dados incorretos e rejeita o pagamento de cheques desprovidos de fundos.

Com a introdução do on-line, as várias rotinas realizadas na retaguarda da agência foram sendo eliminadas; nesse aspecto, com a eliminação de papéis a serem digitados na própria origem, absorvidos pelo computador, o trabalho dos digitadores também foi bastante afetado.

Na realidade, uma série de postos de trabalho foi afetada pelas inovações tecnológicas; o trabalho de digitadores e conferentes é um exemplo da desvalorização de algumas funções que foram transferidas progressivamente para outros funcionários, que utilizavam diretamente em seu serviço cotidiano os dados digitados e controlados agora por eles mesmos e que anteriormente eram digitados e controlados por outras funções que perderam importância e sentido nesse processo. As demissões e transferências de digitadores e conferentes acarretaram profundos impactos nas condições de trabalho dos bancários e na sua capacidade de enfrentamento com o capital (Jinkings, 2000).

O trabalho da gerência foi também afetado, entretanto de uma forma diferente, sofrendo uma forte potencialização, viabilizada, sobretudo, pela gama de informações agora a ela disponibilizadas, que se tornam mais próximos à administração central do banco, agência e cliente.

No início da década de 80, começaram a operar também os terminais de transferências de fundos com o uso de cartões magnéticos. Os novos terminais incluem o balcão eletrônico no interior das agências, as ATM's (*Automatic Teller Machine*) ou Banco 24 horas, com funcionamento fora do horário de atendimento; a resposta audível, o videotexto, os postos de venda, ou terminais de saque. A partir da implantação dos caixas automáticos foi possível executar tarefas de atendimento ao público tais como saque em dinheiro, depósitos, pagamento de contas e consulta de saldo. Quanto aos postos de venda ou terminais de saque que foram colocados em estabelecimentos comerciais de grande porte, a ideia era substituir a utilização de cheques como forma de pagamento de compras; além disso, o registro eletrônico das operações bancárias, eliminava todos os serviços intermediários de manuseio, digitação e microfilmagem. O videotexto, ao associar o telefone ao terminal do computador dos clientes especiais, podia informar automaticamente saldos, débitos e/ou créditos futuros, transferências de fundos e alternativas de investimento, o que se expressou posteriormente no sistema *home banking*. A solicitação de talões de cheques e a transferência de fundos, também foram agilizadas por meio da implantação do videotexto e da resposta audível.

O sistema on-line integrou os ambientes das agências e distribuiu com maior racionalidade as informações, mas o que realmente se modificou foi a perspectiva dos serviços oferecidos à clientela dos bancos centrada no autoatendimento, onde os clientes, por meio dos cartões magnéticos, operavam diretamente os terminais de computador instalados nas agências, ou por meio das ATM's e Banco 24 horas, utilizando esses postos de atendimento externos e dispensando a presença de funcionários.

Os próprios clientes substituíram os bancários na execução de algumas tarefas, o que permitiu a redução de contratações na área de atendimento ao público; entretanto aumenta a dependência dos clientes em relação ao funcionamento do sistema operacional, assim como de todo conglomerado, com relação aos microcomputadores instalados nas agências e setores administrativos (Blass, 1992a). De todo modo, a resistência dos usuários retardava o uso pleno dos equipamentos. É paradoxal essa dependência, pois frente a qualquer interrupção, todo o processo de trabalho ficava paralisado, de forma que agências precisavam interromper o atendimento ao público, ou tentar mantê-lo por meio do trabalho manual dos caixas.

Uma questão fundamental no caso da automação bancária brasileira, era a agilidade e rapidez, buscadas no processo de compensação de cheques diante do grande número diário de cheques que circulam no sistema bancário e que exigia a separação manual, conforme os dados neles especificados.

No caso dos outros bancos de tamanho médio, estes criaram a empresa de Tecnologia Bancária, que desenvolveu um padrão comum de automação para bancos médios. Ao longo dos anos 80 uma parcela significativa dos lucros dos bancos foi direcionada para a realização de investimentos estratégicos em informática.

As políticas de informática do governo, a disponibilidade de recursos humanos altamente qualificados, a existência de uma boa infraestrutura de comunicações e de serviços, a ausência de resistência da força de trabalho e a rápida mudança nas disposições legais sobre a atividade bancária, foram alguns dos fatores que facilitaram a introdução da automação no sistema bancário brasileiro (Cassiolato, 1992).

Com relação às políticas governamentais de informática, é importante destacar o papel da reserva de mercado com relação ao tempo e as condições propiciadas aos bancos brasileiros de modo que pudessem realizar os investimentos necessários. No Brasil, as exigências legais específicas ao estímulo da automação foram bastante importantes neste processo de rápida modernização da tecnologia de informática nos bancos.

Os bancos públicos também se empenharam em acompanhar o processo de automação. O Banco do Estado de São Paulo S.A. (Banespa) e o Banco do Brasil fizeram esforços bastante concretos nesse sentido durante a década de 80.

Até 1988, os 20 maiores bancos brasileiros já haviam instalado 133 computadores de grande porte, 1.454 minicomputadores e 11.501 microcomputadores (Cassiolato, 1992). Os sistemas de automação bancária, desenvolvidos no Brasil, apresentavam custo menor do que os similares estrangeiros, sendo equivalentes em termos tecnológicos ao que existia no mercado internacional, o que se devia principalmente a uma especificidade brasileira: a estreita parceria entre o usuário e o produtor de equipamentos.

A introdução da automação potencializou a capacidade de armazenar informações e o tempo de processamento das mesmas, permitindo que os bancos buscassem novas formas de recompor a anterior lucratividade alcançada por meio dos ganhos sobre os altos índices inflacionários.

No processo de reestruturação produtiva, baseado na empresa integrada e flexível, introduziu-se também no setor bancário a terceirização[41], que buscava concentrar esforços no controle de desempenho e qualidade e na redução de custos. No caso específico do setor bancário, a terceirização possuía também características antissíndicas, ao criar possibilidades de burlar conquistas sindicais e fragmentar a organização dos trabalhadores com a sua implementação.

A terceirização tem sido considerada, na perspectiva do Sindicato dos Empregados de Estabelecimentos Bancários de São Paulo (Seeb-SP), extremamente nociva ao emprego bancário. O Seeb-SP faz severas restrições à terceirização por acreditar que esse procedimento

> [...] objetiva escamotear o vínculo empregatício, enfraquecer a organização sindical, fugir das obrigações decorrentes de acordos, convenções coletivas ou sentenças normativas, contratar mão de obra temporária para serviços permanentes da atividade da empresa, mesclar mão de obra própria ou de ter terceiros na realização de atividades fim da empresa e privatizar atividades próprias de empresas estatais sem o necessário crivo da discussão por parte do legislativo e da sociedade civil (Exposição da representante do Seeb-SP no Seminário: "Terceirização – Técnica para Evolução Competitiva dos Bancos" – Catho/Febraban, 1996 apud Rodrigues, 1999, p. 80).

Segundo Rodrigues (1999, p. 83), os setores onde tem ocorrido a terceirização são:

---

[41] Rodrigues (1999, p. 77) assinala duas definições para terceirização: a) "É uma técnica administrativa que possibilita o estabelecimento de um processo gerenciado de transferências a terceiros de atividades acessórias e de apoio ao escopo das empresas que é a sua atividade fim, permitindo a estas concentrarem-se no seu negócio ou seja atividade-fim [...] é também o processo de busca de parcerias, determinada pela visão empresarial moderna e pelas imposições do mercado" (Queiroz, 1995, p. 35 apud Rodrigues, 1999, p. 77); e b) "O processo de terceirização se caracteriza quando uma determinada atividade deixa de ser desenvolvida pelos trabalhadores de uma empresa e é transferida para uma outra empresa, então chamada de terceira" (Dieese, 1994 apud Rodrigues, 1999, p. 77).

- **Centralização de cadastros e bancos de dados:** com informações econômico-financeiras das empresas, desde 1968, realizada pelo Serviço e Assessoria (Serasa) que também realiza a atualização da estatística geral do setor bancário; o Re-Cheque, serviço que permite aos bancos por meio do terminal no qual são digitados os dados, bloquear os cheques roubados junto ao sistema de controle de cheques.
- **Serviços de compensação e microfilmagem de cheques**[42];
- **Tesouraria:** serviços relativos a saques realizados junto ao Banco Central e Banco do Brasil por meio da assinatura de um diretor do Banco ou representante legal; quanto aos depósitos, as firmas terceirizadas fazem o recolhimento para sua tesouraria de cheques e dinheiro dos clientes, bancos e agências, as notas são separadas, faceadas, cintadas e amarradas em lotes de mil e os cheques são separados para compensação;
- **Teleatendimento:** que inclui informações sobre conta corrente, aplicações e transferências de recursos entre as contas; que se expressam também pela telemática no *home banking* e *office banking*;
- **Terceirização na retaguarda:** significa o envio dos documentos relativos à autorização em conta corrente para empresa terceirizada, que por meio de máquinas fornecidas pelo próprio banco, realiza as autenticações e remete os documentos pelo sistema off-line;
- **Serviços de concessionária:** contas de água, luz, telefone, pagas e autenticadas no caixa do banco que são enviadas à firma terceira, onde são constituídos arquivos, gravações de fitas, remetidas posteriormente para cada uma das empresas concessionárias;
- **Caixas rápidos – quiosques eletrônicos:** o serviço é o de enviar os envelopes onde constam cheques e pagamentos de contas em geral às firmas terceirizadas, estas realizam a soma, carimbam, separam e remetem ao caixa, que irá autenticar e enviar os comprovantes para os clientes. Neste item, Rodrigues (1999) ressalta que as funções desempenhadas pelas empresas terceirizadas

---

[42] Onde primeiro ocorreu um confronto entre movimento sindical e setor financeiro relativo ao processo de terceirização. Os debates entre Fenaban e o Seeb sobre essa matéria serão melhor desenvolvidos no Capítulo 4.

eram exclusivamente realizadas pelos caixas dos bancos o que causa impactos no emprego bancário;

- **Agências em supermercados**: funcionam conforme horário do atendimento onde estão localizadas; nesse sentido os horários são diferentes do horário bancário e os funcionários todos terceirizados. O autoatendimento é pleno e os produtos oferecidos são a venda de seguros, cartão de crédito ou crédito direto ao consumidor.

Quanto aos setores não operacionais, a terceirização é frequente e bastante difundida em áreas como serviços de limpeza, serviços de copa, marcenaria, carpintaria, transporte de valores e vigilância bancária. Rodrigues (1999) destaca também a tendência à terceirização do setor de informática, com a busca por softwares, hardwares e processamento, como o recente desenvolvimento de sistemas sobre o perfil dos tomadores de crédito, diante das atuais disposições em aumentar as receitas bancárias via concessão de empréstimos.

Rodrigues (1999) informa ainda sobre as formas específicas de contratação dos serviços terceirizados, que estas envolvem: o **estágio**, restrito aos bancos estatais; as empresas individuais de analistas de sistemas, programadores, operadores de mesa, economistas, advogados etc.; **as cooperativas de trabalho**, constituídas por antigos funcionários dos bancos — foco de muito questionamento por parte dos sindicatos de bancários que alegam ser este um processo que escamoteia a relação de trabalho; e finalmente os prestadores de serviços, que realizam concessão de créditos especificamente ao consumidor.

É possível dizer que tem ocorrido um forte crescimento dos gastos com terceirização nas instituições financeiras[43]. Segundo Rodrigues (1999), em 1990 as despesas com terceiros ficaram em 6% do total de gastos intermediários realizados pela totalidade de instituições financeiras; em 1995, esse percentual atinge 10% do total do consumo intermediário do setor. Quando analisadas separadamente, empresas públicas e empresas privadas apresentaram uma forte diferenciação nos seus gastos intermediários. Durante os anos entre 1990 e 1995, as elevações dos gastos das empresas privadas com terceirização foram bem mais expressivas que

---

[43] Uma boa reflexão sobre a evolução da terceirização nos bancos pode ser encontrada na dissertação de mestrado de Alcinei Rodrigues (1999), da qual me utilizei para realizar este item do capítulo.

as do segmento estatal[44]. Diante da tendência de expansão do segmento privado, via aquisição de empresas estatais, é possível estimar que ocorra uma elevação da terceirização no setor financeiro.

Os quadros seguintes assinalam o perfil dos gastos das instituições financeiras no Brasil e a estrutura percentual do consumo intermediário para os anos de 1990 a 1995.

Quadro 25 – Desagregação do Consumo Intermediário das Instituições Financeiras – 1990-1995

Especificação Valor (1.000 R$)	1990	1991	1992	1993	1994	1995
Total	93	443	5.514	122.978	2.401.356	3.665.918
Despesas de água, energia e gás	3	14	191	4.422	97.310	138.199
Despesas de aluguel	3	19	200	4.473	94.004	171.340
Despesas de comunicações	9	51	705	14.916	301.082	414.456
Despesas manut./conserv. de bens	5	29	346	7.475	188.521	260.935
Despesas de material	4	19	231	4.514	93.490	134.102
Despesas de pessoal e treinamento	1	4	68	981	35.041	46.864
Despesas de processamento de dados	14	77	1.159	23.226	474.003	715.291
Despesas de promoção e relações públicas	1	6	109	2.053	66.511	77.393
Despesas de propaganda e publicidade	3	25	238	6.104	168.730	132.906
Despesas de publicações	-	2	18	370	9.219	12.497
Despesas de seguros	1	2	28	414	8.973	30.072

---

[44] Deve ser considerada a falta de legislação, que assegurasse às empresas estatais terceirizar parte de suas atividades, sem ferir o seu estatuto — contratação por meio de concurso público — à exceção dos serviços de limpeza e vigilância que eram assegurados pela Consolidação das Leis Trabalhistas (CLT).

Especificação Valor (1.000 R$)	1990	1991	1992	1993	1994	1995
Despesas de serviços do sist. Financeiro	16	8	90	2.566	83.138	161.328
Despesas de terceiros	6	28	302	7.868	133.916	140.437
Despesas de serviços de vigil. e seg.	6	31	405	8.808	190.569	311.342
Despesas de serv. técnicos e especializados	2	11	131	2.911	1.303	119.321
Despesas de transportes	4	19	241	5.055	131.070	205.450
Despesas de viagem ao exterior	-	-	1	29	618	323
Despesas de viagem no país	1	6	95	1.718	.45.434	70.564
Outras despesas administrativas	10	64	742	23.344	202.787	506.799
Despesas adm. de fundos e prog. Sociais	1	4	31	294	1.217	287
Despesas de adm. de loterias	3	23	184	1.436	4.510	16.012

Fonte: IBGE. Diretoria de Pesquisas, Departamento de Contas Nacionais *apud* Rodrigues (quadro elaborado pelo autor)

Quadro 26 – Estrutura percentual do Consumo intermediário das instituições financeiras - **1990-1995**

Especificação	1990	1991	1992	1993	1994	1995
Total	100	100	100	100	100	100
Despesas de comunicações	9	10	11	11	10	9
Despesas de pessoal e treinamento	1	1	1	1	1	1
Despesas de processamento de dados	15	18	19	17	17	15
Despesas de terceiros	6	7	8	9	10	10
Despesas de serviço de vigilância e segurança	5	5	5	5	4	5

Especificação	1990	1991	1992	1993	1994	1995
Despesas de serviço técnico especializado	3	3	4	4	5	6
Instituições Privadas – Total	100	100	100	100	100	100
Despesas de comunicações	9	9	10	10	8	8
Despesas de pessoal e treinamento	1	1	1	1	1	1
Despesas de processamento de dados	14	17	18	17	15	14
Despesas de terceiros	6	8	9	10	12	14
Despesas de serviços de vigilância e segurança	5	4	4	3	3	3
Despesas de serviço técnico especializado	4	4	5	5	6	7
Instituições Públicas - Total	100	100	100	100	100	100
Despesas de comunicações	10	12	14	12	13	11
Despesas de pessoal e treinamento	1	1	1	1	1	1
Despesas de processamento de dados	15	17	22	20	21	20
Despesas de terceiros	6	6	5	6	6	4
Despesas de serviços de vigilância e segurança	6	7	7	7	8	8
Despesas de serviço técnico especializado	3	3	2	2	3	3

Fonte: IBGE. Diretoria de Pesquisas, Departamento de Contas Nacionais *apud* Rodrigues (1999)

Quanto aos dados sobre o emprego nas empresas terceirizadas que prestam serviços às instituições bancárias, só foi possível encontrá-los para o período entre 1988 e 1993 a partir da PED (Pesquisa de Emprego e Desemprego) da Fundação Seade e do Dieese. Estaremos aqui utilizando as análises feitas por Rodrigues (1999) que assinalam uma queda da terceirização entre 1988 e 1989, possivelmente relacionada ao fato de que boa parte das empresas tenha se estabelecido enquanto bancos. Quanto ao período entre 1989 e 1992, observou-se elevação nos percentuais dos trabalhadores das empresas terceiras que prestam serviços aos bancos. Rodrigues (1999) informa-nos ainda que a incorporação dos profissionais de cartão de crédito e de teleatendimento aos bancos pode ser uma condição plausível de explicação para o decréscimo observado durante 1993 na participação das empresas terceirizadas no total de empresas no setor.

O quadro a seguir demonstra como se deu a distribuição dos bancários segundo origens e setor de seu pagamento em um primeiro momento de reestruturação organizacional (1988-1993).

Quadro 27 – Distribuição dos Bancários, segundo setor e origem do seu pagamento **Grande São Paulo – 1988/93 (em %)**

Setor e Origem do seu pagamento	1988	1989	1990	1991	1992	1993
Total	100.0	100.0	100.0	100.0	100.0	100.0
Pagos pelos Bancos*	85.0	90.6	90.7	89.9	88.0	90.1
Funcionários Sub-contratados	15.0	9.4	9.3	10.1	12.0	9.9
Setor Privado	85.2	82.5	83.6	84.0	81.3	79.6
Pagos pelos Bancos*	72.5	74.9	75.0	74.4	70.1	69.9
Funcionários Sub-contratados	12.7	7.7	8.7	9.6	11.2	9.7
Setor Público	12.6	15.7	15.7	15.5	17.9	20.2

*Excluídos os corretores de valores e os ocupados e classificados em ocupação mal definida.
Fonte: SPG. Convênio Seade-Dieese *apud* Rodrigues (1999)

Com efeito, os estudos analisados indicam que as mudanças organizacionais e tecnológicas introduzidas pela automação acentuaram a divisão do trabalho, fragmentaram as tarefas, separaram atividades de concepção e execução, criando um trabalhador não especializado e submetido à racionalização, cujas rotinas foram fortemente sistematizadas a partir da gerência e manuais de instruções. Na verdade, o trabalho bancário sempre foi objeto de um determinado tipo específico de supervisão gerencial, que foi radicalizado à medida que os serviços automatizados foram sendo implementados.

A automação permitiu que os bancos controlassem e centralizassem informações necessárias à tomada de decisão, agilizando as rotinas que envolvem o trabalho bancário. O processo de racionalização, iniciado em

1964, já descrito anteriormente, foi também analisado a partir da noção de banco-fábrica e dos princípios fordistas e tayloristas que organizaram os trabalhos nos bancos, em particular nos CPD's.

Blass (1992) sistematizou alguns estudos que utilizam a abordagem banco-fábrica, destacando o trabalho de Accorsi (1991)[45] que considera a alteração de rotinas e procedimentos no trabalho bancário, a mudança no layout das agências, o redimensionamento de pessoal e a criação de setores especializados indicativos da entrada de "racionalização taylorista" nos bancos entre 1964 e 1980. Este trabalho discute sob essa perspectiva não só o impacto da automação propriamente dita, como o tipo de percepção que os vários segmentos da categoria bancária têm acerca dos processos de introdução e disseminação da automação nos bancos brasileiros, principalmente acerca das consequências da automação sobre um novo perfil requerido para a categoria, sobre a organização do trabalho bancário e sobre as políticas de RH oriundas da introdução da automação.

Blass (1992) analisa também o estudo de Pereira e Crivellari (1990), apontando que essas autoras acreditam que a "formação de células de trabalho dedicadas a determinadas famílias de produtos" constituem exemplo lapidar de "ilhas de produção", de acordo com a noção banco-fábrica.

Entretanto, muito embora concorde que os bancos tenham utilizado o taylorismo como modelo organizacional, a análise de Blass (1992) critica os trabalhos supracitados demonstrando que no trabalho bancário não é possível haver separação entre a concepção e execução de tarefas, tal como na fábrica. Essa autora ressalta que os papéis e documentos referentes às chamadas "ilhas de produção" são os mesmos que circulam entre os outros membros do processo de trabalho. Nesse aspecto específico, quanto às particularidades do trabalho, notadamente a especificidade do controle exigido sobre o objeto de trabalho nos bancos: no dinheiro e valores de outros não existe apenas controle sobre os trabalhadores. Mesmo que

---

[45] Os trabalhos de Accorsi (1990, 1992) resgatam o tratamento teórico dado por Adler (1987) ao problema dos impactos da automação propriamente dita. Accorsi destaca a tripla base de interpretação cronológica utilizada por Adler (1987) que, referindo-se ao período da década de 50 e 60, aponta análises (Blaumer, Woodward, Touraine e Mallet) onde a automação é considerada como um fator de aumento do número de empregos e de qualificações compatíveis aos requisitos exigidos na linha de montagem, naquele momento, ainda restritos. Para os anos 70, Adler afirma haver um conjunto de estudos (Braverman, Freyssenet) que consideram a existência de uma tendência à desqualificação do trabalho em face à automação, como resultado da busca constante das sociedades capitalistas por custos de produção mais baixos e maior controle sobre a força de trabalho. Em um terceiro momento, no final dos anos 70 e início dos anos 80, Adler sistematiza um conjunto de trabalhos que, em rejeição ao determinismo tecnológico, iria defender uma distinção entre qualificação e não qualificação em função de fatores político-ideológicos e não apenas em função de fatores de ordem econômica e técnica.

existam fragmentação e parcialização de tarefas que não agregam dados, uma outra particularidade do trabalho bancário está no objetivo de garantir e aumentar a confiabilidade dos dados obtidos, o que se faz a partir da repetição, acrescentando ou não "um novo elemento ao produto que estará completo pela elaboração parcial de cada um" (Blass, 1992a, p. 7).

Mesmo que a automação tenha agilizado as rotinas que envolvem o trabalho bancário, alguns procedimentos de implantação de métodos participativos, tentativas de redistribuição de poder ou de horizontalização da estrutura bancária, encontraram fortes entraves no tocante ao controle exercido sobre o correto processamento e manuseio dos dados, bloqueando a organização racional do trabalho bancário tal como proposta pela automação. Finalmente, para Blass (1992a), o mundo fabril e o bancário são diferentes, porque o capital estabelece relações diversas com os trabalhadores a partir do local de execução do seu trabalho, dado que as representações histórica e socialmente construídas são fundamentais na definição de cada um desses mundos.

Pode ser oportuno exemplificar alguns desses impactos a partir da experiência de automação bancária do Unibanco, em Juiz de Fora, Minas Gerais[46].

> O sistema on line foi implantado nesta agência em 1985, o UNIBANCO participava de um pool de agências, juntamente com o Nacional, Real e o Banorte para o pagamento de benefícios do INSS. A agência em questão possuía sete tecnologias de atendimento do total[47] das que dispunham o setor bancário naquele período, a saber: ATM rede partilhada, terminais de consulta e banco via telefonista, para uso de toda a clientela; débito automático de pagamento e fax-banco para uso de clientes especiais, pessoa física e jurídica; home banking e folha de pagamento de clientes para uso exclusivo de empresas clientes (Boletim Dieese, n. 169, abr. 1995).

De acordo com esse relato, as distribuições funcionais e salariais da agência sofreram drásticas alterações após a introdução da automação

---

[46] Esse relato realizado por técnico do Dieese-Seeb/JF consta no Boletim do Dieese n.169, de abril de 1995, e refere-se à experiência de automação bancária em uma agência do Unibanco, em Juiz de Fora (MG).

[47] São 17 as tecnologias de autoatendimento aferidas: ATM rede própria, ATM rede partilhada, dispensador de notas, terminais de consulta; dispensador de cheques, terminais ponto de venda, banco por telefone automático, banco via telefonista, débito automático de pagamento, EDI, *home banking, pocket banking*, conexões computador/telex, fax-banco, videotexto/BBS/STM400; pagamento automático, fornecedor e folha de pagamento de clientes (Boletim Dieese, n.169, abr. 1995).

bancária. O quadro de funcionários foi reduzido em 31,8%; dos 44 funcionários em 1990, restavam 30 funcionários em 1994, sendo que nesse mesmo ano foram contratados ainda um gerente, dois auxiliares e um caixa. A distribuição funcional sofreu alterações nas funções de escriturários e gerência, diferentemente das funções de portaria, caixas e chefia intermediária, que puderam manter suas representatividades no quadro de funcionários da agência tal como aponta o gráfico que se segue.

Gráfico 2 – Distribuição de funcionários

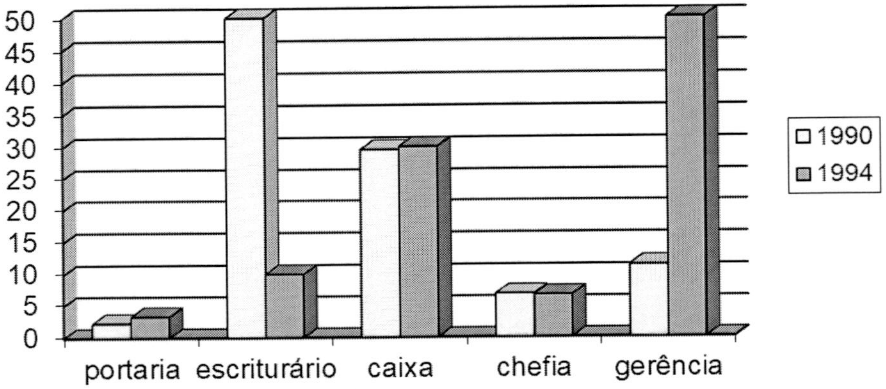

Fonte: Boletim Dieese, n. 169, abr. 1995

O grupo portaria possuía uma representatividade de 3,33%, caixa e chefia 31% e 6%, respectivamente. Com relação ao grupo escriturário que significava, em 1990, 50% do quadro de pessoal da agência, em 1994 representava apenas 10% dos funcionários. A gerência, por sua vez, de uma participação de 11,36% em 1990, passou para a metade do quadro funcional da agência em 1994. Aqui são apontados como explicação para esse aumento na participação relativa dos escriturários e gerência, o aparecimento de exigência quanto a um trabalhador bancário polivalente, relativo à necessidade de um novo tipo de trabalhador que detém conhecimentos que possibilitam seu remanejamento de acordo com as necessidades cotidianas da agência. Nesse caso, nas palavras do técnico do Dieese:

> [...] a polivalência se verifica em trabalhadores ligados à gerência: os dois assistentes de atendimento são caixas que, com maior qualificação estão aptos a operar vários

setores da agência; os quatro assistentes de gerência são trabalhadores que também se enquadram na polivalência, com o diferencial de que suas qualificações são superiores às do assistente de atendimento, trabalham oito horas, e recebem gratificação de caixa e gratificação de função. Esses trabalhadores executam serviços também atribuídos aos escriturários, fato que pode estar facilitando a mudança na participação relativa dos escriturários e gerência. Nota-se ainda que o aumento da participação relativa da gerência pode ser visto como aumento da participação de um pessoal com amplo acesso aos terminais, conforme se observa na tabela de processamento de dados. Isso pode significar uma maior participação da informática como instrumento de apoio às atividades desenvolvidas na agência (Boletim Dieese, n. 169, abr. 1995, p. 19).

Quanto à distribuição salarial, houve decréscimo nas faixas de salários 01 e 02 pisos escriturários (PE) que está associado à redução bastante acentuada do grupo escriturários no quadro funcional da agência. O crescimento observado nas faixas de salários entre 03 e 04 PE e salários superiores a 05 PE está associado ao crescimento dos cargos de gerência. Com relação ao movimento de crescimento na faixa 02 e 03 PE, é importante ressaltar o surgimento de caixas polivalentes que não existiam até 1990, o que se transforma em 1994.

Gráfico 3 – Distribuição salarial

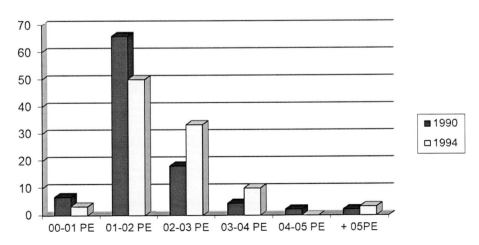

Fonte: Boletim Dieese, n. 169, abr. 1995

A implantação de novas tecnologias nessa agência implicou no retreinamento dos funcionários e na sua melhor qualificação, permitindo assim não só o seu desempenho em tarefas diversas, como seu remanejamento permanente de acordo com a necessidade da agência. Entretanto, apesar do treinamento dado para o desempenho de novas funções, houve uma não absorção de parte de pessoal que teve suas funções extintas.

2.2.1 Automação e concorrência

A automação dos bancos tornou-se um dos principais instrumentos na competição intercapitalista[48], estando os bancos brasileiros entre os maiores consumidores de informática do mundo. Os equipamentos tecnológicos de automação bancária, utilizados no Brasil, são bastante sofisticados se comparados aos de alguns países europeus, entretanto, como as iniciativas visando atingir a excelência tecnológica foram de características individualizadas — dependiam da instituição bancária e de seus interesses — e estiveram sujeitas à concorrência fortíssima entre essas instituições, o intercâmbio tecnológico brasileiro foi bastante prejudicado.

Segundo Cassiolato (1992), os sistemas de automação bancária desenvolvidos no Brasil são mais baratos que as alternativas similares estrangeiras, e equipamentos como terminais bancários, caixas automáticos e máquinas de saque automático são equivalentes em termos tecnológicos àqueles disponíveis no mercado internacional. Para esse autor, a eficiência comparativa conquistada pelo Brasil quanto à automação bancária, está relacionada ao importante papel desempenhado pelo estreito relacionamento observado entre o usuário e produtor de equipamentos, o que contrasta com outras experiências internacionais e é específico do processo de automação no Brasil[49]. A existência permanente no Brasil de contato entre usuários e produtores permite inclusive

---

[48] Uma das formas de discutir a introdução de sistemas automatizados é a partir da relação entre os custos operacionais e lucratividade. No caso do sistema financeiro brasileiro, ainda que seja esta uma clara disposição do setor quando introduz a automação, especialmente no tocante à questão da concorrência interbancária, alguns aspectos relativos à especificidade do trabalho bancário não devem ser negligenciados, tais como a relação entre a clientela e o papel da informação.

[49] Somente no Japão houve substancial cooperação entre bancos e organizações fornecedoras de equipamento (Cassiolato, 1992). A partir da análise sobre atividades bancárias internacionais publicadas pelo *The Economist*, são apontados casos de sistemas adquiridos que não conseguiram satisfazer as necessidades dos bancos especialmente nos EUA. O estudo de Smith e Wield (1988) chega a conclusões semelhantes sobre a Inglaterra, conforme Cassiolato (1992).

o barateamento dos equipamentos, pelo fato de que dificilmente poderão ocorrer alterações no produto encomendado.

A automação bancária progrediu muito mais rapidamente no Brasil, onde foram implementadas políticas locais de informática e às subsidiárias de multinacionais não foi facilitada a venda de seus produtos sem maiores restrições, tal como ocorreu em qualquer outro país da América Latina, que por isto mesmo, não conseguiu a mesma velocidade da experiência brasileira na implantação de automação bancária.

No Brasil, o conhecimento dos usuários desempenhou um papel bastante importante nos processos de difusão e inovação tecnológica, à medida que as novas tecnologias de informação e inovações organizacionais reformularam os parâmetros básicos do desenvolvimento, produção e comercialização de produtos industriais e de serviços.

O setor financeiro concentrou o maior número de computadores seguido pela informática, já em meados da década de 80 (Blass, 1992a). Ao ampliar a captação de recursos através da oferta de produtos e desenvolver os produtos já existentes, os resultados da automação bancária fizeram-se sentir na qualidade do atendimento direto, na agilidade, integridade e confiabilidade dos dados e no seu acesso. Um exemplo disso é o aumento da participação relativa no total de depósitos com a implantação de sistemas interligados (Blass, 1992a).

A concorrência interbancária se expressa na disputa pelos depósitos não remunerados (depósitos à vista e tributos) que são aplicados no mercado de capitais (com juros e correção monetária). A partir da implantação dos sistemas interligados, foi possível para os bancos agilizar e aumentar a participação relativa de depósitos à vista.

A conjuntura recessiva e inflacionária dos primeiros anos da década de 80 — expressa na instabilidade dos fluxos financeiros, das taxas de juros e das regras de indexação, na contração das políticas monetárias e creditícia, na dívida interna e externa e no *deficit* público — foi um elemento determinante para os pesados investimentos em informática realizados pelos conglomerados financeiros, que buscavam novas fontes de rendimento.

Aqui é preciso retomar algumas questões, já discutidas no Capítulo 1, quanto às deformações do sistema financeiro brasileiro, derivadas de sua própria evolução. Já apontamos que os lucros dos bancos, tradicionalmente originados da diferença entre as taxas de juros de mercado de captação e as vigentes no mercado de crédito — o *spread* creditício — vinham se deslocando do movimento de intermediação financeira, para buscar no ritmo inflacionário, no aumento dos custos financeiros e nas altas taxas de juros, seu mecanismo próprio e perverso de lucratividade.

O programa de estabilização econômica, implementado pelo governo federal em fevereiro de 1986, o Plano Cruzado, entre outras medidas, tinha a expectativa de que fossem eliminados os mecanismos especulativos de rentabilidade dos bancos, de modo que o sistema financeiro pudesse assumir sua função econômica de captação de recursos e concessão de empréstimos (Jinkings, 1994).

Porém o que ocorreu, de fato, foi um processo de reajuste estrutural dos bancos, a partir da introdução de novas tecnologias, adequadas ao quadro vigente de menor lucratividade, que adotou vários procedimentos de redução de custos operacionais. A informatização desse período vinculou-se, portanto, aos aspectos de racionalização, produtividade e redução de custos operacionais no processo de trabalho bancário, na busca de soluções mais flexíveis e de custo menor.

Este processo de reajuste estrutural no sistema financeiro teve continuidade, mesmo quando o Plano entrou em decadência, os baixos patamares de inflação não se sustentaram e a inflação voltou[50].

A informatização havia se tornado importante não só para gerenciar os passivos dos bancos, como para oferecer e criar produtos e serviços para uma clientela bastante disputada. Também nesse sentido, a tecnologia significava um fator diferencial para a concorrência do setor, que agora se pautava pelas novas orientações já discutidas. Nas palavras de Rodrigues (1999, p. 74):

> Não é por acaso, portanto, que o setor financeiro teve atuação destacada no processo de construção da indústria nacional de informática. Grandes conglomerados financeiros atuaram com fortes demandas e mesmo com acentuada participação de capital deste setor.

Nessa fase, a tecnologia agregada ao setor bancário teve como efeito mudanças no processo de trabalho, eliminação de tarefas e a criação de novos produtos e serviços. A perda de ganhos inflacionários pelo setor

---

[50] As dificuldades econômicas enfrentadas para a manutenção das medidas de controle à inflação no Plano Cruzado comprometeram gravemente o sucesso do plano de governo que já não fazia mais sentido no início de 1987. No primeiro semestre de 1987, as taxas inflacionárias atingiam níveis menores superiores a 25%, acompanhadas de um processo sucessivo quando os mecanismos especulativos retomaram seu lugar no mercado financeiro (Jinkings, 1994).

bancário teve como contrapartida, além do corte de custos operacionais, uma acentuada redução dos postos de trabalho.

Não é possível, contudo, associar diretamente a automação bancária como causa da diminuição do nível do emprego bancário, afinal a automação se insere num contexto de transformações mais abrangentes do setor que, por sua vez, estão do mesmo modo relacionadas ao problema. Mas é importante destacar que o movimento de enxugamento do quadro de funcionários, somente no ano de 1986, eliminou 11% dos postos de trabalho no setor bancário.

Embora tenha havido uma retomada dos elevados níveis inflacionários e, consequente aumento das receitas de *floating* — que possibilitaram, entre 1987 e 1989, uma leve recuperação do emprego no setor —, o nível de emprego bancário permaneceu abaixo dos números de 1985. O setor financeiro possuía 903 mil trabalhadores em 1989 (Rodrigues, 1999). O quadro a seguir assinala a evolução do emprego no setor financeiro entre os anos de 1984 e 1989.

Quadro 28 – Evolução do emprego – Instituições de Crédito, de Seguros e Capitalização[51]

Ano	Número de Bancários	Variação n.º	%
1984	933.756	-	-
1985	978.600	44.844	4.8
1986	868.829	-109.771	-11.2
1987	877.161	8.332	1.0
1988	891.064	13.903	1.6
1989	903.155	12.051	1.4

- Estoque de funcionários em 31/12.
- Os totais de 1984 a 1987 foram corrigidos a partir da série de 1988 a 1993.

Fonte: Dieese (1993) *apud* Rodrigues (1999, p. 76)

---

[51] Os dados são referentes a Instituições de Créditos, de Seguros e Capitalização no Brasil. Esse nível de desagregação comporta os segmentos de Seguro, Capitalização etc. Nosso estudo está restrito ao setor bancário (comercial, múltiplo, investimentos, caixas econômicas), portanto, a utilização desse quadro limita-se a não disponibilidade de informações no nível de desagregação posteriormente utilizado, a saber: subatividade IBGE – 4510 e com a introdução da classificação Cnae 95: Bancos Comerciais – 65218; Bancos Múltiplos (c/ carteira comercial) – 65234; Bancos Múltiplos (s/carteira comercial) – 65315; Banco de Investimento – 65323; tal como esclarece Rodrigues (1999), de cujo estudo estamos utilizando o referido quadro.

De 1986 até meados de 1993, 230 mil postos de trabalho foram extintos, diversos serviços de apoio aos bancos foram terceirizados, havendo diminuição do número de agências bancárias (Revista Exame, 1993).

Em 1988, a institucionalização da figura do banco múltiplo, o fim da exigência da carta patente para se abrir uma instituição financeira, aceleraram as mudanças nos bancos provocando uma maior concorrência no mercado, tal como descrito no Capítulo 1.

Essas novas ocorrências criaram um impulso institucional à reorganização do setor bancário, aprofundando o ajuste e provocando uma ampla diversificação no campo de atuação dos bancos, que se concentraram em atender as diversas demandas de seus clientes, redimensionando o processo de terceirização e diminuindo continuamente os postos de trabalho da categoria a partir de janeiro de 1989. De acordo com os dados do Ministério do Trabalho, de 1989 até dezembro de 1996, haviam sido eliminados 314.784 postos de trabalho tal como assinalado no quadro a seguir (Boletim Dieese n. 196, jul. 1997).

Quadro 29 – Número estimado de empregados no setor financeiro no Brasil – 1989-1996

Meses	1989	1990	1991	1992	1993	1994	1995	1996
Janeiro	811.892	825.558	748.949	696.874	681.614	670.117	632.761	568.786
Fevereiro	813.076	825.081	745.564	694.839	680.638	668.917	629.251	564.152
Março	811.542	826.244	739.578	694.800	678.962	666.743	623.749	559.765
Abril	810.958	821.843	734.806	693.684	678.085	664.452	622.060	555.232
Maio	811.930	810.419	732.026	692.588	676.779	661.906	616.847	547.715
Junho	813.501	794.897	731.925	691.266	676.052	659.291	611.751	532.003
Julho	816.143	778.699	723.279	689.244	676.549	657.233	592.280	528.182
Agosto	814.206	771.331	717.914	687.827	677.884	653.272	588.927	526.093
Setembro	815.249	768.287	714.089	687.843	677.574	651.022	585.350	521.939
Outubro	818.580	763.105	708.751	686.376	676.369	646.236	581.758	518.714
Novembro	822.688	758.466	703.729	684.171	673.438	654.302	577.436	513.861
Dezembro	824.316	753.636	700.217	682.304	671.740	637.647	571.582	497.108

*Bancos comerciais, de investimentos etc.

Fonte: Cadastro Geral dos Empregados e Desempregados (Lei 4.923/65). Elaboração: Dieese/Seeb/Rio

Segundo informações do Dieese (1993), de 1987 ao primeiro trimestre de 1990, o volume de admissões no setor voltou a superar o volume de desligamentos, muito embora em ritmo inferior ao dos demais setores. Entre abril de 1990 e fevereiro de 1992, foi possível registrar uma longa onda de demissões no setor financeiro, cujo total de empregados declinou substancialmente; a grande rotatividade observada pode ser explicada a partir da readequação estrutural do sistema financeiro, que incluía não só viabilização de uma estrutura de custos compatível à manutenção de um padrão histórico de lucratividade do setor — mesmo em eventuais cenários de baixa inflação —, mas também pela organização de uma estrutura de recursos humanos qualificados para atuar em ambiente de alta produtividade e capacidade para desempenhar um conjunto de tarefas e serviços cada vez mais amplos, adequados ao ritmo de informatização e às novas formas de gestão (Boletim Dieese, n. 150, set. 1993). Esses dados estão assinalados no quadro a seguir.

Quadro 30 – Taxa mensal de rotatividade no setor financeiro Bancos Comerciais, de investimentos etc. Brasil – 1988-1993

Mês	1988	1989	1990	1991	1992	1993
Janeiro	-	1.81	1.84	1.77	1.49	1.76
Fevereiro	-	1.71	1.73	1.23	1.72	1.29
Março	-	1.76	1.74	2.37	2.06	1.73
Abril	-	1.83	1.26	2.10	1.74	1.57
Maio	2.41	2.13	0.88	2.19	1.74	-
Junho	2.29	2.38	1.34	2.40	1.55	-
Julho	2.09	2.33	1.29	2.20	1.78	-
Agosto	2.23	2.04	1.42	1.85	1.86	-
Setembro	1.96	2.30	1.46	1.52	1.74	-
Outubro	1.62	2.06	1.45	1.58	1.51	-
Novembro	1.82	1.84	1.52	1.66	1.50	-

(em%)

	(em%)					
Dezembro	1.84	1.51	1.16	1.53	1.23	-
Média	2.03	1.98	1.42	1.87	1.66	1.59

Fonte: Cadastro geral dos empregados e desempregados (Lei 4.923/65). Elaboração: Dieese – subseção bancários BH (1993)

Quadro 31 – Estoque de empregos no setor financeiro Bancos Comerciais, de Investimentos etc. Brasil – 1988-1993

Mês	1988	1989	1990	1991	1992	1993
Janeiro	-	804.000	822.666	746.057	693.982	678.542
Fevereiro	-	805.184	822.189	742.672	691.947	677.566
Março	-	803.650	823.352	736.686	691.908	675.890
Abril	785.171	803.093	818.951	731.914	690.792	675.013
Maio	789.112	804.038	807.527	729.134	689.696	-
Junho	792.016	805.609	792.005	729.033	688.284	-
Julho	794.258	808.251	775.807	720.387	686.172	-
Agosto	795.511	806.314	768.439	715.022	684.755	-
Setembro	797.890	807.357	765.395	711.197	684.771	-
Outubro	800.227	810.688	760.213	705.859	683.304	-
Novembro	803.840	814.796	755.574	700.837	681.099	-
Dezembro	802.598	821.424	750.744	697.325	679.232	-
Média	795.625	807.867	788.572	722.177	687.162	676.753

Fonte: Cadastro geral dos empregados e desempregados (Lei 4.923/65). Elaboração: Dieese – subseção bancários BH (1993)

Nos anos 90, a criação de agências totalmente automatizadas, as experiências com agências onde o atendimento é realizado exclusivamente via telefone ou fax, a utilização cada vez maior de equipamentos mais sofisticados que permitem aos caixas a conferência de assinaturas via on-line — a assinatura do cliente aparece no visor durante o atendimento —, a difusão do sistema de compensação eletrônica e a leitura óptica de cheques e a impressão de talões de cheques nos terminais eletrônicos, formaram um conjunto de serviços e produtos para atender uma clientela mais seletiva e exigente, onde é constante a renovação e o aperfeiçoamento dos produtos bancários.

As estratégias competitivas dos bancos apresentaram uma tendência à segmentação do mercado em função da clientela. A disseminação da informática nos bancos possibilitou a diferenciação na clientela, definindo estratégias distintas de atendimento de acordo com o tipo de cliente. Houve uma clara distinção entre o pequeno correntista e o correntista de médio/grande porte. Para o pequeno correntista ou de baixa renda, a estratégia é privilegiar o atendimento padronizado (máquinas de autoatendimento nas agências); para o correntista de médio/grande porte, o atendimento deve ser personalizado (*home banking*) e com assessoramento na tomada de decisões.

O leque de serviços oferecidos também se alterou, observando-se uma ênfase maior em emissão e gestão de cartão de crédito, seguros, planos de capitalização, gestão de fundos e patrimônio etc. (Dieese, 1997). A estrutura de atendimento eletrônico no Brasil possuía, até 1996, 68 mil máquinas de atendimento eletrônico, como demonstrado no quadro seguinte.

Quadro 32 – Estrutura de atendimento eletrônico no Brasil

Equipamento	Na agência	Ante-sala	Quiosques	Postos	Total
ATM's (saque/depósito)	506	3.777	1.257	222	5.762
Cash Dispenser	14.816	6.334	371	4.471	25.992
Terminal de Depósito	2.934	388	10	5	3.337
Terminal de extrato/saldo	25.330	1.984	152	3.442	30.908
Dispensador de cheques	232	596	1	6	835
Outros	961	21	0	221	1.203
Total	44.779	13.100	1.791	8.367	68.037

Fonte: Febraban – Balanço Social dos Bancos – 1996 *apud* Boletim Dieese n. 196, jul. 1997

As diversas mudanças internas ocorridas nos bancos — segmentação da clientela e diversificação de produtos, incorporação de novas tecnologias, com ênfase no autoatendimento e modificações nas formas de gestão da mão de obra — determinaram as alterações já assinaladas no processo de trabalho bancário.

Em resumo, as mudanças ocorridas na relação com a clientela e no leque de produtos oferecidos, incidiram em novas exigências para o trabalhador bancário, que desempenha funções de diretoria e/ou gerência, e que a partir de então deve estar ciente das informações econômicas-financeiras e políticas que irão auxiliá-los nos novos processos de tomada de decisão. O uso intensivo da informática e as alterações na gestão de produtos e serviços eliminaram a duplicação de tarefas, simplificaram procedimentos internos e privilegiaram a flexibilização da jornada, da remuneração e função, ampliando as tarefas executadas pelos bancários. O uso intensivo da informática determinou também um controle mais objetivo da mão de obra, pois eliminou chefias intermediárias e liberou a gerência da função de administrar a rotina. Além disso, uma nova política de recursos humanos tem se pautado pelo objetivo de motivar o trabalhador em relação às determinações das instituições bancárias, o que tem sido realizado a partir de incentivo financeiro ou pela transferência ao funcionário da gerência de sua própria rotina de trabalho. Nesse sentido, houve redução das chefias intermediárias e aumento do percentual de bancários em cargos de gerência. Na análise do Dieese (1997), esse movimento ratifica a tendência apresentada pelo setor financeiro em privilegiar o atendimento personalizado ao segmento de médios e grandes clientes, o que implica na necessidade de um funcionário mais qualificado e com contínuo aprimoramento, a fim de que possa responder adequadamente aos desafios de estar acompanhando as mudanças no setor financeiro.

Uma outra observação é que ocorreu acentuada redução do número de escriturários na categoria bancária. Tal como consta da descrição do caso da agência do Unibanco, em consequência da intensificação do uso da informática e da reorganização do trabalho bancário, em pouco mais de uma década, houve redução de cerca de 53% do total de escriturários (Boletim Dieese, n. 196, jul. 1997), como demonstrado no quadro.

Quadro 33 – Mudanças nos principais postos de trabalho

(em%)			
Ocupações	1979[1]	1988[2]	1993[2]
Gerências	7.00	7.00	17.00
Chefias intermediárias	19.00	10.00	6.00
Caixas	12.00	12.00	15.00
Escriturários	58.00	34.00	27.00

(1) Dado relativo ao Estado de São Paulo
(2) Dado referente à Grande São Paulo
Fonte: Dieese. Elaboração: Dieese – Seeb/Rio

A estratégia de reestruturação dos bancos tem alterado substancialmente o perfil do trabalhador bancário, requerendo um trabalhador com maior qualificação, maior poder de decisão, polivalência e iniciativa, o que discutiremos mais objetivamente no Capítulo 3 deste trabalho.

De fato, a febre de automação dos bancos brasileiros esteve relacionada, entre outros motivos, com a necessidade de oferecer aos clientes rapidez nas transferências de recursos, realizando compensação de cheques de forma rápida e automatizada; o mesmo ocorrendo em relação aos títulos de cobrança, aos investimentos e às transformações em geral em face ao cenário de inflação. Por sua vez, enquanto máquina arrecadadora e pagadora, os bancos deveriam estar preparados para agilizar seu desempenho[52]. Durante o período inflacionário, os investimentos em informática eram financiados basicamente pelo *floating* e as compras não eram tão criteriosas[53]. A disposição atual do sistema financeiro é aumentar sua eficiência para oferecer produtos e serviços a preços competitivos. A intenção anterior de investir para dar velocidade de circulação do dinheiro foi substituída pela necessidade de introdução de canais de distribuição

---

[52] Segundo dados da Febraban, circulavam mensalmente (até 1996) pelo sistema financeiro 64 milhões de pagamentos de contas de água, luz, telefone e gás. O sistema atendia cerca de 14 milhões de aposentados que passavam pelos guichês, 20 milhões de recolhimentos de tributos federais e estaduais, além dos 50 milhões de bloquetes de cobranças e 5 trilhões de cheques por ano (Rev. Exame Informática, maio 1997).

[53] Jorge Salles, diretor de assuntos corporativos da Microsoft do Brasil apontava em 1997 que no passado houve excesso de gastos e que a tendência atual é haver uma maior racionalidade na compra de equipamentos (Rev. Exame informática, maio 1997).

mais baratos do que as agências tradicionais, tais como o banco por telefone, o *home banking* e o autosserviço, o que como vimos implicou na ampliação da automação.

Entre os determinantes da automação bancária e de seu papel na concorrência interbancária, está presente o elemento custo dos serviços bancários para a sociedade. Os preços dos serviços bancários são diferenciais importantes na escolha que o cliente realiza, o que torna a redução de custos e a busca de eficiência, fundamentais ao negócio bancário.

A prestação de serviços realizada pelos bancos brasileiros não é como a realizada pelos seus competidores internacionais em seus países de origem. A prestação de serviço de coletoria pública de impostos, taxas etc., realizada pelo setor bancário nacional, impõe especificidades onde os custos do setor precisam ser contabilizados. Segundo Rodrigues (1999), nesse sentido, é vital o aumento de produtividade, em função da necessidade de menor custo unitário de uma operação efetuada eletronicamente em relação às operações efetuadas com participação direta do funcionário; o que inclusive pode explicar o enorme empenho dos bancos nacionais em estimular o autoatendimento e o pagamento via débito automático. O setor financeiro tem enfatizado seu interesse nas transações eletrônicas em detrimento das operações realizadas diretamente nos caixas de agência, a partir das quais os investimentos nesse sentido têm se multiplicado.

A conveniência dos serviços tornou-se um imperativo e a economia de custos com o uso de novos canais de distribuição é bastante significativa. Em 1997, uma operação no caixa de agência custava 2 reais em média, operação esta que se realizada por meio de telefone ou fax poderia custar 76 centavos, se realizada pelo autoatendimento o custo caía para 58 centavos e no *home banking*, 29 centavos, o que fez com que a automação bancária se tornasse indispensável na competição pelo mercado (Rev. Exame Informática, [199-]).

Os dados divulgados pela Febraban[54] apontam um custo médio por transação eletrônica bem diferente do que os de transações efetuadas por profissionais bancários. A transferência dessas transações efetuadas manualmente para transações eletrônicas[55] tem reduzido rapidamente a quantidade de trabalho bancário, sendo importante destacar o pagamento das contas públicas, via terminais eletrônicos desde 1995, assim como a possibilidade de pagamentos de contas em estabelecimentos não bancários.

---

[54] Divulgados no Terceiro Congresso Internacional de Serviços Bancários (Cisb). Cf. Rodrigues (1999, p. 111).
[55] Autoatendimento, quiosques eletrônicos, *home banking*, *office banking*, atendimento por telefone etc.

Popularizar o *home banking* no país fazia parte de uma necessidade premente de redução de custos, e nesse sentido os bancos brasileiros foram bastante inovadores e criativos[56].

Até meados de 1997, o Brasil possuía cerca de um milhão de clientes se relacionando com seu banco por meio de *home banking*, o que representava 15% do total de clientes que têm linha telefônica e 30% do total de microcomputadores do país, significando duas vezes mais que os números relativos a 1995 e 10 vezes mais que 1994.

Outros canais alternativos de distribuição também cresceram. No ano de 1997, o Bradesco realizava 60% do atendimento de clientes nas agências nas máquinas de autoatendimento, utilizadas também para pagamento de contas e transferências eletrônicas entre outros bancos. As previsões indicam uma economia bastante significativa para os bancos à medida que o volume de transações bancárias eletrônicas aumenta.

Segundo Rodrigues (1999), um outro elemento importante a ser destacado na automação bancária é o cartão magnético (cartões de crédito e débito). O cartão de crédito aumenta o passivo do cliente junto ao emitente do cartão e o cartão de débito efetua o pagamento por meio de subtração direta na conta do cliente do montante a ser pago. Quanto ao dinheiro eletrônico ou Smart Card, cabe a este operacionalizar e integrar as transações comerciais ao sistema financeiro. Além disso, o sistema financeiro conta hoje com o dinheiro virtual que realiza operações mercantis via internet, sem presença física ou cartão plástico.

Apesar dos gastos crescentes em tecnologia e do seu papel na arrancada por competitividade, até o final de 1997, na maioria dos bancos, 86% das transações bancárias ainda eram realizadas dentro das agências[57].

Em 1997, o número de agências estava em torno de 16 mil e os bancos já possuíam 83% das suas agências automatizadas, sendo que mais da metade já oferecia serviços bancários por telefone e por computador.

O impacto das novas tecnologias sobre o emprego bancário tem se apresentado de forma heterogênea sobre os diferentes estratos de categoria bancária, mas a década de 90 apresentou-se como um período específico de redução de postos de trabalhos no setor financeiro.

---

[56] No final de 1994, o Unibanco utilizou suas agências como postos de venda de microcomputadores (Rev. Exame Informática, maio 1997).

[57] Dados fornecidos pela Consultoria Dib e Associados, em estudo realizado com 56 bancos em 1997. O Perfil Tecnológico 97 apresentado por esse estudo demonstra avanços em relação ao perfil realizado em 1995 quando 92% das transações bancárias ainda eram realizadas no interior das agências.

Rodrigues (1999) cita Pagotto (1996), que aponta que na década de 90 o total de produtos e serviços criados — *home banking, cash dispenser*, automação dos serviços de retaguarda, gerenciamento e aperfeiçoamento dos sistemas de autoatendimento — atestou o caráter poupador da força de trabalho e controlador das funções bancárias, das estratégias de racionalização que haviam sido escamoteados nos anos anteriores, pelo tipo de padrão de crescimento apresentado pelo sistema bancário brasileiro, que se baseava na expansão da rede de agências, e pelo tipo de produtos e serviços oferecidos.

As inovações tecnológicas constituem a base material sobre a qual as transformações da sociedade contemporâneas têm se organizado. O rápido avanço da base da tecnologia microeletrônica, associada às transformações da sociedade contemporânea, compuseram um novo paradigma da produção ao qual o sistema financeiro brasileiro tem buscado corresponder.

Ao final da década de 90, existiam no Brasil 4,2 mil habitantes por caixa eletrônico; em meados de 2000 a estimativa era de 2,7 mil habitantes/caixa. O autoatendimento — um dos carros-chefes do processo de modernização do setor bancário iniciado há quase duas décadas — expandiu-se muito, não só reduzindo custos e aquecendo a demanda por caixas eletrônicos, como complexificando a organização do trabalho bancário e as relações de trabalho ali estabelecidas.

O quadro a seguir demonstra a evolução do mercado de terminais de atendimento nos últimos anos; apesar de se tratar de um breve período (2000-2001), é significativa a expansão do atendimento eletrônico.

Quadro 34 – Expansão: evolução do mercado de terminais de atendimento (*)

	Demanda			Produção		
	Unibanco	24 horas	CEF	Procomp	Itautec	Bankway
2000	700	250	1.000	11 mil	5 mil	1 mil
2001	1.300	800	1.000/1.500	15 mil	5,5 mil	2 mil

*Inclui caixas eletrônicos, postos em agências, empresas e comércio.

Fonte: Banco e empresas (Gazeta Mercantil, jan. 2001)

O crescimento do número de caixas eletrônicos envolve modalidades diferenciadas de serviços[58] e novos produtos.

A polêmica proposta do banco sem agência — onde o atendimento será feito somente por meio de caixas automatizados e atendimento telefônico que complementará a retirada de dinheiro e outros serviços — faz parte do conjunto de transformações pelas quais vem passando o setor bancário.

Em face a este contínuo processo de transformações, a tecnologia bancária do Brasil — uma das mais avançadas no mundo — tende a permanecer com alto grau de investimento, buscando ainda corresponder às necessidades criadas pelo comércio eletrônico e internet.

Nos dois últimos anos da década de 90, foi bastante expressivo o crescimento do total de operações automatizadas em detrimento da diminuição do número de transações que envolviam funcionários. Já no ano 2000, 67% das operações efetuadas foram realizadas sem a intervenção de funcionários dos bancos. Nunca é demais reafirmar que a automatização do setor bancário modificou substancialmente o perfil das agências bancárias e que aumentou a eficiência do setor financeiro. Respaldado por novas margens de rentabilidade, o setor bancário pautou-se pela busca de outras novas perspectivas de ganhos, dirigindo-se para segmentos da sociedade que ainda não utilizam bancos via tecnologia e novos serviços.

A ampliação da oferta de equipamentos e serviços eletrônicos implica ainda na possibilidade de redução do número de cheques emitidos, o que os dados da Febraban confirmam, ao mostrar que de 1998 para 1999 houve queda de 3,7% do número de cheques emitidos e um crescimento de 6,9% de transações efetuadas com cartões de crédito ou débito.

Quadro 35 – Automatização (em bilhões)

. Transações	1998	1999	Variação (em %)
. Cheques compensados	7.72	9.38	21.60
. Transações com cartões	2.70	2.60	-3.70
. Investimento em informática e telecomunicações	4.30	4.60	6.98
	R$2,1 bilhões	R$2.82 bilhões	13.20

Fonte: Febraban (Gazeta Mercantil, jun. 2000)

---

[58] A criação do Pop Banco e a Netcash pretende popularizar o acesso do cliente ao banco sem o ônus da construção de agências.

Com o propósito de ampliar sua base de clientes e promover a ativação dos cartões já em circulação no mercado, as empresas de tecnologia estão inserindo novos serviços na modalidade Cheque Eletrônico.

De 1999 para o ano de 2000, o produto apresentou 34% de crescimento, com 90 milhões de transações. Pela rede ligada ao Banco 24 horas foram realizadas 112 milhões de transações em 2000, volume 25% maior que o registrado no ano de 1999. A base de equipamentos cresceu 17%, passando a 1.670 máquinas próprias, além de 4.280 compartilhadas com outras instituições.

Contudo o comportamento dos clientes ainda é um desafio para o setor financeiro no que se refere à ampliação da utilização dos serviços bancários automatizados. A relutância expressa-se na desconfiança em utilizar os caixas automáticos para fazer depósitos.

Como temos procurado apontar, o mercado financeiro brasileiro tem buscado superar alguns desvios já tradicionais de sua atuação, reaprendendo a emprestar dinheiro e buscando nichos específicos de atuação, especialmente voltando o interesse para o grande potencial existente nas classes menos favorecidas e com reduzido acesso ao mercado financeiro.

A questão dos segmentos ainda não explorados — no caso específico dos clientes com poucos recursos — tem obtido potencial adesão e interesse de grande número de instituições bancárias. O favorecimento do ambiente macroeconômico observado no início de 2000 permitiu que os bancos criassem estratégias de captação de clientes anteriormente fora do sistema. O financiamento do mercado de consumo tem sido a aposta do sistema bancário, ao oferecer produtos como cartões de crédito e empréstimos ao consumidor, a fim de alavancar seu próprio crescimento.

Em geral, os bancos brasileiros não fazem muitos empréstimos, cerca de 30% dos seus ativos correspondem a empréstimos, o que é um índice baixo para o padrão latino-americano. Só no ano de 2000, entretanto, houve um crescimento de 20% nos financiamentos para o consumo, favorecidos não só pelos sinais de queda de desemprego e reaquecimento geral da economia, o que de todo modo em face à subordinação da economia brasileira ao contexto internacional, não é de modo algum garantido.

Praticamente excluída do sistema bancário — sem acesso ao crédito e outros produtos financeiros —, a população de baixa renda tornou-se ao final da década de 90 e início do ano 2000, o novo alvo de disputa dos bancos de varejo que investiram na estrutura necessária para conquistar essa clientela. O interesse dos grandes bancos nacionais e estrangeiros em expandir a base de clientes entre as pessoas físicas evidenciou-se a partir das quatro aquisições feitas durante o ano 2000 — o Banespa pelo Santander, o Banestado pelo Itaú, o Bandeirantes pelo Unibanco e o Boavista pelo Bradesco.

Considerados uma importante fonte de captação de recursos de baixo custo, essa clientela em potencial passou a fazer parte de uma estratégia bem definida de captação de clientes, existente desde a década passada.

Apenas 20% da população brasileira possui conta corrente e usa talão de cheque, percentual considerado baixo se comparado com o padrão internacional. Essa estratégia, contudo, está atrelada às previsões otimistas quanto à economia nacional, de modo que o acesso da população mais pobre aos produtos e serviços bancários só pode ocorrer com a melhora na distribuição de renda no Brasil. As figuras e quadros seguintes informam dados relativos à população bancarizada brasileira nos principais bancos de varejo.

Gráfico 4 – População bancarizada brasileira nos principais bancos de varejo

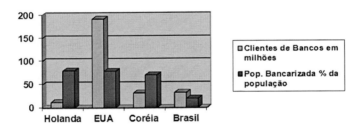

Fonte: Ernest & Young Consulting Bancos (Gazeta Mercantil, jan. 2001)

Gráfico 5 – Usuários de serviços on-line

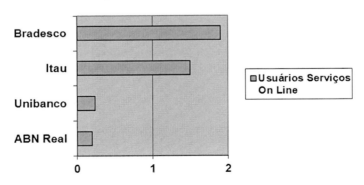

Fonte: Ernest & Young Consulting Bancos (Gazeta Mercantil, jan. 2001)

Quadro 36 – Os 12 bancos de varejo

Ranking	Ranking (49 maiores)	Instituição	Tipo de Controle	Ativo total (R$ Bilhões)	n.º de c/c (1) (em ilhões)	n.º de func.	n.º de ag.
1	1	BB	Púb. Fed.	145,00	9,00	89.329	2.873
2	2	CEF	Púb. Fed.	123,00	8,50	99.311	1.919
3	4	Bradesco(2)	Priv. Nac.	92,50	10,10	63.824	2.579
4	5	Itaú(3)	Priv. Nac.	63,90	9,90	47.571	2.466
5	6	Santander Br.	Priv. Contr Estr.	56,00	4,40	33.922	757
6	7	Unibanco(5)	Priv. Part. Estr.	48,00	3,30	18.970	712
7	8	ABN Amro Real	Priv. Contr Estr.	30,00	2,00	21.566	679
8	11	HSBC	Priv. Contr Estr.	22,50	1,80	19.281	983
9	13	NCNB	Pub. Est	16,40	1,00	12.431	486
10	14	Sudameris	Priv. Contr Estr.	15,60	1,00	8.840	274
11	16	Bilbao Viscaya	Priv. Contr Estr.	9,80	1,00	5.601	285
12	17	Mercantil Finasa	Priv. Nac.	8,60	1,60	5.104	209
Total de 12 Bancos varejistas				631,3	53,60	425.750	14.222
Total do Sistema Bancário				918,5	-		-
5 Participação 12 Varejistas				68,73%			

Fonte: Ernest & Young Consulting (Sisbacen – junho e setembro de 2000) e bancos (1) Acima de 200 agências (2) inclui Boa-vista (3) inclui Banestado (4) inclui Banespa (5) inclui Bamerindus (Gazeta Mercantil, jan. 2001)

Outro aspecto a ser considerado na disputa por novos clientes é a folha de pagamento das empresas, segmento anteriormente cativo dos grandes bancos que se tornou alvo também de instituições de porte menor. Valendo-se de produtos atualizados e remodelados, os bancos menores tendem a explorar seu conhecimento e relacionamento com as empresas para ampliar a base de clientes pessoas físicas, reforçando a ideia de que o posicionamento no varejo depende da massa. Assim, ao rever o portfólio de produtos, os bancos moldam sua atuação de acordo com cada segmento do mercado.

Nesse sentido, a folha de pagamento torna-se extremamente importante para as instituições financeiras ao facultar ganhos de massa e aumentos de rentabilidade.

No Brasil, diferentemente de outros países, o funcionário não pode optar pelo banco que deseja receber o seu salário, vinculado que está à instituição escolhida pela empresa dotando o mercado de pequena mobilidade, o que faz da folha de pagamento um poderoso instrumento de captação de clientes.

A facilidade de acesso ao banco é fundamental nessa disputa, assim como os pacotes de vantagens que são oferecidos ao cliente vinculado ao banco pela folha de pagamento, tais como: descontos ou isenção em tarifas e facilidades de crédito, conferindo mais uma vez enorme importância competitiva aos aparatos tecnológicos utilizados pelos bancos na disputa por clientes. Além disso, as mudanças nas normas bancárias estariam também favorecendo parte do crescimento dos empréstimos.

Por um outro lado, é importante destacar, porém, a crescente importância dos leques de produtos destinados às grandes empresas — especialmente transnacionais —, o *"cash management"*, que centraliza a tesouraria, interligando fluxos operacionais (pagamentos e recebimento) com fluxos financeiros (empréstimos e aplicações) viabilizados por amplo leque de produtos oferecidos pela internet.

A participação brasileira no universo dos maiores bancos mundiais na internet não é nada desprezível, atingindo 30% de acordo com estudo da Cluster Consulting (2000). O Bradesco, em meados do ano 2000, possuía 1 milhão de clientes virtuais, no período 1996/2000 e investiu 25 milhões na internet, realizando 280 mil transações por dia já no ano de 2000[59]. O quadro seguinte traz o ranking de bancos por número de usuários on-line, onde a participação do Brasil se destaca:

---

[59] Nas agências do Bradesco uma transferência custa R$8 enquanto pela internet o preço cai para R$3,80 (Cf. Jornal Valor econômico, fev. 2000). Para o banco o preço médio de uma transação cai de US$1,07 na agência

Quadro 37 – Ranking de bancos por número de usuários on-line

NÚMERO DE USUÁRIOS ON-LINE	
Bank of America (EUA)	2 milhões
Wells Fargo (EUA)	1,4 milhões
Bradesco (Brasil)	1 milhão
Banco do Brasil (Brasil)	864 mil
Citigroup (EUA)	750 mil
Meritá (Finlândia)	750 mil
Itaú (Brasil)	600 mil
Barclays (Grã-Bretanha)	540 mil
Bank One (EUA)	500 mil
Forenings (Suécia)	350 mil
SEB (Suécia)	325 mil
Nordbanken (Suécia)	300 mil
Unibanco (Brasil)	280 mil

Fonte: Cluster Consulting (Jornal Valor Econômico, maio 2000)

Nesse cenário de tantas mudanças, destacamos ainda a criação, no Brasil, do banco postal que visa permitir que as agências dos Correios realizem depósitos, pagamentos e transferências bancárias; com um investimento inicial de R$30 milhões, a serem utilizados na compra de tecnologia, o banco postal pretende prestar vários serviços para instituições financeiras. Esse tipo de expansão de baixo custo incentiva parcerias com as instituições nos 1.782 municípios sem nenhum atendimento bancário. O cronograma prevê a entrada definitiva do empreendimento no sistema financeiro em abril do ano de 2001 e em uma segunda etapa do projeto — que depende da regulamentação do Artigo 192 da Constituição —, os Correios pretendem atuar como um banco comercial, captando recursos cuja administração estaria a cargo das instituições financeiras envolvidas no processo. Caso não seja possível realizar a regulamentação em

para US$0,10 na internet.

prazo hábil, o Congresso Nacional pode optar por aprovar uma Proposta de Emenda Constitucional (PEC) que permita a discussão dos assuntos em separado, definindo de forma clara em que mercados o banco postal poderá atuar e quem será a instituição responsável por sua fiscalização.

O Banco do Brasil (BB) e os Correios já vinham desenvolvendo um projeto piloto em 37 municípios brasileiros, mas com a quebra do contrato de exclusividade, abriu-se a possibilidade de os Correios negociarem com os bancos privados.

Durante os quatro meses da parceria das duas estatais, o Banco do Brasil abriu duas mil contas e captou R$20 milhões. O número causa impacto positivo e interesse em outras instituições e a meta é desenvolver em 10 anos um sistema capaz de gerar volume de depósitos de R$17 milhões com 14 milhões de correntistas.

O projeto envolve alterações importantes na estrutura dos Correios e ainda não está claro como os empregados dos Correios serão enquadrados no regime trabalhista. A experiência na qual o projeto se baseia é a do banco postal de Amsterdã que é responsável por 45% das transações diárias do sistema e que tem forte presença no mercado com 80% dos clientes individuais e de grandes companhias.

O Banco do Brasil também pretende instalar caixas de autoatendimento em postos que tenham lojas de conveniência; o primeiro contrato firmado com instituições privadas foi com o Grupo Ipiranga, mas o Banco do Brasil já havia iniciado anteriormente programa desse tipo com a Petrobrás Distribuidora. Parte significativa do investimento do banco em tecnologia nos últimos cinco anos — R$2,1 bilhões — foi destinada para o autoatendimento.

2.2.1.1 A tecnologia no Brasil e no sistema bancário internacional

Como já amplamente apontado, os bancos brasileiros estão entre os maiores consumidores de informática do mundo. De acordo com estimativas da IBM do Brasil, os gastos com automação no ano de 1996 situam-se em torno de 1.8 bilhões de dólares e se associados aos gastos com equipamentos de telecomunicações — de acordo com o levantamento realizado pela empresa de Consultoria Ernest e Young —, o total de gastos alcançou 4,3 bilhões de dólares nesse mesmo ano.

O Bradesco e Itaú ocuparam, respectivamente, a primeira e a segunda posição no ranking de consumidores nacionais. Tradicionalmente, o Bradesco sempre investiu mais que o Itaú em informática, entretanto desde 1996, tem ocorrido uma inversão. No ano de 1996 o Itaú gastou 315 milhões de dólares em informática, foram compradas 27.700 unidades novas de microcomputadores. Nesse mesmo ano, o Bradesco investiu 190 milhões de dólares em automação, o Unibanco e o Real 150 milhões de dólares cada um, e o Banco do Brasil investiu 260 milhões de dólares. Parcela importante do faturamento dos grandes fornecedores de equipamentos de automação, os bancos brasileiros apresentam enorme disposição para aquisição de tecnologia.

Por sua vez, o sistema bancário internacional também tem passado por profundas e aceleradas transformações que ocorreram principalmente a partir de três fatores: a mundialização dos mercados e serviços, a liberalização das rotinas bancárias de cada país e o debilitamento progressivo de sua função intermediária. Esses aspectos quanto à evolução recente do sistema bancário foram apresentados e discutidos no Capítulo 1 deste livro. Por ora, pretendemos apenas fazer algumas observações gerais quanto ao processo de automação introduzido no sistema bancário internacional[60].

Segundo relatório da OIT (1993), desde que o setor financeiro começou a informatizar-se em meados de 1950, ele deixou de caracterizar-se progressivamente por sua grande densidade de mão de obra, recorrendo à utilização cada vez maior de capital fixo.

Inicialmente, a informatização trouxe um aumento das rotinas que envolviam a entrada de dados, acompanhado de uma produtividade maior no trabalho, para mais tarde, no entanto, mostrar que as inversões que haviam representado um grande aumento de capital fixo, não haviam logrado obter um crescimento do produto e da produtividade compatível aos investimentos iniciais. Esse mesmo relatório, com relação ao setor norte americano, avalia que:

Segundo a OIT (1993, p. 28) entre 1948 e 1983, o seu produto multiplicou-se por quatro, aumentando 4,7 por cento por ano entre 1948 e 1959, mas 3,6 por cento ao ano apenas desde que a utilização de computadores começou a generalizar-se. Nesse mesmo período, os insumos de capital multiplicaram-se por 14, com um crescimento anual de 2,7 por cento até

---

[60] Esta parte do escrito foi desenvolvida a partir do relatório da OIT – Los efectos de los câmbios estruturales em la banca. Reunion Tripartita – Programa de Actividades Setoriales – Genebra, 1993.

1958, e de 9,8 por cento depois disso. Em 1957, a produtividade do capital aumentou mais de um quarto, mas depois começou a diminuir. Em 1983, estava 28 por cento abaixo do nível de 1948 e apenas 22 por cento do pico atingido em 1957. Por isso, um observador disse que

> [...] o principal efeito econômico da utilização em larga escala de computadores consistiu num aumento na intensidade de capital sem um crescimento proporcional na produtividade do produto ou do trabalho e, portanto, inicialmente na redução da produtividade e rentabilidade do capital. (OIT, 1993, p. 28).

Os investimentos podem ser considerados sempre bastante volumosos. Os bancos comerciais norte-americanos gastaram em torno de US$ 5 milhões em 1982 com sistemas de informatização, e quase o triplo desse valor em 1991, ou seja, aproximadamente US$ 14 milhões. De acordo com estimativas, os gastos totais dos bancos norte-americanos elevaram-se a US$ 200 milhões em 1990, equivalente ao seu total de ativos disponíveis (OIT, 1993). Em estudo realizado com 100 bancos holandeses, foi observado que mais de 60% dos investimentos foram destinados à automação, especialmente após 1984. Na França, onde a automação tem se realizado de forma bastante acelerada, observou-se que em 1979, 16% das operações bancárias estavam automatizadas, elevando-se este percentual para 45% em 1990 (OIT, 1993).

Os grandes investimentos em informática trouxeram, porém, alguns problemas para o sistema financeiro internacional. Enquanto durava o período de expansão dos negócios, foi possível sustentar os grandes gastos com automação, na expectativa de sua rentabilidade futura; entretanto, com as grandes modificações que se processaram, as margens de ganho ficaram mais reduzidas e as novas tecnologias precisaram compensar os grandes investimentos anteriores.

A gestão de redes de informática e a própria reestruturação dos bancos passaram a buscar a maximização do potencial instalado da automação bancária.

A tendência generalizada em atribuir menor importância à produção centralizada de serviços financeiros para centrar a atenção em segmentos específicos de mercado, e da clientela, característica do novo modelo de atuação do sistema bancário internacional, tem na automação bancária uma de suas peças fundamentais.

Esse modelo trouxe transformações materiais no espaço de trabalho interno, que passou a ser destinado quase que exclusivamente a um atendimento personalizado para clientes cada vez mais selecionados, contato este altamente estimulado também pelas vias eletrônicas.

A questão da automação e concorrência fica explícita aqui, onde todos os procedimentos que envolveram a reestruturação do sistema bancário buscaram otimizar as múltiplas capacidades dos sistemas de informatização instalados.

A ideia é conceber e manejar um sistema completo de informações sobre a clientela que inclusive possibilite a venda de novos produtos e serviços financeiros. Na verdade, trata-se de utilizar, e bem, todo aparato resultante das mudanças estruturais e técnicas pelas quais vem passando o setor. Ao reexaminar procedimentos, e tentar transformar seus custos de funcionamento em operações lucrativas, o papel desempenhado pela informática e pela tecnologia da informação foi fundamental, proporcionando os meios necessários para atender as novas demandas criadas pelo mercado em mutação.

É evidente que tantas transformações não estiveram alheias à evolução do emprego no setor bancário internacional[61], muito embora a redução de postos de trabalho não possa estar relacionada a esse fator exclusivo, até mesmo porque a ênfase dos bancos em restabelecer sua estabilidade nas novas situações de transformação do sistema financeiro, engendrou processos diversos de reestruturação interno e incentivo à produtividade que foram também responsáveis pela diminuição de postos de trabalho em vários países.

As estratégias de mercado têm determinado em grande medida a diminuição dos postos de trabalho. Como já vimos, os bancos procuraram

---

[61] No final da década de 80, houve uma certa expansão econômica e criação de postos de trabalho em muitos países, algumas reduções do emprego estiveram relacionadas às próprias crises do sistema financeiro internacional ocorridas nos últimos 15 anos. "Na Espanha, por exemplo, o emprego em serviços financeiros, de seguros e comerciais aumentou 65,3% entre 1985 e 1991. De acordo com o Sindicato dos Trabalhadores Bancários, de Seguros e Financeiros (BIFU) do Reino Unido, o emprego nesses setores cresceu 43,6% entre 1983 e 1989, em comparação com o crescimento geral do emprego de 5,7%. Muitos outros países membros da OIT também registraram aumentos no emprego no setor (Bangladesh, Bélgica, Canadá, Chile, Chipre, Fiji, Alemanha, Honduras, Itália, Japão, Luxemburgo, Ilhas Maurício, México, Países Baixos, Paquistão, Filipinas, Portugal, Seychelles, Suécia e Tunísia). Houve uma clara tendência de aumento na antiga Tchecoslováquia, na Hungria e na Polônia, que estão se reorientando para uma economia de mercado. A Confederação Democrática do Trabalho da França (CFDT) fala de uma situação heterogênea. No Sri Lanka e na Tanzânia, os níveis de emprego permaneceram relativamente estáveis. Na Grécia e na Turquia, eles caíram ligeiramente. Na Argentina e na Dinamarca, houve um declínio após 1988 (na Dinamarca, espera-se que esse declínio seja mais acentuado). Após anos de expansão na década de 1980, foram observadas recentemente grandes perdas de empregos no setor bancário da Austrália, Finlândia, Noruega, Ruanda, Reino Unido e Estados Unidos" (OIT, 1993, p. 32, tradução nossa).

uma organização menos hierarquizada e mais dinâmica, e quando consideraram necessário, liquidaram departamentos menos rentáveis, atribuindo maior importância aos setores onde a qualidade de serviço fosse primordial, ou seja, valorizando cada vez mais a satisfação da clientela. Nesse processo, caixas, atendimento e retaguarda foram os setores de serviço mais atingidos.

Ao mesmo tempo que os postos de trabalho foram suprimidos, houve contratação de novos tipos de profissionais, adequados às novas condições econômicas vividas pelos bancos. De acordo com técnicos do setor bancário internacional, bancos franceses, britânicos, italianos e japoneses possuíram, entre 1991 e 1992, de 25 a 35% de funcionários sobrantes, número este que aumentou mais ainda nos anos seguintes, para 1/3 de funcionários sobrantes (OIT, 1993). Foi nesse mesmo cenário que os bancos procuraram contratar outros empregados, mais condizentes com as novas tecnologias e com a evolução do setor bancário.

É claro que as políticas de emprego variam segundo o grau de independência de cada sistema bancário e é evidente que as condições sociopolíticas de cada um foram elementos importantes nesse processo, quando confrontados com os interesses comerciais específicos de cada instituição bancária. Nesse aspecto, em termos internacionais, os níveis de emprego oscilaram bastante em relação aos ativos bancários de cada país.

A existência de uma nova estrutura profissional indica também que em termos internacionais, os níveis de qualificação tornaram-se mais elevados, principalmente diante da generalização do uso das novas tecnologias, modificando radicalmente a composição dos trabalhadores bancários. Podemos dizer que hoje, em termos internacionais, também é muito maior a proporção de funcionários em cargos de direção que exigem um nível mais alto de instrução[62].

As novas tarefas são multifuncionais e requerem uma gama ampla de qualificações profissionais, exigindo um conhecimento maior sobre os serviços, qualificações como vendedor de produtos e aptidões especiais de comunicação e relações interpessoais; de modo que certas ocupações administrativas parecem ter sido beneficiadas enquanto outras ocupações mais subalternas, menos qualificadas e com necessidade de menor instrução foram extremamente prejudicadas ou deterioradas.

---

[62] O relatório da OIT (1993) indica que entre 1983 e 1987, no setor financeiro dos EUA, o volume de emprego em cargos de direção, gerência e administração cresceu em torno de 24,9%. Na Noruega, essa tendência foi ainda mais forte, o número total de funcionários diminuiu em 21,8% entre 1987 e 1991, mas o número de funcionários em cargos de direção aumentou 60,3%, e de gerência cresceu em 23,5%.

Assim, os postos de trabalho que realizam atividades mais repetitivas e rotineiras, via de regra, foram diminuídos sensivelmente nos diversos países onde houve processos de reorganização do trabalho e investimentos expressivos em automação bancária.

Por sua vez, as mudanças estruturais como as fusões ou incorporações apresentavam problemas bastante complexos quando reduziram plantas e promoveram nivelamento de escalas hierárquicas.

É notório que a reorganização das empresas e a introdução de tecnologia de informação significaram graves problemas para o emprego bancário. As consequências mais comuns são: os empregadores recorrerem ao mercado de trabalho externo para obter a combinação de qualificações agora exigidas pelos postos de trabalho especializados, o que altera o tipo de contratação tradicional realizada pelos bancos; os empregos de nível médio e subalterno precisam se submeter a treinamentos e a readequações constantes no seu trabalho; e os empregos de trabalhadores com nível de qualificação mínimo tendem a ser extintos. Com relação a tarefas menos qualificadas, como tarefas relativas ao tratamento de dados, por exemplo, a tendência observada é que sejam reagrupadas em centros regionais ou sejam realizadas por empresas terceiras contratadas com essa finalidade.

A qualificação tornou-se um imperativo a ser perseguido, de acordo com estudo recente de certos estabelecimentos financeiros franceses (OIT, 1993). Os empregados mais interessados em formação profissional são aqueles que atendem à clientela privada ou empresarial, que enfatizam seu interesse em temas como: comportamento comercial, gestão de negócios, produtos e serviços bancários e técnicas bancárias.

O sistema financeiro internacional tem se preocupado bastante com a questão da qualificação[63]. Alguns bancos oferecem formação e qualificação aos seus funcionários, enquanto elemento prioritário de suas políticas de recursos humanos. A formação é concebida como uma forma de estimular o funcionário e sua lealdade, comprometendo-o não só com sua produtividade individual — na maioria das vezes incentivada por meio de prêmios etc. —, mas também com o futuro da empresa na conjuntura de acirrada concorrência interbancária.

---

[63] Com relação ao investimento do setor bancário em formação profissional, o relatório da OIT (1993) aponta que, na Austrália, o setor financeiro e de seguros dedica 4,3% dos salários brutos à formação profissional. Na França, 77% dos funcionários — altos dirigentes — entrevistados em pesquisa da OIT, afirmam que suas empresas dedicam de 4 a 8% do valor total de seus salários em formação profissional. A formação de pessoal do setor bancário ocorre principalmente a cargo dos empregadores na Austrália, França, Grécia, Holanda, Polônia, Reino Unido, Turquia e Suíça (OIT, 1993).

As relações de trabalho foram afetadas sobremaneira nesses últimos anos. Da reputação de empregadores protetores e de certo modo paternalistas, que proporcionavam emprego para toda vida, os bancos atualmente encontram-se tão ou mais competitivos que outros setores de serviços, recorrendo cada vez mais a compensações salariais relativas ao mérito de cada trabalhador, desprezando escalas salariais fixas e deteriorando processos já consolidados como as negociações coletivas do setor bancário.

Flexibilidade e condições individuais de emprego questionam as bases anteriores das relações de trabalho que eram fundadas em oferta de emprego de duração permanente, possibilidade de ascensão gradual em função da qualificação e antiguidade no cargo e melhora progressiva e gradual de remuneração (OIT, 1993).

Em vários países a influência dos sindicatos e órgãos de representação de trabalhadores tem decrescido. A negociação coletiva tem recebido violentos baques dessa nova abordagem empresarial, onde manutenção do emprego tornou-se o tema de interesse capital na década de 90, diante das mudanças estruturais e tecnológicas do setor que contribuíram para uma maior instabilidade do emprego.

2.3 Os programas de qualidade e remuneração variável

As transformações do sistema financeiro do início da década de 90 seguiram as tendências mundiais e trouxeram consigo também a busca da qualidade dos serviços e a melhoria da produtividade como preocupações substanciais do setor bancário brasileiro. O tema da qualidade tornou-se então parte do debate sobre a administração do setor bancário[64].

O processo de modernização no setor bancário, que pode ser resumido em três momentos importantes já anteriormente assinalados, caracterizou-se, na sua última fase, pela implantação de programas de qualidade. Durante a década de 90, uma vez que o contato do cliente com os serviços bancários não se restringia mais ao atendimento em agências, os programas de qualidade dos bancos pautaram-se pela implantação e melhoria dos serviços alternativos de atendimento. Para que isso ocorresse foi necessário que houvesse mudança nos processos internos, que por sua vez, permitiu a redução de custos e buscou o aumento da produtividade, lucros e competitividade.

---

[64] Ely (1995) cita publicação da Febraban de 1993 que trata da qualidade do atendimento no setor bancário que propõe soluções alternativas para melhoria do atendimento nos bancos, cita também pesquisa realizada pela Serasa em 1992, que buscou informações sobre desenvolvimento de programas de qualidade total nos bancos.

Os programas de "qualidade total" desenvolvidos pela maioria dos bancos brasileiros buscaram, a partir de então, rever os processos sob a ótica dos clientes e identificar as deficiências em seus fluxos operacionais, promovendo também ações voltadas aos funcionários: como programas de reconhecimento, pesquisa e canais de comunicação com o intuito de melhorar a relação entre os funcionários, melhorar o atendimento ao cliente, reduzir o retrabalho e promover tomadas de decisões mais ágeis (Ely, 1995).

O trabalho de atendimento dos clientes nos bancos é fundamental à medida que o setor bancário oferece um tipo particular de produto no mercado. Boa parte dos projetos de qualidade em atendimento esteve relacionada ao incentivo de maiores investimentos em equipamentos de autoatendimento, especialmente em relação à quantidade de clientes que frequentavam as agências. Foram implantadas várias inovações, tais como mudanças no horário de atendimento nos dias de pico, flexibilização da jornada de trabalho do bancário de acordo com o aumento ou redução do serviço, criação do funcionário polivalente que nos horários de pico deixa o trabalho de retaguarda para atender no caixa, criação da fila única e dos caixas especiais, designação de funcionários que orientam o uso de equipamentos de autoatendimento, redefinição do layout das agências, revisão de cartazes e prismas que orientam os clientes quanto aos serviços da agência, aumento da alçada dos gerentes e das responsabilidades dos caixas, dentre outros (Ely, 1995).

Os bancos começaram a discutir a qualidade total no final da década de 80. O estudo de Ely (1995) propõe que a iniciativa de implantação de programas de qualidade total deve partir da direção das empresas, e que esta deve liderar o processo de transformação cultural das mesmas. Na maioria dos bancos, os programas de conceitos e filosofias do controle de qualidade total, foram formulados pela direção da empresa, existindo alguns casos como o do Banco do Brasil, onde a iniciativa partiu dos funcionários. Em alguns bancos houve desenvolvimento de experiência piloto e em outros houve envolvimento de toda organização[65].

Essa autora assinala os quatro eixos básicos dos programas de Controle de Qualidade Total no sistema bancário, quais sejam: o foco no cliente, a

---

[65] Banco do Brasil, Unibanco e o segmento jurídico do Citibank optaram pelo desenvolvimento de uma experiência piloto; o segmento Pessoa Física do Citibank e o antigo Banco Francês e Brasileiro (atual Sudameris) decidiram-se pela implantação a partir de um amplo debate e entre 1993 e 1994 surgiram propostas no Banco do Brasil por iniciativas de funcionários (Ely, 1995).

busca de melhoria contínua, o controle de processos e a participação total. A busca pela qualidade total pressupõe a participação dos trabalhadores na reorganização do trabalho e da produção, o que incidiu no desenvolvimento de uma estrutura própria a cada banco, de formação e treinamento para qualidade, que atingiu de maneira diferenciada seu corpo de funcionários.

Com relação aos aspectos relativos à organização do trabalho e de políticas trabalhistas, Ely (1995) afirma que foram poucas as mudanças importantes. As alterações foram realizadas fundamentalmente na estrutura hierárquica, ao reduzir cargos de chefia dentro dessa estrutura, o que representou em alguns casos aumento no poder de deliberação, existindo ainda formas diferenciadas de conceber a participação dos trabalhadores nos lucros dos bancos e um aumento dos incentivos à valorização da contribuição de funcionários, concretizado em distribuição de prêmios para os que se destacaram. Nesse sentido, a autora considera muito tímidas as possibilidades de transformações das relações de poder por meio da proposta de gestão participativa, destacando que no processo de reestruturação produtiva do setor bancário, o que o determina são as deliberações empresariais muito mais voltadas para a execução do negócio em si, do que para as alterações nas funções. Muito embora a proposta de Controle da Qualidade Total tenha sido uma das formas de reestruturação produtiva mais facilmente aceitas pelas empresas, iniciativas que supunham gestão participativa, esbarraram fortemente em uma tradição de cultura autoritária e conservadora como a encontrada no setor bancário[66].

De acordo com Jinkings (2000), não são irrelevantes as mudanças operadas na organização do trabalho, afinal, foram recriadas táticas para aumento da produtividade do trabalho, mascaradas sob o discurso patronal de "participação", "qualidade total" e "competitividade", que aperfeiçoaram as condições de intensificação e disciplina do trabalho. A criação de equipes de "qualidade total" nos locais de trabalho tornou-se importante instrumento patronal com a suposta finalidade de estimular a participação dos trabalhadores em decisões da empresa, que na verdade possui a dupla função de conceber formas produtivas mais racionais, que possibilitam a apropriação pelo capital do saber prático acumulado pelo trabalhador bancário, e de enfraquecer as organizações sindicais por local de trabalho, à medida que tais equipes tornavam-se instrumentos mais adequados para reivindicações e manifestações dos trabalhadores quanto ao seu cotidiano produtivo.

---

[66] Cf. Segnini, 1986.

Atualmente nos bancos, o controle e os mecanismos coercitivos internos deslocaram-se do discurso patronal para fora da empresa, destacando as pressões de concorrência mercadológica, as exigências de produtividade e a eficácia do trabalho, como se o mercado capitalista diretamente exercesse o controle (Jinkings, 2000).

O conjunto de instituições bancárias no Brasil — notadamente os grandes conglomerados financeiros privados nacionais, como o Unibanco e Itaú — implementou uma série de instrumentos de gestão para garantir alta rentabilidade à empresa a partir da excelência do atendimento ao cliente.

A implementação da Academia de Qualidade do Unibanco para treinamento de bancários como instrutores de qualidade é um dos exemplos relatados e analisados nos trabalhos de Jinkings (2000).

No início da década de 90, em 1993, 643 funcionários já haviam realizado cursos nessa Academia e a expectativa do banco era envolver cerca de 16 mil funcionários naquele tipo de programa até o final de 1993. Os eixos centrais do programa de "qualidade total" do Unibanco eram: educação, conhecimento, avaliação e ações de melhoria. Pesquisas sobre as necessidades e novas expectativas do mercado, coordenadas pela área de Marketing Institucional foram realizadas com o objetivo de medir a satisfação do cliente, a qualidade da agência e a qualidade dos serviços de apoio. Nelas foram avaliados aspectos operacionais relativos ao trabalho do funcionário, tal como a cortesia no atendimento. De acordo com o discurso patronal, as pesquisas funcionaram como instrumento estratégico de gestão empresarial determinando inclusive mudanças organizacionais e orientando áreas de treinamento (Jornal da Qualidade, Unibanco, ano III, n. 34, São Paulo, out. 1996 *apud* Jinkings, 2000).

Ao buscar estabelecer padrões de atendimento e monitorar erros, o Unibanco criou também um instrumento de avaliação permanente dos serviços oferecidos, intitulado Sistema de Medição de Qualidade, que consistiu em uma série de indicadores que coletavam impressões de clientes. Ainda no Programa de Qualidade Total, a formação de grupos de trabalho significava, segundo o banco, uma forma de propor soluções conjuntas para problemas que fossem detectados.

Na realidade, Jinkings (2000) observa na análise desses instrumentos, uma forte retórica de valorização da força de trabalho e de democratização das políticas de recursos humanos que, no entanto, significam novos artifícios para intensificar e disciplinar o trabalho bancário. Essa autora destaca a premiação de trabalhadores por produtividade como um dos artifícios mais utilizados e que, por sua vez, estimulam a competitividade no ambiente de trabalho[67]. Aponta também a sofisticação dos periódicos dirigidos aos trabalhadores (jornais, revistas, boletins e programas de vídeo), que informam os projetos mercadológicos do Banco, enfatizando a democratização das relações de trabalho e a participação dos trabalhadores nas suas decisões administrativas. A aparente identidade de interesses entre empresa e funcionários se desfaz quando o trabalhador percebe que é possível participar, mas não decidir.

O Itaú, por sua vez, também adotou estratégias empresariais de "qualidade total" desde o início dos anos 90. O "Programa Eficácia 92 em Sintonia com o Mercado", analisado por Jinkings (2000), desenvolveu formas diferenciadas de atendimento ao cliente, incentivou o autoatendimento e estabeleceu metas e prêmios de produtividade, objetivando sempre conquistar a adesão de funcionários aos procedimentos de reorganização produtiva implementados. Com esse propósito, foram desenvolvidos rígidos mecanismos de controle do trabalho. O estabelecimento de metas de produtividade pretendeu incrementar a venda de produtos, criando um complexo sistema de controle dos níveis de produtividade dos funcionários, o que estimulou a intensificação do trabalho a partir da remuneração e premiação, associadas ao desempenho individual e coletivo.

O Bradesco é o único dentre os grandes conglomerados privados que não possui programa de qualidade total. Desde os anos 80, o Bradesco determinava metas de produtividade aos seus funcionários estabelecendo um sistema de premiação e estimulando a competição nos ambientes de trabalho. Segnini (1988), analisando as formas que assumiram os mecanismos de poder no cotidiano do Bradesco nos anos 80, apontou as formas sobre como a competição era incentivada por meio de metas de produção e prêmios e pela obediência às normas e princípios. A pressão por produtividade na venda de produtos sempre foi intensa no Bradesco, e hoje se encontra bastante intensificada, de acordo com as novas exigências da competitividade mercadológica do setor bancário.

---

[67] "No Unibanco, um requintado sistema de premiação atinge empresas fornecedoras de serviços, unidades de trabalho do banco e funcionários individualmente. O Prêmio 'Unibanco Fornecedores' objetiva comprometer as empresas que prestam serviços ao Unibanco com seu projeto de 'qualidade total'. Existe ainda o Prêmio 'Gestão para a Qualidade Unibanco', que identifica o estágio de qualidade de cada unidade e reconhece os melhores desempenhos, e o 'Prêmio Qualidade Unibanco Funcionário', que existe desde 1994 e são os guardiões da qualidade, identificados com crachá especial e como foto fixada no local de trabalho (Jinkings, 2000, p. 10).

Para finalizar a análise do estudo de Jinkings (2000) sobre os programas de qualidade total no setor bancário, cabe relatar ainda a experiência dos programas de "qualidade total" nos bancos estatais, introduzida no início dos anos 90, como parte das estratégias governamentais de imprimir um perfil da empresa privada aos bancos públicos. O que essa autora destaca é que as políticas de intenso ajuste organizacional, anterior aos programas de "qualidade total", trouxeram um clima de perplexidade e medo nos locais de trabalho (Jinkings, 2000), o que deteriorou quaisquer possibilidades de sucesso dos Programas de Qualidade Total nas instituições bancárias públicas.

Tradicionalmente diferenciados do segmento privado, os bancos estatais possuíam condições e relações de trabalho fundadas em estabilidade e carreira profissional, baseadas em critérios regulamentares de promoção. Assim que os movimentos de reorganização produtiva foram intensificados nos bancos estatais, após o governo FHC, não só foi reduzida drasticamente a quantidade de força de trabalho, como introduzidos mecanismos do tipo: planos de "demissão incentivada", de pressão à aposentadoria e transferências arbitrárias de funcionários, provocaram profundas alterações nas condições e relações de trabalho anteriormente estabelecidas.

A quebra do modelo anterior, a adoção de novos pressupostos de gestão e a precarização das condições de trabalho nessas instituições, tornaram os programas de "qualidade total" inicialmente inviáveis. Nesse contexto, notadamente no Banco do Brasil, onde essas transformações se deram de forma mais abrupta, era nítida a contradição entre um discurso patronal que pressupunha a democratização das relações de trabalho e a prática de imposição de novas regras.

O Banco do Brasil, entretanto, mantendo o propósito governamental, vem implementando continuamente políticas gerenciais que visam associar pressão e controle da produtividade do trabalho, mobilizando e comprometendo seus funcionários com as atuais estratégias mercadológicas da instituição. O novo modo de gestão e controle do trabalho estabelecido pelo Banco do Brasil demonstra seus efeitos nas mudanças ocorridas na cultura organizacional dessa instituição bancária.

De acordo com Jinkings (2000), destinados a aumentar a produtividade sob a ótica do capital, os programas de "qualidade total" mistificam as relações de antagonismo entre capital e trabalho, fragmentando a classe trabalhadora em indivíduos que competem entre si.

Ainda com relação à reestruturação produtiva no processo de trabalho bancário e suas consequências de elevação das taxas de exploração do trabalho, as práticas gerenciais que vinculam os rendimentos dos trabalhadores ao cumprimento de metas determinadas pelas empresas, assim como a individualização da remuneração, necessitam ser mais bem explicitadas.

A "remuneração variável"[68] está associada a mecanismos de estímulo ao aumento de produtividade e intensificação do trabalho, ou seja, são abonos, prêmios e bonificações atrelados ao cumprimento de metas. A remuneração variável não é incorporada ao salário-base do trabalhador, o que incide em uma renda fixa menor e direitos salariais menores e permite expressiva redução de custos com força de trabalho e elevação de níveis de produtividade. Trata-se de mecanismo extremamente favorável à empresa, pois permite variações nas folhas de pagamento dos empregados de acordo com as oscilações na demanda e na produção.

O esforço dos trabalhadores bancários para atingir as metas propostas pela empresa seja pelo temor do desemprego, pela adesão ao ideário patronal ou pelo retorno material prometido, diante da conjuntura do mercado de trabalho e dos baixos níveis de remuneração do trabalho no Brasil, tende a tornar-se mais efetivo, ainda que agravadas as condições de tensão nos ambientes produtivos.

A "remuneração variável" expandiu-se no Brasil[69] e tem se difundido praticamente por todo sistema financeiro[70] nacional como nova forma de dominação do trabalho e como crescentes parcelas dos rendimentos dos trabalhadores.

Por meio do Programa de Participação nos Resultados (PPR) de 1996, o Unibanco vincula os rendimentos de seus funcionários ao cumprimento de metas de produtividade e ao resultado global da empresa. No Itaú, a "remuneração variável" é decorrente do programa Agir, associada ao desempenho do trabalhador tanto individual como em termos de unidades ou equipes de trabalho.

---

[68] De acordo com o Dieese (*apud* Jinkings, 2000, p. 20), "Do ponto de vista da empresa, flexibilizar a remuneração dos trabalhadores significa: i) associar remuneração à produtividade e ii) administrar os custos fixos da empresa ligados à força de trabalho [...]. Dessa forma, a adoção de prêmios visa conformar o comportamento psíquico e objetivo dos trabalhadores em consonância com as metas da organização". Voltaremos mais detidamente ao tema da remuneração variável no Capítulo 4 do presente trabalho.

[69] Medida Provisória sobre a Participação nos Lucros e Resultados (dez. 1994) sucessivamente reeditada.

[70] Dentre os maiores bancos privados de varejo, somente o Bradesco não possui programa de "remuneração variável", mantendo apenas o salário fixo na remuneração dos trabalhadores bancários (Jinkings, 2000, p. 21).

Ocorre que no sistema de "remuneração variável", é estabelecido um rigoroso e complexo sistema de premiações e penalizações no local de trabalho, o que pressiona o trabalhador a intensificar seu ritmo de trabalho e alonga sua jornada de trabalho. São elementos dos programas de "remuneração variável": o aumento da competição entre os trabalhadores e o incentivo a atitudes mais individualistas. Mas é importante ressaltar que ainda que esses procedimentos sejam estimulados, da mesma forma geraram também tensões e insatisfações entre os trabalhadores. As expectativas de incentivar a competição individual e pressionar os trabalhadores a aumentar seus níveis de produtividade, por vezes, tornam-se insuportáveis, pois para a maioria dos assalariados gera aumento no ritmo do trabalho, alongamento na jornada diária e maior estresse.

Seguindo as tendências do setor privado, o Banco do Brasil igualmente buscou implantar um programa de "remuneração variável". As medidas administrativas tomadas com esse propósito instituíram não só a remuneração por função, bem como implantaram um novo plano de cargos e salários que privilegiava a individualização dos rendimentos e o aumento de sua fração variável.

Porém, apenas em 1998, o Banco do Brasil consolidou o seu programa de "remuneração salarial", então dividido em dois módulos: a Participação dos Resultados (PR) para todos os funcionários, vinculada a metas e indicadores de produtividade e à Participação nos Lucros (PL), esta dirigida aos executivos do banco. As gratificações semestrais anteriores estavam a partir daí condicionadas ao percentual de Rentabilidade Mínima do Patrimônio Líquido (RMPL) que o banco atingisse. Somente então, se alcançado o patamar mínimo de rentabilidade calculado, a remuneração dependeria do desempenho alcançado diante das metas e indicadores estabelecidos pela direção do banco que seria avaliado em três níveis: individual, da unidade de trabalho e do lucro (Jinkings, 2000).

A relação entre a rentabilidade líquida do banco e as metas — utilizada como parâmetro para "remuneração variável" — que pode estar sujeita a fatores que independem do desempenho dos funcionários, fez parte do conjunto de críticas do Dieese (1998) ao avaliar o programa de "remuneração variável" do Banco do Brasil. Além desse problema, o Dieese (1998) cita e critica o fato de que o pagamento da gratificação ocorre somente quando são atingidas integralmente as metas determinadas para cada um dos três níveis: individual, da unidade de trabalho e do banco. Da mesma forma, o Dieese (1998) critica a determinação unilateral de metas por parte do banco, feita sem a participação dos funcionários envolvidos, denunciando ainda que o programa tende a beneficiar somente a parcela minoritária de funcionários com cargos vinculados a funções mais complexas que recebem gratificações altas em comparação aos trabalhadores em outras funções.

Os programas de "qualidade total" e "remuneração variável" obscurecem contradições próprias de um regime produtivo baseado na cisão entre a produção e a apropriação de valor, que se complexificaram a partir das novas formas de acumulação do capital. Esses programas revelam-se meios sofisticados de pressão e visam aumentar a produtividade do trabalho, intensificando-o, aprofundando a subordinação e mascarando estratégias de dominação, que podem inclusive regular a relação salarial, especialmente em contextos de altos índices de desemprego e subemprego. O uso de tecnologia automatizada, os programas — de qualidade total e remuneração variável —, a terceirização e a subcontratação criaram uma base adequada às atuais exigências de valorização do capital. No caso do trabalho bancário, a mudança organizacional e tecnológica potencializou a exploração do trabalho de forma bastante radical que associada às práticas ditas participativas mistificaram sobremaneira as relações capitalistas de produção (Jinkings, 2000).

Capítulo 3

O TRABALHO DO BANCÁRIO FRENTE AO PROCESSO DE REESTRUTURAÇÃO PRODUTIVA

A diversificação do trabalho nos bancos, caracterizada pelo acelerado desenvolvimento tecnológico, teve seu início nos anos 60. A implementação dos centros de Processamento de Dados (CPD's), constituídos de computadores potentes com capacidade de processamento de grande número de informações em tempo reduzido possibilitou aos bancos a aptidão necessária para participar da competição em um mercado em desenvolvimento e com clientes que estavam se tornando mais exigentes. A agilidade na efetivação dos serviços, proporcionada pelos CPD's, viabilizava as informações sobre o montante de dinheiro disponível para aplicações, o que era particularmente rentável em uma conjuntura que historicamente convivia com altos índices de inflação. As diferenças entre o processo de trabalho bancário anterior e o atual são bastante evidentes, assim com a estrutura bancária em si é diferente, confirmando mudanças provocadas pelas inovações tecnológicas e transformações do processo de trabalho. Dessa forma, ratificados os resultados mais gerais de uma veloz transformação tecnológica, organizacional e gerencial, houve um aumento exponencial de produtividade que gerou grandes excedentes de força de trabalho (Jinkings, 2000).

Nesse contexto, a relação do trabalhador bancário com a gerência, com a clientela e com o banco em si sofreu profundas modificações. A evolução do sistema bancário brasileiro apresentou acelerado crescimento, dispersão geográfica e diversificação de serviços, verificando-se, sobretudo, uma centralização do processo administrativo, viabilizada pela padronização das rotinas e atividades que propiciam transformações fundamentais no processo de trabalho bancário, no próprio layout das agências e no perfil dos funcionários.

Os capítulos 1 e 2 procuraram discutir esses aspectos de mudança recuperando e problematizando a evolução do sistema bancário brasileiro e o processo de trabalho nos bancos.

O presente capítulo pretende discutir o perfil da categoria bancária, relacionando-o aos marcos históricos de referência discutidos no âmbito dos capítulos 1 e 2, a saber, a Reforma Bancária de 1964, a acelerada automação de base microeletrônica ocorrida no sistema bancário, especialmente a partir dos anos 80 os momentos de ajuste setorial de redução de postos de trabalho de características mais conjunturais (Plano Cruzado e Plano Collor) e a reestruturação setorial em curso desde o Plano Real.

Como já vimos no Capítulo 2, o processo de trabalho bancário, devido às suas especificidades, está sujeito a um intenso controle e no que se refere ao consumidor do produto do trabalho bancário, esse controle é realizado durante o processo de produção do serviço. Ou seja, além do controle exercido pelo ritmo dos equipamentos, pelas chefias e pelo autocontrole no serviço bancário, é preciso passar ao cliente confiabilidade e por ele ser avaliado e controlado durante o processo de produção.

A literatura sobre o perfil da categoria bancária apresenta-se dinâmica e possui vasto número de publicações que, em sua ampla maioria, retoma as características ancestrais do trabalhador bancário, relativas a um tempo em que a posse de valores éticos e morais deveria ser constitutiva do caráter do trabalhador bancário[71].

É nesse sentido que se explicita a necessidade da posse de um valor elementar como a honestidade nos padrões anteriores relativos ao processo de trabalho bancário. Entretanto, com a modernização do setor bancário e sua consecutiva reestruturação, que alteraram radicalmente a rotina do processo de trabalho bancário, também se alteraram as exigências e expectativas quanto ao perfil da categoria.

Com as mudanças operadas no setor bancário, uma das características atualmente requeridas tem sido a agilidade do conjunto dos trabalhadores. Não obstante, as novas características ou habilidades requeridas revelaram um processo degenerativo e de desqualificação do trabalhador bancário, especialmente após a introdução da automação bancária que, por sua vez, trouxe impactos dramáticos ao conjunto da categoria, seja no tocante ao processo de trabalho em geral, ou em relação à drástica redução de postos de trabalho observada ao longo dos últimos 15 anos.

---

[71] São encontradas referências sobre a honestidade requerida enquanto atributo pessoal dos bancários nos trabalhos de Jinkings (1994), Crivellari e Pereira (1990), Canedo (1986) entre outros.

A literatura pertinente ao tema tem se debruçado mais especificamente sobre dois segmentos do trabalho bancário: na linha de frente, o caixa e no trabalho de retaguarda, o digitador, que aparecem como as funções mais estudadas.

O trabalho do caixa, que não só caracteriza o trabalho bancário ao longo de sua evolução, faz parte de um dos segmentos ocupacionais da categoria bancária que sofreu mais explicitamente os impactos das inovações tecnológicas, e por isso foi intensivamente estudado[72]. Historicamente, o caixa tem sido o canal mais direto de comunicação entre banco e cliente, nesse aspecto um poderoso instrumento de análise para o perfil do trabalhador bancário.

Com relação aos digitadores, segmento ocupacional oriundo do processo de automação bancária — também objeto de vários estudos — quando de sua implantação foi considerada uma atividade nova e interessante, tornando-se, contudo, uma atividade que passou a significar particularmente fonte de grande desgaste e desqualificação, principalmente a partir das doenças ocupacionais resultantes dessa função e do processo de intensificação da terceirização desse segmento.

Os estudos mais recentes, porém, não se concentram apenas nos segmentos ocupacionais tradicionalmente pesquisados, tais como a linha de frente ou retaguarda, que foram profundamente afetados pelas mudanças tecnológicas e organizacionais que visaram garantir a permanente expansão das operações financeiras e a redução de custos, a partir da intensificação do trabalho (Segnini, 1998). O que se percebe atualmente, é que a sofisticação pela busca da produtividade dos bancários e da minimização dos custos de funcionamento dos bancos, tem afetado sobremaneira outros segmentos ocupacionais do setor bancário, determinando inclusive novas características do perfil do trabalhador bancário.

3.1 Os traços constitutivos da categoria profissional bancária

Ao final da década de 90 existiam 414.803 bancários no país, distribuídos nos seguintes extratos, conforme o quadro seguinte.

---

[72] O processo de degeneração do trabalho do caixa foi discutido no Capítulo 2: "[...] o caixa passa não só a pagar e receber uma infinidade de papéis, como também se torna um vendedor dos papéis e produtos do banco como seguros, títulos, aplicações, caderneta de poupança etc" (Silva, 1989, s/p).

Quadro 38 – Distribuição de bancários por categorias

CATEGORIAS	EM 31.12.1999
Diretores (inclusive estatutários)	1.838
Gerentes, chefes e superiores	116.188
Técnicos de nível universitário	47.273
Caixas, escriturários, auxiliares, recepcionistas, secretárias e operadores	239.931
Outros empregados (contínuos, vigias, pessoal de limpeza etc.)	9.573
Total	414.803

Fonte: Balanço Social dos Bancos, 1999 – Febraban

De acordo com o Balanço Social dos Bancos (1999), realizado pela Federação Nacional dos Bancos (Fenaban), a estrutura administrativa manteve-se relativamente estável durante os dois últimos anos da década de 90 se comparada aos anos anteriores.

Para a Fenaban (1999), o processo de ajuste na estrutura dos bancos foi necessário para que ela pudesse adequar-se aos vários planos econômicos pelos quais passou o país.

Para os anos de 1997, 1998 e 1999, a Fenaban (1999) aponta uma maior participação nos quadros de gerência, supervisão e de técnicos de nível universitário, atribuída aos resultados do desenvolvimento tecnológico implementado nos bancos, tanto em equipamentos eletrônicos como em técnicas de gestão administrativa e negócios (Balanço Social dos Bancos, 1999).

O documento da Fenaban (1999), exíguo em análises, aponta algumas outras mudanças. Quanto à composição da pirâmide etária, o Balanço registra para os anos de 1998 e 1999 um crescimento de 6% no número de bancários na faixa de idade superior a 40 anos, com uma redução de 3% no número de bancários com idade inferior a 30 anos. Tal situação é atribuída, de acordo com o Balanço, a uma maior identidade entre o bancário e seu banco, às oportunidades de carreira e às limitações do mercado de trabalho que geraram as condições de uma maior permanência do funcionário no emprego e de seu desenvolvimento profissional.

Quadro 39 – Composição etária em 1999

FAIXAS DE IDADE	EM 31.12.1999
Até 19 anos	3.349
De 20 a 29 anos	87.896
De 30 a 39 anos	176.965
De 40 a 49 anos	131.314
50 anos ou mais	15.279
Total	414.803

Fonte: Balanço Social dos Bancos, 1999 – Febraban

Atualmente, o setor bancário prefere não empregar pessoas com idade inferior a 18 anos e as ocupações (portaria, office boy etc.) que eram preenchidas nessa faixa etária estão basicamente extintas no sistema.

Quanto à permanência no emprego, o documento informa que em 1999, 63% dos bancários tinham mais de 10 anos de casa, contra 57% em 1997. No quadro a seguir observamos o tempo de casa dos bancários para o ano de 1999.

Quadro 40 – Tempo de casa dos bancários para o ano de 1999

TEMPO DE CASA	EM 31.12.1999
Até 5 anos	79.221
Mais de 5 até 10 anos	71.773
Mais de 10 até 20 anos	199.703
Mais de 20 anos	64.106
Total	414.803

Fonte: Balanço Social dos Bancos, 1999 – Fenaban

Com relação à escolaridade, o documento da Fenaban informa que o contínuo aumento de exigência dos clientes e a sofisticada tecnologia utilizada no setor bancário apontam uma tendência de alteração na composição do perfil de escolaridade do bancário.

Em 1993, quando foi editado o primeiro Balanço Social dos Bancos, 56% dos bancários possuíam o segundo ano do ensino médio completo; em 1999, 54% dos bancários estão nessas condições. A diferença é que houve crescimento significativo do número de bancários com curso superior completo (de 28% em 1993 para 37% em 1999). No que se refere a cursos de mestrado e doutorado, o crescimento foi de 0,6% em 1993 para 1% em 1999.

É importante destacar, ainda, que o documento da Fenaban aponta melhoria da qualidade técnica da formação do bancário, relacionando-o a programas de desenvolvimento de pessoal promovidos pelos bancos. Os programas de benefícios do tipo de concessão de bolsas de estudo integrais ou parciais totalizaram no ano de 1999 apenas R$17,4 milhões destinados a 19.166 bolsas de estudo, sendo 7.138 relativas a cursos de nível superior e 4.018 a cursos de idiomas. Como já tem sido apontado em outras partes deste trabalho, o investimento dos bancos tem sido expressivo em cursos, seminários, internos e em eventos externos com o intuito de desenvolver a equipe de funcionários. Nesse caso, para o ano de 1999 foram investidos R$133 milhões, mantendo-se a mesma tendência apresentada no ano de 1998, que priorizou as ações na área de desenvolvimento gerencial, desenvolvimento de equipes e treinamento técnico funcional. Quanto aos programas educacionais relativos à graduação e à pós-graduação, registra-se baixa prioridade. De qualquer modo, houve crescimento significativo da participação de bancários em eventos, registrando-se 47% de aumento no número de participações em relação a 1998. Os quadros seguintes informam as faixas de escolaridade e o número de eventos e participantes no ano de 1999.

Quadro 41 – Faixa de escolaridade dos bancários e bancárias e participação em Eventos

Faixas de Escolaridade	Em 31.12.1999
Ensino fundamental completo	35.609
Ensino médio completo	222.558
Superior completo	152.188
Com mestrado/doutorado	4.448
Total	414.803

Fonte: Balanço Social dos Bancos, 1999 – Fenaban

Quadro 42 – Participação em eventos

Eventos	Nº. de Eventos	Nº. de Participantes
Internos (realizados exclusivamente para o banco)	16.180	788.329
Externos (abertos, realizados para várias empresas)	16.277	166.720
Programas no exterior (custeado pelos bancos)	32.739	955.675

Fonte: Balanço Social dos Bancos, 1999 – Fenaban

A participação de funcionários no atendimento ao público nas agências e postos de serviço, de acordo com o Balanço Social dos Bancos 1999, permaneceu constante de 1993 a 1999; 66% do total dos funcionários estão alocados nas agências e postos.

No quadro a seguir apresentamos os dados de lotação por dependência.

Quadro 43 – Dados de lotação por dependência

Dados e lotação por dependência - Em mesas e plataformas para atendimento remoto via telefone e terminais eletrônicos	8.312
- Em órgãos de negócios centralizados (câmbio, "*open market*", repasses etc.)	30.871
- Na infraestrutura de apoio (contabilidade, processamento de dados, serviços administrativos etc.)	94.451
Total	414.803

Fonte: Balanço Social dos Bancos, 1999 – Fenaban

Com relação ao "*turnover*" dos bancos, o Balanço informa que em 1999 foram desligados 43.560 funcionários e admitidos 22.516, o que significou uma reposição de mão de obra de 52% do total das demissões. De acordo com a média anual do total de funcionários (425.532), o "*turnover*" dos bancos em 1999 foi de 10,2%[73]. Desagregados por cargo, por faixa etária, escolaridade, tempo de casa e por local de trabalho.

---

[73] "O mercado de trabalho do Brasil possui vários elementos que possibilitam classificá-lo como altamente flexibilizado. Uma de suas principais características é o alto volume de demissões e substituições de trabalhadores antigos por novos nos seus respectivos postos. Cerca de 20% dos trabalhadores com carteira assinada trocam de emprego a cada ano. Evidentemente, essa alta rotatividade reflete no tempo médio de permanência

Os quadros a seguir informam o número de funcionários desligados e admitidos no ano de 1999.

Quadro 44 – Número de funcionários desligados e admitidos no ano de 1999 por categoria

Categorias	Desligados	Admitidos	*"Turnover"*
Diretores	352	198	19,0%
Gerentes, chefes e superiores	10.868	2.130	9,7%
Caixas, escriturários e auxiliares, recepcionistas, secretárias e operadores	23.482	14.609	9,2%
Técnicos de nível universitário	7.855	4.882	17,5%
Outros empregados (contínuos, vigias, pessoal de limpeza etc.)	1.003	697	9,6%
Total	43.560	22.516	10,2%

Fonte: Balanço Social dos Bancos, 1999 – Fenaban

Quadro 45 – Número de funcionários desligados e admitidos no ano de 1999 por faixa etária

Faixa Etária	Desligados	Admitidos	*"Turnover"*
Até 19 anos	277	1.784	7,0%
De 20 até 29 anos	13.227	14.882	14,1%
De 30 até 39 anos	16.356	4.232	8,8%
De 40 a 49 anos	10.851	1.382	8,5%
50 anos ou mais	2.849	4.882236	19,5%
Total	43.560	22.516	10,2%

Fonte: Balanço Social dos Bancos, 1999 – Fenaban

---

no emprego. Para os trabalhadores em geral, esse tempo gira em torno de 60 meses". Os dados divulgados pelo Ministério do Trabalho, informações dos registros administrativos, apontam o setor bancário uma rotatividade média anual em torno de 11%, indicando por sua vez os dados da PED, que rotatividade de mão de obra do setor bancário é menor que a média observada para o total dos ocupados durante janeiro de1998 a julho de 2000 (Mapa de gênero e raça do setor bancário brasileiro. Dieese/CNB/CUT, maio 2001, p. 41-43).

Quadro 46 – Número de funcionários desligados e admitidos no ano de 1999 por escolaridade

Escolaridade	Desligados	Admitidos	"Turnover"
Ensino fundamental completo	5.429	881	13,9%
Ensino médio completo	24.195	13.515	10,6%
Superior completo	13.582	7.765	8,8%
Com mestrado/doutorado	354	355	7,5%
Total	43.560	22.516	10,2%

Fonte: Balanço Social dos Bancos, 1999 – Fenaban

Quadro 47 – Número de funcionários desligados e admitidos no ano de 1999 por tempo de casa

Tempo de Casa	Desligados	"turnover"
Até 5 anos	15.254	18,8%
Mais de 5 até 10 anos	9.376	10,3%
Mais de 10 até 20 anos	13.201	6,8%
Mais de 20 anos	5.729	9,5%
Total	43.560	10,2%

Fonte: Balanço Social dos Bancos, 1999 – Fenaban

De acordo com esses dados, o Balanço Social dos Bancos (1999) aponta maiores "*turnovers*" na categoria dos diretores com mais de 50 anos de idade (19,5%); nos funcionários com até cinco anos de casa (18,8%); nos funcionários com escolaridade de ensino fundamental (13,9%) e nos funcionários lotados em mesas e plataformas para atendimento remoto. Caixas, escriturários e auxiliares, lotados em agências e postos de serviço foram ocupações que apresentaram "*turnover*" menor (-9%). Vejamos se essas constatações conferem com outras análises.

O trabalho de Rodrigues (1999) procurou mapear os efeitos da redução de postos de trabalho sobre o perfil ocupacional nos bancos, tornando-se relevante material para consulta em nosso trabalho. Esse autor concentrou-se no período entre 1986 e 1996, que abrange algumas das principais tentativas de estabilização econômica aplicadas no país, e selecionou alguns grupos que considerou como representativos dos principais estratos da categoria bancária, que já haviam sido previamente elaborados pelo Dieese. Os dados utilizados em sua análise, fazem parte dos registros administrativos da Rais/MTB e foram extraídos de diversas edições do Balanço Social dos Bancos da Febraban.

Nesse trabalho, Rodrigues (1999) aponta que com relação ao perfil da ocupação nos bancos, no **grupo 1: Direção e Gerência**; para o período entre 1986 e 1996, o número de profissionais desse segmento ocupacional do setor bancário apresentou um aumento bastante expressivo em termos absolutos. Este é um caso excepcional, pois o período analisado é de drástica redução em números absolutos no total dos profissionais bancários; contudo houve uma redução dos postos de trabalho nesse segmento ocupacional entre os anos de 1994 e 1996, o que em termos relativos não afetou a proporção desses profissionais no total do setor que continuou aumentando. Na verdade, em termos relativos, constatou-se um aumento progressivo da participação relativa de 5% em 1986 para 11% em 1996.

A hipótese explicativa levantada por Rodrigues (1999) para o aumento na proporção desse segmento ocupacional dentro da categoria bancária está associada ao tipo de reestruturação setorial pela qual os bancos estão passando, que envolve diretamente o interesse do setor em otimizar o atendimento à clientela[74]. As mudanças observadas na estrutura funcional dos bancos estiveram relacionadas entre outros aspectos à demanda empresarial por profissionais mobilizados para a venda de serviços financeiros. Conforme exposto no Capítulo 2, os bancos visaram vantagens mercadológicas em segmentos específicos de sua clientela que requeriam não só um atendimento preferencial e personalizado, como também serviços e produtos diferenciados.

A grande mudança ocorre a partir da ênfase dada pelos bancos à área de negócios, que passa a constituir um espaço privilegiado de possibilidade de grandes lucros. Para tanto são viabilizadas estratégias que levam à criação de diversas gerências responsáveis pelos distintos tipos de contas correntes, caracterizadas pela autonomia e agilidade que podem ter.

---

[74] É comum encontrar em grandes bancos de varejo, como o Itaú e o Unibanco, a divisão das contas da agência entre os profissionais no cargo de gerência, obedecendo a critérios de módulos de tipo de contas, voltado para as características do mercado, atuando desde clientelas de baixa renda até empresas de grande porte. Além das gerências específicas criadas, mantém-se o gerente operacional que cuida especificamente da área administrativa.

Do domínio de todos os serviços de uma agência para o domínio dos produtos que o banco pode oferecer, o novo perfil do gerente ratifica a mudança de uma perspectiva global do processo de trabalho na agência — típica da gerência anterior — para uma atividade segmentada por produtos específicos, fortemente controlada pela verificação do cumprimento de metas estabelecidas unilateralmente pelos bancos e pela avaliação de seu desempenho.

Nesse sentido, o preparo dos gerentes tem sido progressivamente uma condição imposta pela direção das organizações, que desenvolvem de forma ativa programas de recrutamento com o objetivo de selecionar os melhores quadros potenciais para gerência.

As habilidades anteriormente requeridas perdem a importância num cenário onde a venda de produtos a fim de captar recursos e clientela para o banco assumiu grandes proporções, e a desqualificação profissional tornou-se uma das principais consequências das modificações introduzidas na organização ao trabalho pelas inovações trazidas no bojo da automação (Dieese, 1993).

No novo contexto houve um redimensionamento da formação do gerente que precisou incorporar novos ideários referentes a sua própria função, pautada por diretrizes incentivadoras de comportamentos flexíveis e dinâmicos. A atual estrutura de negócios, constituída por equipes, significou mudança radical nas atribuições do gerente, havendo perda de autoridade e status.

Se a eliminação de gerências intermediárias delegou ao novo gerente total responsabilidade por tudo que ocorre na agência, elevando o grau de autonomia, elevou também o grau de pressão a que está submetido o gerente pela lógica da rentabilidade.

O trabalho em equipe que determina menor autoridade para o gerente implica por sua vez em desempenhar algumas funções menos valorizadas – abertura de contas, por exemplo, que, no entanto, visam criar condições de potencialização dos negócios, assim como a utilização de recursos tecnológicos com os quais o gerente não estava necessariamente habituado.

Quanto ao **grupo 2: Chefias Intermediárias**, em 1986 este segmento significava 16% do total de trabalhadores na categoria bancária, representando em 1996 apenas aproximadamente 12% da mesma. Hierarquicamente relevantes, as chefias intermediárias tiveram sua participação reduzida no total da categoria bancária, a partir da introdução de novas técnicas de gestão, que reduzem o controle do corpo funcional por meio de funcionários e que passa a ser efetuado a partir de metas preestabelecidas por meio do controle das máquinas informatizadas, que por si só possibilitam o registro das operações efetuadas. Esta também é a percepção de Jinkings (2000) que considera que a queda da participação relativa das chefias intermediárias no setor bancário está associada às mudanças nas formas tradicionais de controle e dominação do trabalho, onde as atuais táticas patronais para aumento da produtividade apresentam-se escamoteadas e mistificadas por um discurso e políticas gerenciais de cunho participativo. O que se apresenta aqui são novos mecanismos que tornam supérfluo o controle burocrático do trabalho tradicionalmente desempenhado pelas chefias intermediárias, com destaque para os programas de "qualidade total" e de "remuneração variável" e a aplicação concomitante da teleinformática. Nas palavras dessa autora:

> De fato os mecanismos patronais constitutivos dos programas de "qualidade total" e de "remuneração variável" tornam supérfluo o controle burocrático do trabalho ao vincular o desenvolvimento da carreira e a remuneração ao desempenho individual e coletivo dos trabalhadores, estimulando a competição e a cobrança de produtividade entre companheiros de trabalho. Simultaneamente a intensa aplicação da teleinformática no processo do trabalho bancário possibilita o registro dos níveis de produtividade alcançados, assim como movimentos de pausa, entrada e saída dos assalariados na sua jornada diária, substituindo a supervisão própria do taylorismo/fordismo (Jinkings, 2000, p. 171).

Para o **grupo 3: Analistas e Programadores**, Rodrigues (1999) aponta os constantes investimentos em informática como justificativa para o aumento na participação relativa desse segmento no total da categoria bancária, o que pode ser corroborado pelos altos investimentos em tecnologia. Entre 1986 e 1996, esse segmento ocupacional passa de 0,4% da categoria para aproximadamente 2%. Ainda assim é preciso considerar que este é um segmento estreitamente sujeito a contratações terceirizadas, o que pode subestimar os números apresentados.

A análise do **grupo 4: Cargos de Assessoria Econômica, Jurídica e outras**, indicou um aumento de seu peso relativo na categoria bancária, que foi atribuído à necessidade de gerenciar informações, o que faz desse tipo de segmento ocupacional "um suporte, ainda que mais centralizadamente nas áreas administrativas dos bancos" (Rodrigues, 1999, p. 191).

O **grupo 5: Escriturários e Auxiliares**, é tradicionalmente o segmento ocupacional de maior dimensão na categoria bancária e sem dúvida um dos segmentos mais fortemente afetados pelo lento, porém gradual, processo de racionalização do trabalho bancário, que entre 1986 e 1996 foi bastante intensificado. Nesse sentido, como já exposto no Capítulo 2, lembramos que estes profissionais de retaguarda foram profundamente marcados pela maior automatização setorial, que trouxe não só a eliminação de papéis como o crescente autoatendimento efetuado pela clientela. Áreas como o setor de numerário, confecção e entrega de talões de cheque e compensação, que concentravam historicamente grande número desses profissionais são radicalmente modificadas. A introdução da terceirização também atingiu muito fortemente o conjunto desses profissionais.

De acordo com os dados analisados por Rodrigues (1999), escriturários e auxiliares significavam cerca de 55% do total de bancários em 1986, e tiveram sua participação reduzida em 1996 para 47% do total de bancários. Porém o que é interessante destacar é que os dados aqui utilizados são fornecidos pelos registros do Ministério do Trabalho (MTB) e estão superestimados. Nas palavras de Rodrigues (1999, p. 92):

> O motivo da superestimação está relacionado ao fato da categoria bancária apresentar jornada de trabalho de 6hs diárias e /ou 30hs semanais (DIEESE, 1998). Como estes profissionais são classificados como de 6 horas, os bancos buscam comissioná-los, "burlando" tais características e transformá-los em profissionais de 8 horas. Nos bancos, estes profissionais constam em inúmeras vezes com denominações como "assistentes de vendas" ou outros "eufemismos".

Assim, é óbvio que se os bancos declaram para o MTB que tais funcionários são escriturários diante da necessidade de enquadrá-los no Código Brasileiro de Ocupação (CBO) onde consta uma classificação predeterminada que não permite as várias nomenclaturas criadas pelos bancos, existe uma evidente superestimação dos números desse segmento ocupacional, que implicará também na desinformação acerca de uma possível progressão funcional dos bancários, que ao realizar a superestimação de escriturários, subestima outras ocupações.

Quanto ao **grupo 6: os Caixas**, pagadores, este também é um grupo bastante relevante entre os profissionais do setor e, como já apontado, tem sido bastante estudado no que se refere às transformações ocorridas no processo de trabalho específico do caixa. Esse segmento ocupacional responde por aproximadamente entre 16% e 20% da categoria bancária e não houve até agora, uma redução acentuada do seu número de postos de trabalho. Em termos relativos, os caixas e pagadores mantiveram ou até mesmo aumentaram sua participação relativa no conjunto da categoria bancária.

Parece-nos, entretanto, que o mais importante a se destacar nesse segmento seja a tendência ao declínio da sua participação relativa no total dos profissionais do setor. As várias formas de pagamento, autoatendimento, pagamento das contas diretamente no varejo, as operações realizadas por *home office banking* e operadores de serviços telefônicos que foram criados pelos bancos, tornaram o trabalho desses profissionais em parte desnecessário e por outro lado mais diversificado, inclusive com o aval da política governamental. Segundo Jinkings (2000, p. 214), a intensa automatização do atendimento bancário de fato não significou redução do trabalho para os caixas, que não obstante sofrem a pressão derivada da fila de clientes — ainda não solucionada pela racionalização do trabalho bancário — e estão permanentemente sujeitos ao controle burocrático. Além do tratamento cortês que deve ser dispensado ao cliente — de acordo com as necessidades de se ter excelência no atendimento —, existem normas relativas ao tempo de atendimento e exigências de produtividade que somadas ao acúmulo de funções anteriormente realizadas na "retaguarda" das agências, tornou o trabalho dos caixas potencialmente estressante. A segmentação da clientela bancária elitizou o atendimento e restringiu o uso das sofisticadas inovações a setores da população com maior poder econômico, estando destinados para os segmentos com reduzida capacidade de consumo de produtos, os serviços simplificados e o caixa tradicional, incidindo em grandes filas e na ausência de mudança qualitativa nas condições do trabalho bancário, especialmente dos caixas.

O **grupo 7: classificado como Operadores de Serviços Telefônicos**, tem aumentado sua participação relativa no setor bancário, não obstante o contato telefônico ter-se tornado uma alternativa intermediária às operações efetuadas diretamente pela clientela, a tendência à terceirização desse tipo de segmento é muito forte[75].

---

[75] Quanto às atividades em telemarketing nas centrais bancárias de atendimento, vale ressaltar o grau de padronização e controle de comportamentos e atitudes impostos pela organização do trabalho nesse segmento. O tipo de organização do trabalho realizado nas centrais bancárias de atendimento remoto assume contornos

E finalizando os grupos selecionados para análise, Rodrigues (1999) aponta que o pequeno percentual constatado no **grupo 8: Limpeza e Vigilância**, deve-se a já tradicional terceirização desses setores.

Os quadros a seguir indicam o forte decréscimo em números absolutos no agregado do profissional bancário.

Quadro 48 – Bancários – total por grupo ocupacional, segundo sexo (em números absolutos)

Ocupação	Sexo	1986	1988	1990	1992	1994	1996
Direção e	Masculino	39.430	38.383	38.822	39.320	42.438	39.769
Gerência	Feminino	4.509	5.503	6.452	8.498	13.452	13.614
	Subtotal	**43.964**	**43.886**	**45.274**	**47.818**	**55.890**	**53.383**
Chefias	Masculino	95.628	92.236	80.536	59.786	45.548	39.407
Intermediárias	Feminino	26.913	30.964	30.198	24.587	20.362	18.115
	Subtotal	**122.614**	**123.200**	**110.734**	**84.373**	**65.910**	**57.522**
Analistas e	Masculino	2.533	4.973	6.730	8.008	7.379	7.025
Programadores	Feminino	812	1.837	2.703	3.112	3.013	2.759
	Subtotal	**3.347**	**6.810**	**9.433**	**11.120**	**10.392**	**9.784**
Assessores	Masculino	3.178	3.860	4.273	3.743	3.595	2.567
Econômicos e	Feminino	1.117	1.522	1.986	1.861	1.941	1.661
Jurídicos	Subtotal	**4.296**	**5.382**	**6.259**	**5.604**	**5.536**	**4.228**
Outros	Masculino	536	720	785	1.270	1.097	1.072
Assessores	Feminino	305	447	645	1.346	851	896
	Subtotal	**843**	**1.167**	**1.430**	**2.616**	**1.948**	**1.968**
Corretores/tec.	Masculino	3.937	5.045	4.916	5.763	4.717	3.951
Administrativos	Feminino	1.144	1.798	2.478	3.691	2.902	2.123
	Subtotal	**5.083**	**6.843**	**7.394**	**9.454**	**7.619**	**6.074**
Operadores	Masculino	7.170	9.648	10.710	9.400	9.402	7.540
Máquinas/proc.	Feminino	3.801	4.626	5.841	4.773	4.486	3.310
	Subtotal	**10.993**	**14.274**	**16.551**	**14.173**	**13.888**	**10.850**

Nota: os valores totais e subtotais no ano de 1986 não necessariamente representam a exata soma, em virtude da exclusão dos registros dos ignorados.

Fonte: MTB/Rais. Elaboração: Dieese, 1997. Atualizado por Rodrigues (1999)

---

com características tayloristas que reiteram o domínio do capital sobre o trabalho escamoteado pela falácia do desenvolvimento de competências agravando as condições de vida e trabalho desses trabalhadores já tão profundamente debilitados pelas formas nefastas da contratação terceirizada (Venco, 1999 *apud* Jinkings, 2000b).

Quadro 49 – Bancários – total por grupo ocupacional, segundo sexo (em números absolutos) (continuação)

Ocupação	Sexo	1986	1988	1990	1992	1994	1996
Escriturários e Auxiliares	Masculino	241.603	222.697	198.761	170.244	142.860	116.065
	Feminino	176.123	174.959	169.614	145.965	125.285	110.499
	Subtotal	**419.009**	**397.656**	**368.375**	**316.209**	**268.145**	**226.564**
Caixas, Pagadores Etc.	Masculino	74.427	78.085	71.580	63.458	61.316	49.683
	Feminino	46.292	54.578	53.250	50.224	51.623	42.962
	Subtotal	**120.920**	**132.663**	**124.830**	**113.682**	**112.939**	**92.645**
Operadores de Serviços Telefônicos	Masculino	117	201	323	399	403	342
	Feminino	2.063	2.845	2.877	3.298	3.409	2.733
	Subtotal	**2.183**	**3.046**	**3.200**	**3.697**	**3.812**	**3.075**
Secretários	Masculino	80	207	105	509	672	545
	Feminino	4.385	4.265	4.031	4.821	4.506	3.665
	Subtotal	**4.468**	**4.472**	**4.136**	**5.330**	**5.178**	**4.210**
Apoio, limpeza, Vigilância	Masculino	4.266	2.264	2.103	976	1.455	594
	Feminino	1.470	645	1.909	911	977	581
	Subtotal	**5.747**	**2.909**	**4.012**	**1.887**	**2.432**	**1.175**
Outros	Masculino	17.238	24.899	23.528	12.780	9.548	7.933
	Feminino	4.092	8.035	7.061	3.649	3.794	3.754
	Subtotal	**21.456**	**32.934**	**30.589**	**16.429**	**13.342**	**11.687**
Total	Masculino	490.143	483.218	443.172	375.656	330.430	276.493
	Feminino	273.206	292.024	289.045	256.736	236.601	206.672
	Ignorado	1.754	-o-	-o-	-o-	-o-	-o-
	Total Geral	764.923	775.242	732.217	632.392	567.031	483.165

Nota: os valores totais e subtotais no ano de 1986 não necessariamente representam a exata soma, em virtude da exclusão dos registros dos ignorados.

Fonte: MTB/Rais. Elaboração: Dieese, 1997. Atualizado por Rodrigues (1999)

Quadro 50 – Bancários – total por grupo ocupacional, segundo sexo (em %) (continuação)

Ocupação	Sexo	1986	1988	1990	1992	1994	1996
Direção e Gerência	Masculino	89.69	87.46	85.75	82.23	75.93	74.50
	Feminino	10.26	12.54	14.25	17.77	24.07	25.50
	Subtotal	5.75	5.66	6.18	7.56	9.86	11.05
Chefias Intermediárias	Masculino	77.99	74.87	72.73	70.86	69.11	68.51
	Feminino	21.95	25.13	27.27	29.14	30.89	31.49
	Subtotal	16.03	15.89	15.12	13.34	11.62	11.91
Analistas e Programadores	Masculino	75.68	73.02	71.35	72.01	71.01	71.80
	Feminino	24.26	26.98	28.65	27.99	28.99	28.20
	Subtotal	0.44	0.88	1.29	1.76	1.83	2.02
Assessores Econômicos e Jurídicos	Masculino	73.98	71.72	68.27	66.79	64.94	60.71
	Feminino	26.00	28.28	31.73	33.21	35.06	39.29
	Subtotal	0.56	0.69	0.85	0.89	0.98	0.88
Outros Assessores	Masculino	63.58	61.70	54.90	48.55	56.31	54.47
	Feminino	36.18	38.30	45.10	51.45	43.69	45.53
	Subtotal	0.11	0.15	0.20	0.41	0.34	0.41
Corretores/tec. Administrativos	Masculino	77.45	73.72	66.49	60.96	61.91	65.05
	Feminino	22.51	26.28	33.51	39.04	38.09	34.95
	Subtotal	0.66	0.88	1.01	1.49	1.34	1.26
Operadores Máquinas/proc.	Masculino	65.22	67.59	64.71	66.32	67.70	69.49
	Feminino	34.58	32.41	35.29	33.68	32.30	30.51
	Subtotal	1.44	1.84	2.26	2.24	2.45	2.25

Nota: os valores totais e subtotais no ano de 1986 não necessariamente representam a exata soma, em virtude da exclusão dos registros dos ignorados.

Fonte: MTB/Rais. Elaboração: Dieese, 1997. Atualizado por Rodrigues (1999)

Quadro 51 – Bancários – total por grupo ocupacional, segundo sexo (em%) (continuação)

Ocupação	Sexo	1986	1988	1990	1992	1994	1996
Escriturários e Auxiliares	Masculino	57.66	56.00	53.96	53.84	53.28	51.23
	Feminino	42.03	44.00	46.04	46.16	46.72	48.77
	Subtotal	54.78	51.29	50.31	50.00	47.29	46.89
Caixas, Pagadores Etc.	Masculino	61.55	58.86	57.34	55.82	54.29	53.63
	Feminino	38.28	41.14	42.66	44.18	45.71	46.37
	Subtotal	15.81	17.11	17.05	17.98	19.92	19.17
Operadores de Serviços Telefônicos	Masculino	5.36	6.60	10.09	10.79	10.57	11.12
	Feminino	94.50	93.40	89.91	89.21	89.43	88.88
	Subtotal	0.29	0.39	0.44	0.58	0.67	0.64
Secretários	Masculino	1.79	4.63	2.54	9.55	12.98	12.95
	Feminino	98.14	95.37	97.46	90.45	87.02	87.05
	Subtotal	0.58	0.58	0.56	0.84	0.91	0.87
Apoio, limpeza, Vigilância	Masculino	74.23	77.83	52.42	51.72	59.83	50.55
	Feminino	25.58	22.17	47.58	48.28	40.17	49.45
	Subtotal	0.75	0.38	0.55	0.30	0.43	0.24
Outros	Masculino	80.34	75.60	76.92	77.79	71.56	67.88
	Feminino	19.07	24.40	23.08	22.21	28.44	32.12
	Subtotal	2.80	4.25	4.18	2.60	2.35	2.42
Total	Masculino	64.08	62.33	60.52	59.40	58.27	57.23
	Feminino	35.69	37.67	39.48	40.60	40.60	42.77
	Total Geral	100.00	100.00	100.00	100.00	100.00	100.00

Nota: os valores totais e subtotais no ano de 1986 não necessariamente representam a exata soma, em virtude da exclusão dos registros dos ignorados.

Fonte: MTB/Rais. Elaboração: Dieese, 1997. Atualizado por Rodrigues (1999)

A análise da evolução do grau de instrução da categoria bancária estratificada nos grupos ocupacionais elaborados pelo Dieese (1997) e selecionados por Rodrigues (1999), demonstra que com relação ao **grupo ocupacional 1: Direção e Gerência,** houve um movimento de aumento da escolaridade dos profissionais desse segmento ocupacional durante o período entre 1986 e 1996. Em 1986, aproximadamente 45% dos gerentes tinham escolaridade superior (completa ou incompleta) e em 1996 esta proporção chegava aproximadamente a 60,4%. Rodrigues (1999) ressalta que em se tratando de profissionais com nível superior completo a sua participação de 26,5% em 1986 cresceu para 39,2% em 1996.

Estes dados confirmam as informações mais recentes contidas no Balanço Social dos Bancos 1999 da Fenaban.

Quanto ao grupo ocupacional composto por **Caixas e Pagadores**, podemos afirmar, de acordo com esse autor, que também aumentou o grau de escolaridade desse grupo durante o período analisado. Os profissionais com nível superior (completo ou incompleto) representavam 21% da categoria bancária em 1986, para então em 1996 atingirem o percentual de 33,8%. A maioria dos bancários desse grupo ocupacional completou o Ensino Médio, com participação de 42% em 1986 aumentando para 45,8% em 1996.

Escriturários e assistentes também apresentaram aumento no seu grau de escolaridade no período analisado. Em 1986, 13% desse grupo apresentava escolaridade até o primeiro grau (completo ou não), que se reduz fortemente para 6,6% em 1996. Rodrigues (1999) aponta que 30,8% dos profissionais desse grupo apresentavam grau de instrução superior (completo ou incompleto) e que em 1996, 50% do total dos escriturários e assistentes possuíam grau de instrução superior (completo ou incompleto).

A escolaridade dos bancários em geral apresentou considerável elevação nos anos de 1986 a 1996. Para Rodrigues (1999), esses dados confirmam o surgimento de um novo perfil do bancário. As justificativas para tanto estão invariavelmente concentradas nas novas necessidades das instituições financeiras que têm criado maiores exigências aos candidatos para ingresso no setor bancário, que devem ter graduação de nível superior ou estar em processo de conclusão. É possível associar essas novas exigências às novas determinações condizentes com a reestruturação produtiva em curso no setor bancário que implicou no interesse de possuir funcionários cada vez mais polivalentes e flexíveis, principalmente porque as ocupações nos bancos estão cada vez mais relacionadas ao processo de gestão de informações e em contato direto com a clientela e equipamentos, que não só se modificam continuamente como demandam melhor formação do funcionário. Por um outro lado, para alguns grupos ocupacionais, a confirmação de uma escolaridade maior, talvez esteja relacionada apenas ao excesso de oferta de mão de obra com elevada qualificação e baixo custo.

Como a qualificação se tornou um imperativo a ser seguido nos dias de hoje, algumas ocupações, especialmente os empregados que atendem à clientela privada e empresarial (gerência), têm passado por constantes treinamentos, confirmados pelos gastos crescentes, observados nos relatórios da administração dos bancos, situação também confirmada pelos dados do sistema financeiro internacional[76], expostos no Capítulo 2 e apontados pelo Balanço Social dos Bancos 1999 da Fenaban.

Outra característica da categoria bancária que vem sofrendo modificações é a idade. Isto pode ser mais bem observado, inclusive, se avaliadas pesquisas anteriores à década de 90, tais como as informações do Dieese, analisadas por Blass (1989). Na Grande São Paulo em 1979, 49% dos bancários dessa região estavam na faixa de 18 e 24 anos de idade, sendo que 26% tinham entre 18 e 21 anos e 23% de 21 a 24 anos. A pesquisa do Dieese informava ainda que 3% tinham menos de 18 anos, 14% possuíam até 40 anos e 7% estavam acima dessa faixa. Blass (1989, p. 26) aponta pequenas modificações na década de 80, quando os índices se tornaram ligeiramente superiores na faixa de 25 a 39 anos. Já para o período de 1988, a pesquisa do Dieese informava que 60% dos bancários tinham entre 19 e 25 anos com algumas variações por tipos de bancos; nos bancos privados de grande porte, havia uma concentração de jovens até 25 anos de idade, quando nos bancos estatais federais e estaduais a concentração maior se dava na faixa etária de 25 até 40 anos.

A análise de Blass (1989, p. 26) avalia que mais de 50% dos funcionários de bancos federais encontravam-se na faixa de 30 e 40 anos, e que nos bancos estrangeiros a concentração ocorria na faixa de 21 a 24 anos, tal como aponta o quadro a seguir, analisada por essa autora.

Quadro 52 – Distribuição por Idade e por Tipo de Banco em São Paulo – 1988

Tipos de Bancos	Até 17 anos	18 a 20 anos	21 a 24 anos	25 a 29 anos	30 a 40 anos	41 a 55 anos	Acima de 56 anos
Privados Grandes	14.34	30.13	28.54	16.69	9.77	0.53	0.00
Médios	9.52	18.98	32.31	23.06	14.34	0.87	0.92

[76] O relatório da OIT (1993) informa os investimentos do setor bancário internacional em formação profissional. Esse relatório foi analisado no Capítulo 2, no item Automação Bancária no sistema bancário internacional.

Tipos de Bancos	Até 17 anos	18 a 20 anos	21 a 24 anos	25 a 29 anos	30 a 40 anos	41 a 55 anos	Acima de 56 anos
Estatais Federais	0.00	7.12	1.07	18.57	55.14	16.66	1.43
Estaduais	0.00	2.66	10.01	22.43	46.93	17.97	0.00
Estrangeiros	2.91	13.70	44.77	24.58	12.21	1.82	0.00
Total	7.44	17.77	23.85	20.21	24.20	6.09	0.43

Fonte: Seeb-SP *apud* Blass (1989)

Para esse período, ao analisar a distribuição de cargos por idade, Blass (1989) conclui que 52% dos escriturários tinham entre 18 e 24 anos, que 44% dos contínuos tinham até 17 anos: 39% dos digitadores até 24 anos e 48% com idade entre 25 e 40 anos. Com relação aos caixas, 58% possuíam entre 21 e 29 anos em contraposição aos 43% dos comissionados e 51% dos gerentes que têm entre 30 e 40 anos. No quadro a seguir é possível observar a distribuição por cargo e idade.

Quadro 53 – Distribuição por cargo e idade em São Paulo – 1988

Cargos	Até 17 anos	18 a 20 anos	21 a 24 anos	25 a 29 anos	30 a 40 anos	41 a 55 anos	Acima de 56 anos
Escriturários	8.13	24.98	27.59	19.72	17.19	2.42	0.00
Caixas	0.00	18.82	31.35	26.82	21.83	1.18	0.00
Comissionados	0.00	3.72	18.44	24.93	43.39	8.24	1.29
Contínuos	44.08	12.76	6.32	0.00	11.65	22.18	3.01
Digitadores	0.00	11.98	27.08	15.63	32.81	12.50	0.00
Gerentes	0.00	0.00	4.49	20.92	51.53	22.96	0.00
Total	7.44	17.77	23.85	20.21	24.20	6.09	0.43

Fonte: Seeb-SP *apud* Blass (1989)

A autora observa que o final da década de 80 existia um número significativo de jovens e homens nos cargos de contínuo, enquanto os comissionados e gerentes eram ocupados em sua maioria por homens de uma faixa etária mais velha. As mulheres estavam ocupando cargos de escriturários na faixa de 21 a 29 anos e de digitadoras na faixa de 25 a 40 anos, ou seja, mais velhas, ocupando cargos de menor qualificação.

O estudo de Rodrigues (1999) aponta mudanças importantes em relação à faixa etária do grupo ocupacional **direção e gerência**, correspondendo a concentração na faixa de 30 e 40 anos. Rodrigues (1999) informa que em 1986 este percentual (40%) já era elevado, consolidando-se em 1996. A análise desse autor chama atenção para uma outra faixa etária com expressiva concentração nos cargos de direção e gerência, que é a que se situa entre 40 e 49 anos que em 1986 já contava com 30,8% do total desses profissionais e em 1996 com 32,3%. Esse autor considera que uma hipótese para o aumento da concentração na faixa etária de 30 e 49 anos para cargos de direção e gerência pode estar associada à necessidade dos bancos de manterem profissionais com capacidade de atualização profissional e oferecer permanente reciclagem, já que a permanência desses profissionais vem se alongando.

Quadro 54 – Perfil etário – gerentes

Idade	1986	1990	1996
15 a 17 anos	0.01%	0.02%	0.00%
18 a 24 anos	4.79%	3.28%	3.02%
25 a 29 anos	17.06%	14.55%	12.35%
30 a 39 anos	40.19%	45.17%	46.71%
40 a 49 anos	30.82%	29.20%	32.33%
50 a 64 anos	6.90%	7.59%	5.47%
65 anos ou mais	0.17%	0.14%	0.11%
Ignorado	0.06%	0.04%	-

Fonte: MTB/Rais. Elaboração: Dieese (1997a). Atualizada por Rodrigues (1999)

Rodrigues (1999) informa que toda a diferença percentual foi transferida para outras faixas etárias mais elevadas, destacando que é na faixa de

30 a 39 anos que está concentrado o maior número de funcionários no caixa, aproximadamente 37,8% em 1996, comparados a apenas 23,1% em 1986.

Existe forte concentração de profissionais na faixa entre 25 e 29 anos, como podemos observar no quadro seguinte.

Quadro 55 – Perfil etário – caixas

Idade	1986	1990	1996
15 a 17 anos	0.13%	0.11%	0.03%
18 a 24 anos	45.71%	31.87%	14.32%
25 a 29 anos	26.20%	27.13%	28.51%
30 a 39 anos	23.05%	32.22%	37.80%
40 a 49 anos	4.13%	7.78%	18.44%
50 a 64 anos	0.72%	0.85%	0.89%
65 anos ou mais	0.01%	0.01%	0.02%
Ignorado	0.05%	0.03%	-

Fonte: MTB/Rais. Elaboração: Dieese (1997a). Atualizada por Rodrigues (1999)

Quanto aos escriturários assistentes, os dados utilizados por Rodrigues (1999) informam que também houve uma elevação na faixa etária.

Em 1986, constatou-se que 26,5% dos profissionais ocupados em cargos de escriturários assistentes estavam na faixa entre 30 e 39 anos, porém em 1996, a concentração nessa faixa etária estava bem mais alta, em torno de quase 50% dos profissionais nesses cargos.

A faixa etária entre 40 e 49 anos, que em 1986 situava-se em 4,1%, eleva-se em 1996 para um patamar em torno de 18,5%. Há um evidente aumento do nível etário médio nessas ocupações correspondentes a um sensível decréscimo nas faixas etárias menores aos 30 anos. As hipóteses explicativas arroladas podem estar associadas às novas exigências dos bancos por maior escolaridade, o que por si só demanda um certo tempo, de modo que os profissionais que permaneceram apresentam maior faixa etária. Um outro aspecto, levantado enquanto hipótese explicativa, é a diminuição da rotatividade, determinada pelas recentes disposições e necessidades do sistema financeiro nacional, discutidas no Capítulo 1.

O quadro seguinte demonstra as mudanças ocorridas nas ocupações de escriturários e assistentes.

Quadro 56 – Perfil etário – escriturários, assistentes etc.

Idade	1986	1990	1996
10 a 14 anos	0.03%	0.00%	
15 a 17 anos	2.91%	1.39%	0.12%
18 a 24 anos	39.45%	29.91%	8.13%
25 a 29 anos	25.38%	23.23%	15.15%
30 a 39 anos	26.46%	34.79%	48.44%
40 a 49 anos	4.60%	9.23%	26.16%
50 a 64 anos	1.05%	1.37%	2.01%
65 anos ou mais	0.03%	0.02%	0.03%
Ignorado	0.09%	0.05%	-

Fonte: MTB/Rais. Elaboração: Dieese (1997a). Atualizada por Rodrigues (1999)

As mudanças observadas quanto à faixa etária dos trabalhadores bancários relacionam-se sem dúvida com os projetos e expectativas profissionais dos funcionários que anteriormente manifestavam a expectativa de deixar o banco tão logo concluíssem o curso superior. As dificuldades encontradas em mudar de emprego configuraram uma situação profissional que Romanelli (1978) chamou de "provisório definitivo", determinada pelo processo gradativo de desvalorização da força de trabalho bancário; pelas dificuldades encontradas de subir na profissão ou de acesso ao quadro de carreira, pelos baixos salários recebidos e pelas expectativas de conciliar trabalho e estudo, ou mesmo de exercer uma atividade por conta própria, como no caso dos trabalhadores de bancos (Blass, 1989). A conjuntura da década de 90 criou novas demandas para os trabalhadores bancários, que foram sendo experimentadas e diferentemente interpretadas em relação aos anos anteriores. Ou seja, a ideia do trabalho provisório definitivo perde um pouco sua razão de ser, não só porque há uma severa diminuição do estoque de empregos, como o próprio trabalho pode se tornar permanente de acordo com o envolvimento do funcionário com as novas determinações e formas de cooptação trazidas pela reestruturação do setor especialmente às organizações do trabalho bancário.

Foram muito importantes para este trabalho as conclusões da pesquisa[77]: "Novas Formas de Relações Empregatícias e Qualificações Requeridas em um Contexto altamente Informatizado: Análise do Sistema Financeiro no Brasil" (Cedes/Finep/PCDI CNPq 1995-1997) relatadas em artigo por Segnini (1999), pois corroboraram algumas de nossas observações acerca dos impactos das mudanças na organização do trabalho no interior dos bancos e seus desdobramentos relacionados à força de trabalho bancária.

Nesse sentido, confirmamos por meio das observações de Segnini (1999) que se em primeira instância os bancos em geral implementaram práticas de gestão diferenciadas, assim como relações salariais diferenciadas e graus diferenciados de difusão tecnológica, decorrente de históricos particulares; essas diferenças na realidade ocorreram muito mais em termos quantitativos, do que em termos qualitativos. Afinal, as diferentes estratégias implementadas pelos bancos revelaram e revelam ainda na verdade, propósitos semelhantes, explicitados pela racionalização do trabalho via minimização de custos e pela ampliação de serviços competitivos em um mercado também muito competitivo.

Especificamente com relação às novas qualificações requeridas ao trabalhador bancário, Segnini (1999) informa que três fenômenos sociais caracterizaram o processo de reestruturação nos bancos no Brasil, são eles: o intenso desemprego, a terceirização e precarização do trabalho e a intensificação do trabalho, o que mais uma vez confirma algumas considerações expostas ao longo de nosso estudo.

A taxa elevada de desemprego no setor refere-se a diferentes políticas que objetivaram a redução de custo no contexto competitivo, onde a eliminação e a fusão de postos de trabalho decorrentes de práticas de gestão que possibilitaram flexibilização funcional do trabalho, a redução de níveis hierárquicos e o uso de inovações tecnológicas são elementos de destaque. Isto tudo determinou simultaneamente o crescimento da produtividade e a redução dos postos de trabalho, muito embora não tenha modificado a jornada de trabalho daqueles que mantiveram seus empregos.

Tal como já apontado no início do capítulo, os postos de trabalho que estavam sujeitos a uma maior normatização — caixa de banco, encar-

---

[77] Nesta pesquisa foram enfocadas as especificidades da racionalização do trabalho bancário com o objetivo de analisar as qualificações requeridas e observadas em diferentes formas de relações empregatícias, privilegiando as relações de gênero por considerá-las relevantes e necessárias.

regado de separação de documentos e cheques, digitador etc. — foram os mais prejudicados pela racionalização, que a partir do desenvolvimento de softwares, viabilizou a transferência de tais tarefas para o cliente, ou para o funcionário que as executa.

Com efeito, o trabalho dos escriturários sofreu brutal redução, afetando profundamente o grupo feminino de trabalhadores bancários, desde que algumas características requeridas para tal função, tais como alto grau de atenção e responsabilidade, são geralmente consideradas femininas pelos bancos. Assim é possível levantar a hipótese de que as mulheres bancárias — que são em sua maioria escriturárias — estão vivenciando o desemprego mais intensamente que os homens, mesmo que considerado o crescimento expressivo da participação feminina nesse setor da economia (Segnini, 1999).

Em se tratando dos bancos estatais, as mudanças nas formas de gestão e difusão tecnológica e principalmente os processos de intervenção do Banco Central do Brasil, são considerados os fatores responsáveis pela redução dos postos de trabalho.

No caso do banco estatal analisado pela pesquisa, foram realizados ajustes por meio de programas do tipo: Programa de Demissão Voluntária e Estímulo à Aposentadoria e Programa de Demissão Dirigida. Os números relativos ao Programa de Demissão Voluntária podem ser observados no quadro a seguir.

Quadro 57 – Programa de Demissão Voluntária – Banco do Estado

Período	Depart.	Agenc.	Comiss.	Não-Comiss.	Homens	Mulheres	Total
Jun 95	140	759	219	680	530	369 (41%)	899
Dez 95	192	1074	384	882	736	530 (41%)	1266
Jul 96	58	464	84	438	305	217 (41%)	522
Ago 97	286	1937	-	-	1246	977 (34%)	2223

Fonte: Departamento de RH Banco de dados – Banco estatal, 19978 *apud* Segnini (1999)

Em 1988, esse banco estatal possuía 38 mil funcionários (41% mulheres); em 1993 possuía 35.339 funcionários (47% mulheres); em 1997 o quadro já havia sido reduzido para 23 mil funcionários (49% mulheres)

e no período de 1993 a 1997, 121 agências consideradas não rentáveis haviam sido fechadas.

Quanto aos Programas de Estímulo à Aposentadoria, o número observado de adesões de comissionados e de funcionários nos departamentos será maior, sendo importante destacar que houve menor número de mulheres que aderiram ao Programa, o que pode ser justificado pelo fato de que as mulheres, no Brasil, só passaram a se inscrever em concurso público nos bancos estatais no final da década de 60 e de que o crescimento feminino no setor foi gradativo.

Os quadros a seguir informam, respectivamente, o número de funcionários envolvidos no Programa de Estímulo à Aposentadoria e a evolução do número de funcionários no banco estatal analisado por Segnini (1999), após o Plano Real.

Quadro 58 – Programa de estímulo à aposentadoria – Banco do Estado

Período	Depart.	Agen.	Comiss.	Não Comission.	Homens	Mulheres	Total
1996	325	1051	627	749	707	669 (48%)	1376
1997	176	793				430 (44%)	969

Fonte: Depto. RH. Banco de Dados – Banco Estatal (1977) *apud* Segnini (1999)

Gráfico 6 – Evolução do Número de Funcionários no Banco Estatal após Plano Real

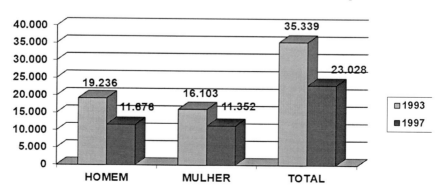

Fonte: Divisão de Planejamento de RH Banco Estatal (1993-1997) (Segnini, 1999)

Algumas outras pesquisas informam dados sobre o novo perfil do trabalhador bancário. Em 1996, a Executiva Nacional dos Bancários junto à *Datafolha* realizou uma pesquisa nacional sobre a visão que o trabalhador, a população e pequenos e médios empresários têm a respeito dos bancos e do trabalho bancário. Pouco tempo depois, uma parceria da Confederação Nacional dos Bancários (CNB) e Central Única dos Trabalhadores (CUT), junto à Fenae, ao Seeb Curitiba e ao Seeb do Rio Grande do Norte, publicou revista com o extrato desta pesquisa nacional.

Realizada em dois grandes bancos, essa pesquisa reuniu importantes dados sobre o perfil do trabalhador bancário e sobre o conjunto de opiniões que os usuários do sistema bancário têm sobre os bancos e o trabalhador bancário.

O novo desenho do sistema financeiro do país: alta informatização, queda do emprego, modificação do perfil do trabalhador e do trabalho, são confirmadas pelos resultados da pesquisa, especialmente quando analisadas as informações e dados mais especificamente relacionados a este capítulo, referentes ao perfil do trabalhador bancário.

Com relação ao perfil do bancário, a pesquisa realizou aproximadamente 1.400 entrevistas em mais de 100 cidades brasileiras, considerando o peso proporcional de cada região. Esta parte da pesquisa foi dividida em quatro blocos: o perfil socioeconômico, a situação atual no emprego, a avaliação do trabalho e da carreira e a campanha salarial.

A partir dessa pesquisa foi possível confirmar algumas observações fragmentadas, encontradas em estudos sobre o perfil do trabalhador bancário na década de 90, principalmente quanto à alteração da imagem tradicional do trabalhador bancário, que se modificou bastante durante esses anos. Aspectos como escolaridade, renda, permanência na condição de bancário, apontam modificações expressivas e confirmam a necessidade de análises que possam discutir o teor de tais transformações.

De forma muito resumida, os blocos de resultados da pesquisa informam que: quanto ao **perfil econômico**, a categoria apresenta cor predominantemente branca, é mais masculina (59%), sua idade média situa-se em 32 anos, em geral é casada (60%) e principal responsável pelas despesas da casa (57%). A maioria dos bancários possui casa própria (73%), automóvel (82%), linha telefônica (79%), e parte considerável possui computador (30%). O(a) trabalhador(a) bancário(a) possui alto nível de escolaridade (66% possuem curso superior) — confirmando as afirmações de Rodrigues anteriormente analisadas —, sua formação é compatível com seu emprego e 27% ainda estudam. O número de sindicalizados também é alto (76%), apesar de ser proporcionalmente menor entre os mais jovens; quanto à situação atual no emprego, os bancários trabalham em média há 11 anos no banco, sendo que a maior parte trabalha em regime de ½ período (54%) e a outra parte em tempo integral (46%). A maioria faz horas extras (53%) (em média 27 horas/mês) havendo uma parcela importante de bancários em desvio de função (33%); quanto à avaliação do trabalho e da carreira, para os entrevistados, o trabalho bancário é feito em equipe (85,5%), é bastante competitivo (65%) e oferece oportunidades de crescimento; 68% já tinham intenção de seguir carreira quando entraram no banco e 66% têm intenção de continuá-la. Aqueles que não gostam da carreira (27%) atestam o desejo de ser profissional liberal ou ter seu próprio negócio. Com relação ao item criatividade, trata-se de questão polêmica, onde 44% consideram o trabalho muito criativo e 42%, pouco criativo; quanto ao bloco **sobre campanha salarial**, os bancários apontam a informatização como principal fator de desemprego, seguido do governo federal, terceirização e globalização da economia.

Alguns dados sobre o perfil socioeconômico podem ser observados nos gráficos a seguir.

Gráfico 7 – Local em que trabalha no banco (%)

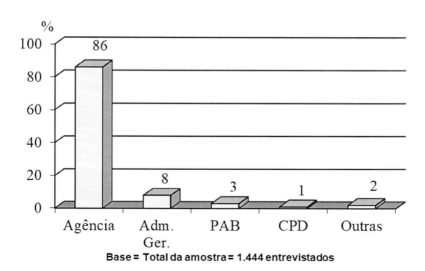

Fonte: Perfil do Bancário – CNB/CUT/Executiva Nacional dos Bancários (1998)

Gráfico 8 – Bancos em que trabalham (%)

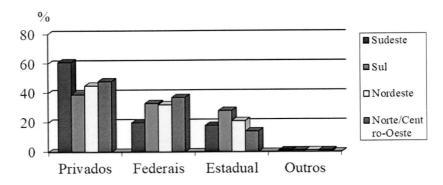

Fonte: Perfil do Bancário – CNB/CUT/Executiva Nacional dos Bancários (1998)

Gráfico 9 – Bancos em que trabalham (%)

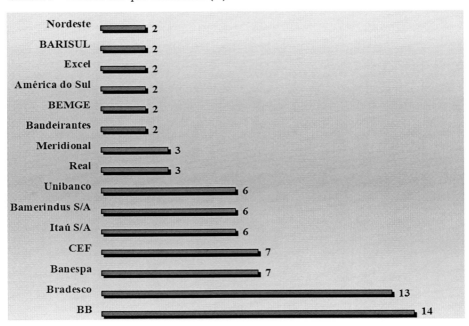

Fonte: Perfil do Bancário – CNB/CUT/Executiva Nacional dos Bancários (1998)

Gráfico 10 – Sexo de quem trabalha (em %)

Fonte: Perfil do Bancário – CNB/CUT/Executiva Nacional dos Bancários (1998)

Gráfico 11 – Idade de quem trabalha por faixa etária (em %)

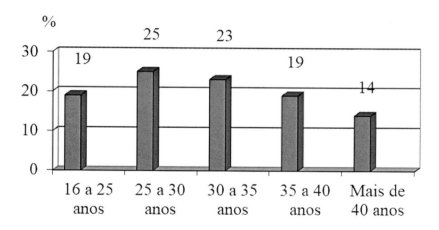

Fonte: Perfil do Bancário – CNB/CUT/Executiva Nacional dos Bancários (1998)

Gráfico 12 – Escolaridade de quem trabalha (em %) – 1995/1996

Fonte: Perfil do Bancário – CNB/CUT/Executiva Nacional dos Bancários (1998)

Gráfico 13 – Cor/raça de quem trabalha (em %)

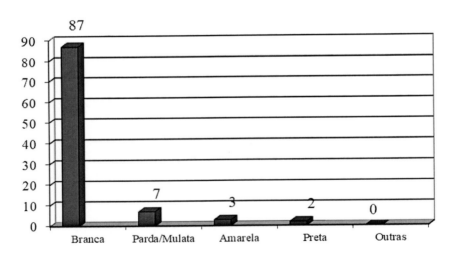

Fonte: Perfil do Bancário – CNB/CUT/Executiva Nacional dos Bancários (1998)

Gráfico 14 – Renda familiar de quem trabalha (em %)

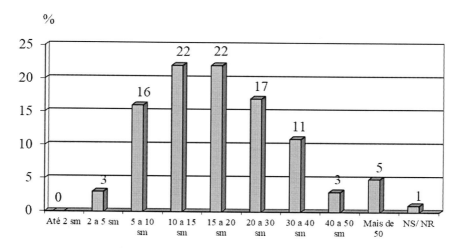

Fonte: Perfil do Bancário – CNB/CUT/Executiva Nacional dos Bancários (1998)

Gráfico 15 – Situação escolar atual (em %)

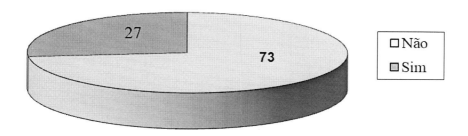

Fonte: Perfil do Bancário – CNB/CUT/Executiva Nacional dos Bancários (1998)

    Na outra parte da pesquisa foram realizadas, aproximadamente, 2.900 entrevistas em todas as regiões do país, com o objetivo de avaliar o sistema bancário junto à população. Os resultados dessa parte da pesquisa foram organizados em quatro blocos, a saber: o perfil do correntista, os hábitos em relação aos bancos, o horário de atendimento e a imagem dos bancos.

    A pesquisa indica que metade da população tem conta em banco. De acordo com Carvalho Neto (1998), apesar desse percentual elevado, a maioria dos correntistas utiliza apenas serviços de cobrança e cheques pré-datados, não tendo opinião formada sobre o crédito bancário, ao qual recorre pouco. Ainda segundo Carvalho Neto (1998), as informações da pesquisa evidenciam a existência de um espaço para crítica à dificuldade de se conseguir crédito e aos juros e encargos abusivos, além da questão das tarifas cobradas pelos serviços bancários. Quanto ao perfil do correntista, no primeiro bloco de resultados da pesquisa foi constatado tratar-se de um público com idade média de 39 anos, escolaridade média e com 57% de homens; 72% possuem renda familiar maior que cinco salários mínimos, 82% são pessoas economicamente ativas, havendo um baixíssimo número de pessoas desempregadas que usam o sistema bancário (em torno de 4%).

No tocante aos hábitos dos correntistas com relação aos bancos, dos 42 milhões de pessoas que têm conta corrente, de acordo com a pesquisa, a maioria abriu a conta por iniciativa própria (60%), 46% usam o cheque pré-datado; mas somente 1/3 dos correntistas usam cheque especial. O pagamento de contas é a operação mais utilizada; 13% dos correntistas não realizam qualquer operação financeira, 68% utilizam o caixa eletrônico e permanecem em média 10 minutos na fila do caixa eletrônico e 35 minutos na fila do caixa normal. Quanto ao horário de atendimento, 61% dos correntistas consideram que atendimento deveria ocorrer em período integral, das 9h às 17h. A pesquisa aponta, ainda, que esse desejo é maior nas regiões Norte, Centro-Oeste e Sudeste e nos segmentos de maior renda. Os resultados da pesquisa informam ainda que metade dos correntistas gostaria que as agências funcionassem também aos sábados e que a grande maioria é contrária à abertura aos domingos. Quanto à avaliação geral do atendimento, a pesquisa constatou que a maior parte dos correntistas aprova o atendimento que envolve a relação pessoal com bancários, mas afirma que a insatisfação com o tempo de espera nas filas e as tarifas cobradas pelos bancos é bastante expressiva. Os correntistas consideram também que a automação melhorou o atendimento dos bancários. No quinto bloco de resultados, sobre a imagem dos bancos, o Banco do Brasil foi considerado o melhor banco (28%), seguido pelo Bradesco (18%) e Itaú (2%), mas aqui há um paradoxo interessante, pois o Bradesco é considerado o pior banco (13%) seguido pelo Banco do Brasil (10%), sendo que ¼ dos correntistas não souberam dizer qual é o pior banco. A imagem positiva está imediatamente associada à confiança no banco e à automação, já a imagem negativa foi associada ao tempo de espera nas filas e à falta de funcionários. A pesquisa aferiu também que o Proer é objeto de polêmica: 36% discordam desse programa, 30% concordam plenamente, 20% concordam em parte e 14% não souberam avaliar.

Foram realizadas ainda no âmbito dessa investigação, 403 entrevistas com pequenos e médios empresários sobre a avaliação do atendimento bancário.

Nesse conjunto de entrevistas, mais da metade dos empresários considera que o atendimento deveria ser das 9h às 17h, apenas 16% consideram-se satisfeitos com o horário atual, 50% gostariam que as agências abrissem aos sábados e 36% restringem o funcionamento das agências em aeroportos.

Para esses entrevistados, os maiores problemas do atendimento bancário estão na demora das filas, no número reduzido de funcionários e no seu mau atendimento. A grande insatisfação dos entrevistados, contudo, expressa-se nas críticas às altas taxas de juros e à morosidade de obtenção de crédito ou à falta dele e ao excesso de burocracia.

Com relação à automação bancária, 53% realizam operações bancárias pelo computador, especialmente na região Sudeste.

Com relação à **imagem das instituições bancárias**, esta é negativa, 83% estão menos confiantes no sistema e 60% afirmam que os bancos não atendem às necessidades das pequenas e médias empresas. Os gráficos relativos a estes dados são as que seguem.

O perfil da categoria bancária apresenta nesse aspecto diferenças marcantes com os períodos anteriores a meados da década de 80. O perfil do trabalhador bancário enunciado pela pesquisa aqui analisada, apontou um trabalhador com surpreendente apego à profissão, que em grande número considera o trabalho bancário criativo e que oferece oportunidade de crescimento profissional e pessoal, mais uma vez colocando em discussão o que havia sido apontado por Romanelli (1978) como "provisório definitivo". Os gráficos a seguir confirmam essas observações.

Gráfico 16 – Trabalho que executa e ambiente de trabalho (em %) – 1996

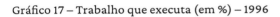

Fonte: Perfil do Bancário CNB/CUT/Executiva Nacional dos Bancários (1998)

Gráfico 17 – Trabalho que executa (em %) – 1996

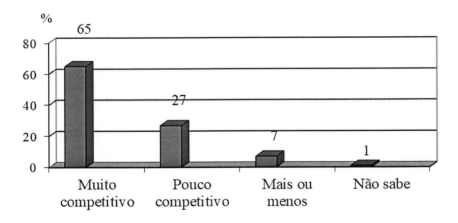

Fonte: Perfil do Bancário CNB/CUT/Executiva Nacional dos Bancários (1998)

Gráfico 18 – Trabalho que executa (em %) – 1996

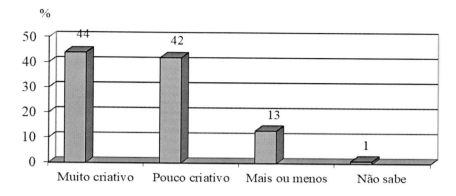

Fonte: Perfil do Bancário CNB/CUT/Executiva Nacional dos Bancários (1998)

Gráfico 19 – Possibilidade de crescimento no trabalho que executa por categoria profissional (em %) – 1996

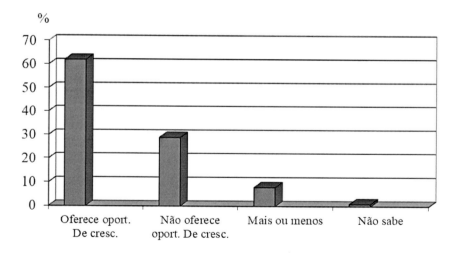

Fonte: Perfil do Bancário CNB/CUT/Executiva Nacional dos Bancários (1998)

Gráfico 20 – Trabalho que executa e ambiente de trabalho (em %) – 1996

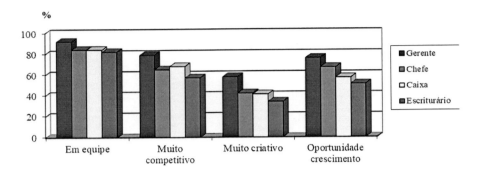

Fonte: Perfil do Bancário CNB/CUT/Executiva Nacional dos Bancários (1998)

3.2 A força de trabalho feminina nos bancos

O perfil da categoria bancária modificou-se completamente a partir dos anos 70, com a inserção cada vez maior de jovens, estudantes e mulheres[78]. Para Segnini (1998), o processo de feminização do trabalho bancário deve ser compreendido em sua ambiguidade, pois significa não só resistência, mas submissão às normas vigentes. Em suas palavras:

> Na ótica das relações de gênero trata-se de uma conquista social das mulheres na busca de oportunidades iguais às vivenciadas pelos homens no mundo do trabalho; na ótica de relação capital/trabalho, trata-se de uma das formas de racionalização que objetivam a intensificação da produtividade e a redução de custos (SEGNINI, 1998, p. 33).

Em 1979, os dados do Dieese informavam que na Grande São Paulo, 59% dos bancários eram homens e 41% mulheres. Nos anos 80, essa distribuição praticamente se manteve tal como observado no quadro a seguir.

---

[78] Segnini (1998) informa que o trabalho da mulher nos bancos insere-se gradativamente em um período compreendido entre a década de 30 e os anos iniciais da década de 60, quando a racionalização como forma de gestão, desenvolve-se concomitantemente à mecanização do trabalho bancário. É no contexto da automação bancária a partir da década de 60, que se intensifica a presença feminina nos bancos.

Quadro 59 – Distribuição por sexo da categoria bancária – São Paulo – 1983/1987

Ano	Homens	Mulheres	Total
1983	84.989	51.754	136.743
1984	96.398	60.827	157.225
1985	105.658	68.233	173.891
1986	86.618	58.384	145.002
1987	92.105	64.801	156.906

Fonte: Guias de Contribuição Sindical – 1983, 1985, 1986 e 1987. Elaboração: Diesse (Blass, 1989)

Durante os anos 80, em sua grande maioria, as mulheres desempenharam tarefas próprias da burocracia interna realizadas por escriturários ou digitadores[79]. A análise de dados agregados da participação feminina realizada por Rodrigues (1999) aponta para um aumento da feminização do emprego bancário no período de 1986 a 1996; de cerca de 36% em 1986 para 46% em 1996, mostrando que o aumento da participação feminina no trabalho bancário nesse período trouxe um avanço concreto para as mulheres, que passam a ocupar cargos de maior nível hierárquico, não obstante não ocorrer paridade na aproximação a este tipo de cargos, desde que a participação hegemônica masculina em cargos de maior nível não foi particularmente alterada. Ainda que em 1986, 10% dos cargos de direção e gerência fossem ocupados por mulheres e que esse percentual em 1996 tenha se elevado para 25% de participação feminina, os cargos alcançados geralmente estiveram abaixo do nível de gerente-geral[80]. No grupo **chefias intermediárias**, o trabalho feminino

---

[79] Com relação à faixa etária da trabalhadora bancária, uma observação se faz importante: a participação relativa das bancárias nas faixas mais jovens — até 30 anos — é maior que a dos bancários que, porém, superam as bancárias nas faixas mais altas, onde efetivamente estão os maiores graus hierárquicos. Assim, de acordo com os dados do "Mapa de Gênero e Raça do Setor Bancário Brasileiro" (DIEESE/CNB/CUT, 2001), em São Paulo, as bancárias entre 18 e 30 anos representam 49% do total de mulheres no setor, e a despeito de uma maior proporção de mulheres possuir nível de escolaridade superior completo e ou incompleto (56,8%). Nessa região, a semelhança na escolaridade de homens e mulheres bancárias não pode ser interpretada como uma condição de igualdade entre os sexos nesse setor.

[80] Em estudo de caso sobre um banco estatal, Segnini (1998) aponta que em 1992, os dados estatísticos referentes à inserção da mulher nos cargos de chefia na categoria bancária em São Paulo, informavam que 27% desses cargos eram ocupados por mulheres (ainda que não discriminados os níveis de chefia). No banco estatal analisado por essa autora, os índices são menores, em torno de 24%, mantendo a mesma tendência. Mas o estudo aponta que são nos cargos considerados de "baixa chefia" que se encontram o maior número de mulheres (29,33%) em funções de supervisão, caracterizados por menor poder hierárquico e alto nível de

aumentou de 22% em 1986 para 31,5% em 1996; esse crescimento, contudo, precisa ser relativizado em sua importância, afinal essas funções possuem reduzido poder hierárquico e alto grau de responsabilidade.

É interessante notar que no novo contexto da década de 90, a mulher bancária apresentou algumas das condições exigidas pela automação flexível e pelas novas demandas empresariais — polivalência, trabalho em equipe, iniciativa, comunicabilidade, responsabilidade, adaptabilidade —, muito embora não tenha conseguido equiparar-se plenamente aos cargos e/ou níveis salariais masculinos.

Para Segnini (1998, p. 188):

> [...] a subjetividade do trabalhador e suas representações a respeito do seu próprio trabalho, são elementos constitutivos da qualificação para o trabalho, definidores da produtividade [...] As novas exigências para este tipo de trabalho encontram nas mulheres disposição não negligenciável para aquisição de tais competências, como o nível de escolaridade mais elevado do que o dos homens em postos de trabalho semelhantes [...] e o fato das competências adquiridas na vida doméstica serem facilmente transferidas para estas novas situações de trabalho. A experiência cotidiana vivenciada, sobretudo pelas mulheres, da reconversão frente a diferentes papéis que se modificam sucessiva ou concomitantemente, vivenciados na vida privada, tendem a fortificar a capacidade de adaptação a mudanças.

Ainda que com escolaridade maior que a dos trabalhadores bancários masculinos, o que indica redobrado investimento as mulheres têm maior participação nos cargos de escriturário e auxiliares base da pirâmide hierárquica dos bancos dado que algumas características requeridas, como alto grau de atenção e responsabilidade, são consideradas pelos bancos como femininas daí, esse grupo feminino de trabalhadores bancários ter sido penosamente afetado pela brutal redução de postos nessa função. Na função de caixa, houve crescente participação feminina no período analisado pelo trabalho de Rodrigues (1999), de menos de 40% em 1986 passando a cerca de 46% em 1996, confirmando que a participação feminina tem tido maior participação relativa em funções com operações repetitivas e normatizadas[81].

---

responsabilidade. Nas funções denominadas de "alta chefia", em 1993 somente 4% dos postos eram ocupados por mulheres (Segnini, 1998).

[81] "A análise do trabalho bancário, realizada por diferentes autores tem apontado para um processo permanente de desqualificação do trabalhador bancário no contexto pelo desenvolvimento tecnológico e pelas mudanças nas

De todo o modo, não obstante ocuparem predominantemente funções consideradas de menor qualificação, a ênfase mercadológica dos bancos na venda de produtos e serviços financeiros revigorou a participação da força de trabalho feminina desde que as atividades de atendimento são compreendidas a partir de estereótipos sexistas, como principalmente femininas (Jinkings, 2000).

Mesmo nos cargos mais elevados, as competências e atributos femininos são reforçados por esses estereótipos, que marcam a desigual divisão sexual do trabalho[82]. No contexto da reestruturação dos bancos alguns atributos reconhecidos como femininos — paciência, confiabilidade, voz mais suave etc. — têm sido bastante explorados, porém não compensados salarialmente, em atividades terceirizadas. As centrais de atendimento, no trabalho em telemarketing têm sido realizadas sobretudo por mulheres cujo salário é em torno de 25% a 30% menor que os salários equivalentes ao salário de escriturário (Segnini, 1998, 1999).

3.3 As condições de acesso, permanência e ascensão no setor bancário segundo raça e sexo

Esta parte do trabalho foi elaborada a partir da análise dos resultados da pesquisa realizada pelo Dieese em parceria com a CNB/CUT: Os Rostos dos Bancários – Mapa de gênero e raça do setor bancário brasileiro[83]. Não pretendemos, entretanto, desenvolver no âmbito deste trabalho as complexas questões acerca das construções sociais que engendram e mantêm as flagrantes desigualdades no mercado de trabalho brasileiro, mas apontar que no setor financeiro (a despeito de suas especificidades, debatidas ao longo do trabalho) apresentam-se também situações discriminatórias sobre segmentos específicos da população, que hoje mais do que nunca fazem parte do rol de preocupações e reivindicações do

---

formas de gestão [...] No Brasil, as greves referentes a este processo de mudanças no conteúdo do trabalho bancário e no status profissional desse trabalhador, ocorreram um pouco mais tarde, sobretudo na década de 80 [...] No período em que foi considerado 'qualificado' pelas diferentes análises [...] ficou evidente que às mulheres estiveram sempre reservados postos de trabalho considerados subalternos na estrutura hierárquica [...] A partir de uma ótica de gênero a construção do 'saber do métier' bancário foi um privilégio masculino" (Segnini, 1998, p. 65-72).

[82] "[...] A situação desigual de trabalho entre homens e mulheres no âmbito bancário é assinalada pela OIT, cujo estudo revela que a maioria das assalariadas bancárias ocupa postos de trabalho que requerem pequeno grau de qualificação e que apenas um contingente restrito alcança cargos hierarquicamente altos na estrutura administrativa dos bancos [...]" (Jinkings, 2000, p. 178).

[83] Esta pesquisa tem como principal fonte de referência uma outra pesquisa intitulada "Mapa do Negro no Mercado de Trabalho no Brasil" (INSP/R, out. 1999).

movimento sindical bancário, o que é demonstrado pela atual realização e publicação da pesquisa do (DIEESE/CNB/CUT, 2001).

A pesquisa supracitada que tomamos como referência informa que nas regiões de Belo Horizonte, Salvador, Recife, Distrito Federal, São Paulo e Porto Alegre, os ocupados da raça negra são minoritários, e que em todas as regiões estudadas, a presença da raça negra nos bancos é significantemente inferior ao número de negros empregados no mercado de trabalho. A participação dos trabalhadores negros no setor bancário restringe-se à cerca de 12,7%. Em outras regiões como Recife e Belo Horizonte, as diferenças dos empregados no mercado de trabalho e no segmento bancário apresentam-se similares. Uma participação relativa de trabalhadores negros do setor bancário, próximo aos demais setores, é observada no Distrito Federal, onde os trabalhadores negros do setor bancário representam 49,3% dos seus empregados. Nos demais setores, essa proporção é de 58,6%. O estudo tem como hipótese explicativa para esta proximidade entre as participações, a presença significativa dos bancos públicos, onde historicamente as contratações ocorrem com menor possibilidade de discriminação racial, o que pode ser inclusive corroborado pelo seu inverso, dado que em São Paulo, o setor bancário privado é preponderantemente o gerador de empregos bancários onde o número de trabalhadores negros é substancialmente menor.

Com relação à **faixa etária**, o estudo constata que na Região Metropolitana de São Paulo é maior a participação dos empregados da raça negra no setor bancário na faixa de 25 a 39 anos, informando uma menor presença de indivíduos de 40 anos e mais, indicando que é possível que os trabalhadores negros tenham maior dificuldade de permanecer nos setor após 40 anos e mais.

Na faixa de 18 a 24 anos, a participação dos negros no setor bancário é de 24,4%, um pouco inferior do que a participação dos trabalhadores negros no total do mercado de trabalho, que é de 25,8%. Nessa faixa etária a proporção de bancários negros é ligeiramente superior à de bancários não negros.

Mais uma vez, algumas das diferenças entre as formas com que são estabelecidas as condições de trabalho em bancos públicos e privados podem ser constatadas a partir dos dados da pesquisa. Assim, a participação dos bancários negros na faixa de 40 anos e mais (29,2%) no Distrito Federal é superior à verificada nos demais setores e similar à proporção dos bancários não negros (30,2%), corroborando hipóteses de que as diferenças entre a Região Metropolitana de São Paulo e o Distrito Federal estão relacionadas à forte presença dos bancos públicos na região do Distrito Federal, à maior estabilidade de seus funcionários, ou ainda à condição de acesso ao setor das pessoas acima de 40 anos, de acordo com as regras de contratação vigentes no setor público que são claramente inibidoras de discriminação.

Com relação à **escolaridade**, a referida pesquisa constatou que em todas as regiões selecionadas para análise, os trabalhadores negros possuem um nível de instrução mais baixo, que muitas vezes não ultrapassou o ensino fundamental. Nesse aspecto, a região de São Paulo apresenta o maior contingente de empregados negros com ensino fundamental completo: em torno de 64,3%. Em Porto Alegre, Belo Horizonte e Recife, mais de 50% dos trabalhadores negros possuem o fundamental completo. No Distrito Federal e Salvador foi verificado maior grau de escolaridade entre os trabalhadores[84]. Na região de Salvador, 42% dos negros que trabalham em bancos possuem curso superior completo ou incompleto, esse percentual se reduz drasticamente para 13% quando se trata dos empregados dos demais setores de atividades. Apesar da grande presença de trabalhadores negros no setor bancário de Salvador, o nível de instrução médio é preponderante (43%), entretanto nessa mesma região, entre os bancários não negros um número maior conta com curso superior completo ou incompleto (56%).

Já no Distrito Federal, acima de 51% dos trabalhadores bancários negros possuem curso superior completo ou incompleto e 28% possuem grau de instrução médio; com relação aos bancários não negros dessa região, 65% possuem curso superior.

Quanto às regiões de Belo Horizonte, Recife e São Paulo, a pesquisa apontou que os trabalhadores negros do setor bancário possuem, em sua maioria, grau de instrução médio completo, com respectivamente, 39,2%, 35,8% e 44,1%. Nessas mesmas regiões, mais da metade dos bancários não negros cursou ou cursa o nível superior. A pesquisa destaca ainda o caso de Porto Alegre onde o reduzidíssimo contingente de negros no mercado de trabalho dificultou a análise por grau de instrução.

Os dados sobre escolaridade acusam, para o setor bancário, o que já se observou nos demais setores: há uma diferenciação de escolaridade entre os empregados bancários segundo raça que se reproduz no setor, embora com menor intensidade.

Ao exigirem um grau de instrução mais elevado como critério de contratação, os bancos dificultam mais uma vez o acesso do negro no

---

[84] "As diferenças de grau de instrução entre negros e não negros são muito elevadas, embora os últimos também apresentem baixa escolaridade. Entre os trabalhadores não negros são significativamente maiores as parcelas dos que completaram o ensino médio e superior" ("Mapa de gênero e raça do setor bancário brasileiro", maio 2001, p. 29, CNB – CUT – Dieese).

setor, o que é só mais uma forma explícita ou não de penalizar e discriminar o trabalhador negro. Os estudos sobre trabalho bancário (Segnini, Larangeira, Jinkings) muito embora apontem o aproveitamento de um excedente de mão de obra mais qualificada, reiteradamente informam que tais capacitações não são realmente necessárias, e que estão na realidade relacionadas à crescente dificuldade do mercado de trabalho em absorver profissionais mais capacitados, liberando então de uma outra forma esta mão de obra mais escolarizada para outros setores que passam a ter melhor escolaridade como critérios de exigência, sem, contudo, de fato, se valer dela, o que é o caso do setor bancário. Desse modo, o fosso existente nas oportunidades de trabalho entre as raças tende perversamente a alargar-se, mesmo que em princípio tais critérios não fossem objetivamente arbitrários e ou discriminatórios.

Acerca dos rendimentos da força de trabalho bancária tal como exposto no Capítulo 1, o setor bancário apresenta características peculiares em relação aos outros setores da economia; por tratar-se de um setor concentrado em poucas e grandes empresas basicamente com dimensões nacionais, raras são as instituições financeiras com atuação apenas regional, principalmente após o processo de ajuste do sistema financeiro nacional, que objetivou reduzir o setor público estadual nas atividades bancárias. É justamente a tendência de padronização nacional dos rendimentos da categoria bancária, com critérios semelhantes de remuneração independentemente da localização geográfica, que irá permitir uma avaliação acerca dos rendimentos da força de trabalho bancária segundo raça e gênero.

A já tradicional contratação coletiva do setor, de cunho nacional, faz-se presente em quase todas as empresas que seguem a Convenção Coletiva de Trabalho, assinada entre a Executiva Nacional dos Bancários e a Federação Nacional dos Bancos (Fenaban), ou no caso de bancos federais, que seguem os acordos coletivos de abrangência nacional, contribuindo para a consolidação da igualdade de remuneração dos bancários. Outro dado relevante sobre o setor é que o volume total de rendimentos distribuídos pelo setor bancário aos ocupados é mais elevado comparativamente a outros setores de atividades e à média do mercado regional de trabalho ("Mapa de gênero e raça do setor bancário brasileiro", 2001).

De acordo com o trabalho referido, os rendimentos reais médios do setor bancário, segundo raça e sexo, apresentam diferenças bastante significativas que podem comprovar a discriminação da raça negra do segmento feminino da categoria bancária, tal como informa o quadro a seguir.

Quadro 60 – Rendimento Mensal Real dos Empregados nos Serviços Bancários nas Principais Regiões Metropolitanas (Jan/1998 a Jul/2000, em R$ de Jan/2000)

Raça, Gênero	São Paulo Rend	São Paulo Desv.	Belo Horizonte Rend.	Belo Horizonte Desv.	Recife Rend.	Recife Desv	Porto Alegre Rend.	Porto Alegre Desv.	Salvador Rend.	Salvador Desv.	Distrito Federal Rend.	Distrito Federal Desv
Total	1.837		1.302		1.188		1.279		1.194		2.044	
Negra	1.235	-33%	1.039	-20%	1.075	-9%	-(2)	-(2)	1.060	-11%	1.795	-12%
Não Negra	1.928	5%	1.441	11%	1.273	7%	1.320	3%	1.368	15%	2.281	12%
Masculino	2.202	20%	1.596	23%	1.375	16%	1.494	17%	1.477	24%	2.387	17%
Negra	-(2)	-(2)	1.229	-6%	-(2)	-(2)	-(2)	-(2)	1.301	9%	2.081	2%
Não Negra	2.324	27%	1.810	39%	-(2)	-(2)	1.537	20%	1.695	42%	2.650	30%
Feminino	1.445	-21%	968	-26%	979	-18%	1.072	-16%	870	-27%	1.641	-20%
Negra	-(2)	-(2)	794	-39%	-(2)	-(2)	-(2)	-(2)	797	-33%	1.491	-27%
Não Negra	1.503	-18%	1.051	-19%	-(2)	-(2)	1.113	-13%	971	-19%	1.799	-12%

Nota 1: Raça Negra = preto + pardo. Raça não negra = branco + amarelo.

Nota 2: Empregados = Assalariados + Autônomos que trabalham apenas para uma empresa.

Nota 3: Inflator utilizado ICV do Dieese.

Inclusive os assalariados e os empregados domésticos mensalistas que não tiveram remuneração no mês, os trabalhadores familiares sem remuneração salarial e os empregados que receberam exclusivamente em espécie ou benefício.

(1) Inclusive os Ocupados que não são empregados.

(2) A amostra não comporta a desagregação para esta categoria.

Fonte: Dieese/Seade e entidades regionais. Pesquisa de Emprego e Desemprego (PED). Elaboração: Dieese – Linha Bancários

O que nos chama a atenção no trabalho é o fato de que os desvios percentuais dos negros e das mulheres em relação à média da categoria são similares, de modo que as diferenças qualitativas dos rendimentos se repetem nas diversas PED's (Pesquisa de Emprego de Desemprego), confirmando a hipótese de que existe discriminação no tratamento econômico dos negros e das mulheres no setor bancário.

O trabalho informa ainda que em todas as PED's, os ocupados de raça negra têm rendimentos mensais abaixo da média e que independentemente da localidade da pesquisa, as bancárias têm rendimentos mensais inferiores à média da categoria. Os dados da pesquisa permitem apontar que a mulher negra é mais discriminada recebendo rendimentos mensais 39% inferiores à média em Belo Horizonte, 33% inferior em Salvador e 27% inferior no Distrito Federal. O estudo aponta também outra forma de mostrar a discriminação dos negros e mulheres: a análise dos rendimentos dos ocupados não negros do setor bancário, que ultrapassam a média dos rendimentos da categoria, ainda que este varie de uma região para outra.

A maior discriminação racial entre rendimentos de negros e não negros está na Região Metropolitana de São Paulo, o que o estudo avalia que possa ser parcialmente explicado devido à localização na capital paulista da maioria da sede dos bancos privados brasileiros, onde estão concentradas as atividades de direção e planejamento, com remuneração geralmente melhor, que empregam, porém, trabalhadores negros em menor número, tal como informa a tabela a seguir.

Tabela 2 – Disparidade Racial de Rendimentos na Região Metropolitana de São Paulo

Gênero, Raça e Grupo de Ocupação	Total	Intervalos			
		Até o 1º Quartil	Até o 2º Quartil	Até o 3º Quartil	Acima do 3º Quartil
		(R$750)	(R$1.221)	(R$ 2.213)	
Total	100,00	6,4	13,2	23,2	57,1
Masculino	100,00	4,3	9,9	19,8	66,0
Feminino	100,0	9,9	18,7	28,8	42,6

Gênero, Raça e Grupo de Ocupação	Total	Intervalos			
		Até o 1º Quartil	Até o 2º Quartil	Até o 3º Quartil	Acima do 3º Quartil
Negra	100,0	12,5	24,8	-(2)	-(2)
Não Negra	100,00	5,8	12,1	22,8	59,2

Nota 1: Raça Negra = preto + pardo Raça não negra = branco + amarelo.

Nota 2: Empregados = Assalariados + autônomos que trabalham apenas para uma empresa.

(1) Inflator utilizado ICV do DIEESE, Valores em Reais de Janeiro de 2000.

(2) A amostra não comporta a desagregação para esta categoria.

Fonte: SEP – Convênio Seade/Dieese – Pesquisa de Emprego e Desemprego. Elaboração: Dieese – Linha Bancários

No setor bancário da Região Metropolitana de São Paulo, a massa de rendimentos mensal dos homens superior a R$ 2.213 responde por 66% do total da massa de rendimentos masculinos. O grupo feminino dessa mesma faixa de rendimentos responde por 42,6% do total dos rendimentos. Na faixa de rendimentos até R$750, a massa de rendimentos relativa das mulheres é 130% superior à dos homens. Entre o 1º e o 2º quartis a massa de rendimentos das mulheres é 89% superior à dos homens enquanto entre o 2º e o 3º quartis há uma participação relativa das mulheres 45% superior à dos homens. Esses dados confirmam que funções de menos remuneração em bancos são reservadas preferencialmente para as mulheres. A massa salarial fortemente concentrada nos maiores rendimentos está em poder dos homens que possuem baixa incidência nas faixas de menores rendimentos; por sua vez, nas faixas de rendimentos mais elevados, a participação feminina é reduzida em relação à participação masculina.

Em geral, os trabalhadores negros têm a menor proporção dos contratos não flexibilizados, o que indica uma importante parcela da população trabalhadora em condições de precariedade.

A pesquisa do Dieese-CNB/CUT traz informações acerca das novas formas de contratação do trabalhador bancário. De um modo geral, a incidência de contratos de trabalho flexibilizados no mercado de trabalho é bastante expressiva. Em Recife, 36,1% dos contratos de trabalho são flexibilizados, em Porto Alegre, cuja proporção é reduzida, 24% dos trabalhadores possuem contratos flexibilizados. Somente em Brasília 8,3% dos trabalhadores é terceirizado e em São Paulo e Porto Alegre o número de terceirizados gira em torno de 4,1% do total de trabalhadores no setor bancário. Contudo a contratação flexibilizada é menos intensa em relação ao mercado de trabalho (exceto Brasília, onde o setor bancário apresentou 36,1% dos contratos flexibilizados, em relação à 25% no mercado de trabalho local) ainda que o percentual de assalariados em serviços terceiros esteja bastante elevado. A menor participação de contratação flexibilizada no setor bancário ocorreu na Região Metropolitana de São Paulo, com 12,4%.

3.4 O novo perfil do trabalhador bancário

As conclusões dos trabalhos que analisam o perfil do bancário de uma maneira geral, afirmam que a categoria era anteriormente composta em sua maior parte de homens e jovens que percebiam baixos salários com nível de escolaridade alto em relação à realidade brasileira. De fato, essa categoria sofre modificações importantes no seu perfil ao longo dos últimos 15 anos, tal como arrolamos neste capítulo: o aumento da escolaridade, a feminização do trabalho bancário e o envelhecimento da categoria, sendo estas as condições que apontam para um perfil profissional diferente, que podem incidir diretamente na sua organização e no movimento sindical bancário.

Os trabalhadores bancários experimentam grande deterioração de suas condições de emprego e salário, realizando tarefas simplificadas pelos processos automatizados submetidos a novas práticas de controle e gerenciamento, intensificadoras de uma disciplina ainda maior em seu trabalho.

A reestruturação do sistema bancário nacional teve como alguns de seus resultados a exclusão de ampla maioria dos trabalhadores considerados menos qualificados ou não adaptados aos novos princípios empresariais, ao mesmo tempo que valorizou profissionais com reconhecidas capacidades, compatíveis aos movimentos do mercado financeiro, redefinindo assim a própria identidade profissional do bancário em agências, postos e centrais de atendimento.

Outro aspecto a abordar é a cisão existente entre os trabalhadores bancários dos bancos privados e estatais, que sujeitos historicamente a diferentes relações e condições de trabalho constituíram dois segmentos com distintas características profissionais[85] quanto a tempo de inserção na categoria idade, escolaridade, e experiências sindicais, que no decorrer dos anos 90 perdem importância frente à desmontagem do sistema financeiro internacional (Jinkings, 2000). Muito embora as diferenças encontradas nas características do cotidiano laboral entre bancos privados e estatais tenham perdido a sua importância ao longo dos anos 90, isto não significou avanço no sentido de que as condições tenham se igualado positivamente. Ao contrário, a deterioração do cotidiano laboral nos bancos estatais incidiu em desmobilização dos bancários dos bancos estatais e em alteração em suas características de combatividade.

A redução drástica do emprego, fruto da adoção de programas de aposentadoria ou demissão do aumento da subcontratação, a sobrecarga de tarefas e intensificação do ritmo de trabalho, prolongamento da jornada de trabalho e o efetivo desgaste da saúde dos bancários presentes nas atuais condições de trabalho dos trabalhadores bancários estatais são condições anteriormente restritas aos trabalhadores do setor privado.

O sistema de direitos trabalhistas e salariais, desenvolvido durante uma década de intensa luta sindical, foi basicamente desmontado por um conjunto de medidas que visavam reconstruir as relações de trabalho a partir da adoção de novos pressupostos de gestão. Essas mudanças acarretaram situações de extrema insegurança e estresse para os trabalhadores do setor estatal, que passaram a enfrentar dificuldades em suas reivindicações.

A lógica privatista que permeia as estratégias gerenciais e os ambientes de trabalho foi incorporada aos bancos estatais por meio da automatização acelerada, dos métodos flexíveis de acumulação de capital e da própria atuação governamental devastando as relações de trabalho no setor bancário estatal.

No arrojado processo de modernização do setor bancário foram bastante significativos os investimentos em treinamento e qualificação que contribuíram para percepção do trabalhador bancário de maior qualificação em possibilidades de estabilidade no emprego e compro-

---

[85] "[...] as relações laborais nas instituições privadas, dependentes de decisões administrativas unilaterais e caracterizadas, muitas vezes, pela arbitrariedade nos critérios de seleção, promoção e demissão, produziram ali níveis acentuados de rotatividade e baixa remuneração. Nas estatais, a conquista de ingresso por meio de concurso público e quadro de carreira orientando as decisões relativas à promoção e às remunerações, conduziam a melhores condições de trabalho e salariais [...]" (Jinkings, 2000, p. 166).

metimento com a empresa. A reorientação da natureza das atividades — anteriormente voltadas prioritariamente para a área financeira — para a área de negócios, com a adoção de uma estratégia de cultivo de clientes, manifestou-se não só num renovado perfil de trabalhadores bancários como também na reorganização do layout das agências que priorizou os ambientes de captação e aplicação de recursos. O crescimento da área de autoatendimento informa aquilo já observado em nível mundial, que é a substituição da função de caixa por caixas automáticos, assim como a transição do autoatendimento na agência para a realização de transações por conexão eletrônica que tendem a consolidar-se e a crescer a partir de atividades terceirizadas, cujo crescimento se expressa na lotação de empregados em mesas e plataformas para atendimento remoto (fora das agências) de forma centralizada, via telefone e terminais eletrônicos.

Quanto à configuração organizacional, a tendência observada é de organização horizontal com acentuada redução dos níveis hierárquicos, apontando para um aumento de funcionários nas funções de atendentes e gerentes, que no caso dos atendentes tende a desaparecer.

Segundo Larangeira (1997), o perfil do novo bancário é traçado a partir da ênfase na capacidade de lidar com tarefas não prescritas e limites pouco definidos, muito diferentemente das exigências anteriores, claramente delimitadas pelo manual. Essa nova mobilização de competências (técnicas, sociais e culturais) afastou o trabalhador bancário do perfil existente no passado gerando uma desqualificação dos funcionários que não se ajustaram às mudanças tecnológicas ou relativas ao desempenho de funções.

De forma resumida é possível dizer que ocorreram mudanças significativas no perfil ocupacional dos trabalhadores assalariados nos bancos, no tocante à diminuição da quantidade de escriturários, chefias intermediárias e caixas (em menor proporção), aumentando em termos relativos o número de técnicos e gerentes especializados em mercado financeiro, crescendo, também, a participação da força de trabalho, alocada em mesas e plataformas de atendimento remoto.

A atividade bancária, redefinida a partir dos movimentos de racionalização e tecnificação, agregou novos atributos às exigências de qualificação do trabalhador bancário. Contudo o que tem sido constatado é a permanência de tarefas repetitivas, rotineiras que coexistem com uma certa complexificação do trabalho vinculado ao atendimento personalizado (Jinkings, 2000, p. 1881-1194).

Enfim, a qualificação exigida na verdade não é de todo necessária, pois alguns procedimentos permanecem muito simples, com controles rígidos, apontando para a forma como se expressa o controle do trabalho e o domínio do capital, que realiza um processo renovado e eficaz de subordinação.

De acordo com Jinkings (2000), o conteúdo atual das relações de dominação do trabalho nos bancos e o modo como repercutem na vida cotidiana dos trabalhadores bancários combinam controle, pressão e técnicas de motivação, persistindo o controle burocrático do trabalho que se legitima por meio das exigências do mercado consumidor, revelando assim formas mais sutis de dominação cujo instrumento gerencial é a avaliação de desempenho funcional. As características e o perfil do trabalhador bancário estão definidos a partir da conjugação dos elementos econômicos, culturais e ideológicos que conformam as novas orientações empresariais do setor bancário.

As diferenciações significativas existentes entre os empregados do setor bancário relativas à raça e ao gênero, que procuramos pontuar neste capítulo, são claros demonstrativos dos reduzidos avanços conquistados nesse quesito.

Os trabalhadores da raça negra continuam apresentando em diversas variáveis, condições desfavoráveis em relação aos trabalhadores não negros, o que também pode ser constatado em relação aos trabalhadores bancários.

A ocorrência generalizada desse tipo de diferenciação confirma a permanência e predominância de valores que embasam as decisões e condutas político-administrativas, que se explicitam na reduzida participação dos trabalhadores da raça negra no emprego bancário, confirmando execráveis barreiras ao acesso dos negros no mercado de trabalho bancário.

Capítulo 4

O MOVIMENTO SINDICAL BANCÁRIO DOS ANOS 90

> *Nenhuma classe na história compreende imediatamente a lógica da sua própria situação histórica em épocas de transição: pode ser necessário em longo período de desorientação e confusão para que ela aprenda as regras necessárias da sua própria soberania.*
> *(Perry Anderson)*

A política neoliberal no Brasil avançou ao longo dos anos 90 entre cenários novos, cujos contornos não se encontram plenamente definidos, o que pressupõe um quadro de análise ainda inacabado; todavia o processo de implantação da política neoliberal tem produzido alterações importantes no campo do movimento sindical no Brasil. Muito embora os sindicatos não tenham aderido à política neoliberal, uma tendência de conciliação com o neoliberalismo fortaleceu-se, assim como se fortaleceram econômica e politicamente os grupos dominantes nacionais, apesar de paradoxalmente alguns desses grupos terem tido suas forças progressivamente minadas[86].

A análise do movimento sindical bancário brasileiro, inserida que está no exame da luta sindical frente ao neoliberalismo, faz parte de um debate cuja característica polêmica tem sido analisada por vários estudiosos do tema (Rodrigues, 1999; Antunes, 1995a, 1995b; Jinkings, 2000a, 2000b). Alguns autores entendem que o sindicalismo vive uma situação de declínio histórico irreversível, enquanto alguns outros ignoram que o sindicalismo não é o único movimento de massa, sugerindo o fim das contradições e lutas típicas do capitalismo e apregoando o fim da classe operária (Boito Jr., 1999).

Os anos 90 foram, sem sombra de dúvida, um período difícil para o movimento sindical no Brasil, onde sua capacidade de intervenção apresentou-se diminuída tanto na luta política quanto na luta social. A

---

[86] "A política que atende aos interesses do capital estrangeiro aumenta o peso desse capital na economia brasileira e enfraquece os setores burgueses internos que poderiam eventualmente criar dificuldades à política de desnacionalização" (Boito Jr., 1999, s/p). Especialmente no que tange à redução da capacidade do capital nacional no setor bancário que apesar de tudo, foi beneficiado pela intervenção do Estado em subsidiar bancos em situação pré-falimentar e regular o processo de reconcentração no setor bancário.

despeito da conjuntura tão desfavorável — desemprego, abertura comercial e desregulamentação do mercado de trabalho — acreditamos ser possível detectar ou apontar alguns sinais que indicam formas diferenciadas de manifestação do movimento sindical bancário brasileiro.

Com o intuito de examinar como o movimento sindical bancário tem sido afetado pelo processo de reestruturação produtiva e reorganização empresarial, viabilizados por políticas de natureza neoliberal que, efetivamente, foram implantadas no Brasil durante a década de 90, pretendemos analisar as linhas gerais da ação dos sindicatos de bancários: ou seja, suas concepções e orientações práticas frente ao processo de reestruturação realizado e que continua sendo promovido no setor bancário brasileiro. As novas demandas e situações experimentadas pelos trabalhadores do setor bancário por meio de sua organização sindical, as respostas possíveis e tendências da ação sindical bancária são assim o objeto privilegiado do presente capítulo.

Este capítulo desenvolve, portanto, uma análise dos resultados de alguns estudos sobre o movimento sindical bancário, cotejando-os com observações sobre o estágio atual desse movimento durante a década de 90.

A introdução de novas técnicas organizacionais, que apoiam o uso de equipamentos de base microeletrônica em empresas do setor bancário, trouxe a partir de meados da década de 80, a implementação de um projeto de modernização tecnológica que envolveu inovações nos processos técnico-organizacionais e privilegiou a aliança entre a redução de tempos improdutivos e a ideologia da qualidade e da excelência empresarial (Pereira; Crivellari, 1991). Essas transformações e as razões que levaram os bancos a introduzir as novas técnicas e os principais efeitos sobre os trabalhadores, assim como as próprias mudanças no sistema financeiro nacional e internacional, foram discutidas no âmbito dos capítulos 1 e 2. A brutal racionalização do trabalho bancário, em parte imposta pela telemática, recriou em novas bases as condições de domínio do capital sobre o trabalho. As formas de instabilidade e fragmentação, experimentadas pelo trabalhador bancário, lançaram novos desafios ao sindicalismo bancário agora confrontado. Por sua vez, a contradição existente entre a ideologia de um trabalhador comprometido e qualificado e o próprio processo material de exploração e resistência do trabalhador constitui obstáculos e impasses contemporâneos significativos (Jinkings, 2000).

A partir de uma breve apresentação geral sobre o movimento sindical brasileiro dos anos 80 e mais detalhadamente dos anos 90, desenvolve-se uma análise sobre o movimento sindical bancário nesse período, priorizando os espaços que fundamentam e caracterizam historicamente as relações de trabalho e ação sindical contemporânea, embora reconheça-se a diversidade de espaços onde se desenvolve a ação sindical. Para tanto, elegemos as negociações coletivas dos trabalhadores bancários, buscando refletir sobre alguns dos diversos temas relacionados à questão do impacto da reestruturação produtiva no trabalho bancário, a saber: na jornada de trabalho e na hora extra, nos contratos de trabalho (admissões e demissões), na flexibilização do contrato de trabalho (terceirização e mão de obra temporária) e nas relações sindicais. Nossa fonte prioritária de consulta foi a atuação do Seeb/SP (Sindicato de Empregados em Estabelecimentos Bancários de São Paulo-Osasco e Região), pela significativa influência que exerce na CUT, inserido que está em um setor da economia onde há relevante grau de investimento em inovações tecnológicas e organizacionais, além de forte grau de impacto das medidas governamentais — abertura de capital, privatizações e ações de flexibilização das relações de trabalho — e pelo já tradicional histórico de resistência e combatividade desse sindicato.

Nesse sentido, entendemos que uma das formas para refletir sobre o movimento sindical bancário dos anos 90 frente à reestruturação produtiva do setor, é investigar o atual estado das relações de trabalho no setor bancário, a partir de uma unidade de análise como as negociações coletivas — enquanto expressão dessas relações —, o que por sua vez nos permite inferir acerca da estratégia dos atores envolvidos. Elemento central das relações de trabalho, as negociações coletivas renovaram-se no tempo e no espaço, em sua forma e conteúdo e sua importância se deve também ao fato de que expressa respostas dos atores sociais ao quadro político e econômico (Carvalho Neto, 1998).

4.1 A experiência do movimento sindical internacional nos anos recentes[87]

Os estudos sobre o movimento sindical dos anos 80 e 90, em geral, apontam a existência de inúmeras dificuldades para os sindicatos expressas

---

[87] Este item não possui qualquer pretensão em dar conta da vasta literatura internacional sobre o tema, tendo sido desenvolvido com o objetivo de criar um cenário mais amplo para a reflexão sobre os problemas do sindicalismo brasileiro dos anos 90, especificamente os dilemas vivenciados pelo sindicalismo bancário.

nas tendências à moderação, estagnação ou queda nos índices de sindicalização e na diminuição da atividade grevista[88]. O refluxo do movimento sindical tem sido analisado a partir de diversos enfoques que contemplam as transformações ocorridas na situação de trabalho, de mercado de trabalho e de um tipo específico de fragmentação da classe operária, de onde são deduzidos os comportamentos político e sindical (Antunes, 1995a, 1995b).

Os fenômenos indicativos do enfraquecimento do sindicalismo como instituição e do poder sindical como ator político foram resultantes do conjunto de mudanças políticas, econômicas, comerciais, tecnológicas e culturais dos últimos decênios (Rodrigues, L. M., 1999). Porém as dificuldades enfrentadas pelo sindicalismo situavam-se não só no âmbito conjuntural ou específico de alguns países, como também eram resultantes de outras condições mais duradouras e profundas com caráter estrutural.

Carvalho Neto (1999) aponta como os sinais mais evidentes da crise do sindicalismo:

- as acentuadas quedas nas taxas de sindicalização;
- a queda das taxas de greve;
- as dificuldades de representação de uma forma de trabalho cada vez mais heterogênea com interesses e histórico de participação sindical diferenciados;
- a dificuldade de representar os trabalhadores de empresas subcontratadas, temporários e ou *part time*;
- a incapacidade de se integrar de forma significativa e permanente a importantes movimentos sociais, falhando na representação das reivindicações de boa parte da força de trabalho, como as mulheres e os negros;
- a individuação crescente das relações de trabalho, em contraposição a valores fundamentais do sindicalismo, como a solidariedade e a ação coletiva;
- o aumento das negociações no nível da empresa;
- os parcos ganhos em organização;
- a diminuição da influência política e do poder de barganha.

---

[88] Boito Jr. (1999), Antunes (1995a, 1995b) e Martins Rodrigues (1999) analisam o movimento sindical na década de 90, apontando suas novas características.

Nos anos 70, a expansão do número de trabalhadores sindicalizados, sua capacidade de mobilização, pressão e participação em vários níveis da economia e do sistema político foram características do movimento sindical internacional; mesmo que tenham subsistido diferenças entre os movimentos nacionais e avanços realizados pelo poder sindical, havia uma perspectiva de crescimento para o movimento, que apontava um potencial desenvolvimento das taxas de sindicalização nos países da Europa Ocidental e na América do Norte. M. Rodrigues (1999) informa que mesmo na França e nos EUA, onde os índices de filiação sindical tornaram-se decrescentes mais cedo e de modo mais visível que em outros países — atribuído a fatores nacionais específicos dos sistemas de relações de trabalho ou a questões relativas à organização sindical entre outras variáveis que afetam o poder sindical —, o futuro da instituição sindical apresentava perspectivas bastante otimistas (Rodrigues, L. M., 1999).

Este mesmo autor pondera que é possível que somente na década de 80 a dessindicalização tenha se tornado um movimento mais claramente perceptível, muito embora não estivesse suficientemente claro para os observadores contemporâneos daquele período o que de fato estava ocorrendo, de modo que o que vinha sendo observado na década de 70, no sindicalismo de alguns países, adquiriu nos anos 80 um caráter de tendência que necessitou ser melhor analisado.

A queda geral dos níveis de sindicalização[89] nos países desenvolvidos, durante a década 80[90], indicou perdas sindicais importantes nesse mesmo período que perduraram pelos anos 90.

De acordo com os dados analisados por Martins Rodrigues (1999) em seu trabalho, se tomados como referência os anos de 1970 a 1988, a sindicalização caiu de 35% para 28% no conjunto dos países. Essas são observações iniciais de caráter bastante geral. De acordo com o quadro seguinte e com as análises desse mesmo autor, em 1980, a sindicalização em países europeus atingiu o seu pico (44%), com queda a partir desse ano para todos os países tomados em conjunto. Nos anos entre 1975 e 1980, ocorreu um pequeno aumento da sindicalização entre os países europeus com taxas de sindicalização tradicionalmente mais elevadas que em outros continentes — para entre 1985 e 1988 não ser detectado crescimento da sindicalização em nenhuma região.

---

[89] Martins Rodrigues (1999) alerta sobre os problemas metodológicos e conceituais e diferenças na avaliação da profundidade da dessindicalização.
[90] De acordo com os dados exaustivamente analisados por Martins.

Quadro 61 – Tendências gerais da sindicalização (taxas de sindicalização ponderadas)

Grupo de Países	1970	1975	1980	1985	1998
Todos os países	35	37	35	30	28
Europa	38	43	44	40	38
América do Norte	30	30	26	19	18
Outros Países – fora da OECD	37	38	35	33	30
Todos os países (médias não ponderadas)	44	47	48	45	43

Fonte: Martins Rodrigues (1999)[91]

É importante destacar que de todo modo a evolução das taxas de sindicalização apresentava comportamentos díspares. De forma muito resumida, podemos dizer que a dessindicalização é precoce em alguns países como França, Japão, Holanda, Reino Unido, Suíça, e EUA[92], que por um outro lado, também, vivenciaram um recuo mais profundo do movimento.

Durante os anos 80, no Canadá, Austrália, Dinamarca, Alemanha, Suécia e Itália os sindicatos praticamente não tiveram suas taxas de sindicalização diminuídas em termos absolutos. Também a Finlândia, a Bélgica, Islândia e a Áustria não tiveram perdas absolutas de efetivos sindicais. O quadro a seguir demonstra o comportamento muito variado da evolução das taxas de sindicalização.

---

[91] As médias incluem estimativas para países para os quais, com relação a alguns anos, não se tem informações.
[92] Na França e no Japão já a partir de 1975, embora até 1990 as perdas no Japão tenham se revelado pequenas; para Holanda e Reino Unido, o ano de referência é 1979; e para a Suíça, 1978 (Martins Rodrigues, 1999) assim como nos EUA.

Quadro 62 – Número absoluto de membros de sindicatos (1955-1990) (em milhares)

Ano	EUA1	EUA2	Canadá	Austrália3	Austrália4	Japão	Dinamar-ca	França	Alemanha	Itália	Holanda	Suécia	Suíça	Reino Unido
1955	16.802	-	-	1.802	-	6.2863	861	2.554	7.499	5.536	1.221	1.722	663	9.738
1960	17.049	-	1.268	1.912	-	7.662	987	2.592	7.687	3.908	1.354	1.879	728	9.835
1965	17.299	-	1.459	2.116	-	10.147	1.075	2.914	7.986	4.011	1.462	2.161	783	10.325
1970	21.248	-	1.589	2.331	-	11.605	1.170	3.549	7.958	5.530	1.524	2.552	795	11.187
1975	22.361	16.780	2.173	2.833	-	12.590	1.359	3.882	8.623	7.707	1.710	3.053	887	12.026
1976	22.662	17.403	2.884	2.800	2.513	12.509	1.445	3.865	8.736	8.241	1.726	3.165	905	12.386
1977	22.456	19.335	3.042	2.798	-	12.437	1.553	3.833	8.800	8.459	1.770	3.287	897	12.846
1978	22.880	19.548	3.149	2.831	-	12.383	1.629	3.677	9.095	8.680	1.785	3.396	905	13.112
1979	22.435	20.986	3.278	2.874	-	12.309	1.734	3.535	9.217	8.816	1.792	3.334	900	13.289
1980	22.228	20.095	3.397	2.956	2.568	12.369	1.793	3.374	9.261	9.005	1.789	3.413	904	12.947
1981	-	-	3.487	2.994	-	12.471	1.840	3.383	9.341	8.930	1.736	3.455	902	12.106
1982	-	-	3.617	3.012	-	12.526	1.900	3.237	9.226	8.910	1.724	3.505	901	11.593
1983	-	17.717	3.563	2.985	-	12.520	1.965	3.118	9.109	8.860	1.647	3.573	896	11.236

Ano	EUA1	EUA2	Canadá	Austrália3	Austrália4	Japão	Dinamarca	França	Alemanha	Itália	Holanda	Suécia	Suíça	Reino Unido
1984	-	17.340	3.651	3.028	-	12.464	1.989	3.079	9.017	8.988	1.583	3.644	890	10.994
1985	-	16.996	3.666	3.154	-	12.418	2.034	2.944	9.234	8.861	1.540	3.762	882	10.821
1986	-	16.975	3.730	3.186	2.594	12.343	2.064	-	9.351	8.925	1.542	3.818	877	10.539
1987	-	16.913	3.782	3.240	-	12.272	2.119	-	9.344	9.167	1.554	3.840	882	10.475
1988	-	17.002	3.841	3.291	2.536	12.227	2.073	-	9.388	9.543	1.568	3.855	886	10,238
1989	-	16.960	3.944	3.410	-	12.227	2.079	1.970	9.463	-	1.607	3.868	887	-
1990	-	16.740	4.031	3.422	2.660	12.265	2.034	-	-	-	1.426	-	892	-

Fonte: Martins Rodrigues (1999)

Nos países nórdicos, observou-se um movimento diferente de crescimento dos sindicatos a despeito de se tratar de uma década tão adversa ao crescimento das taxas de sindicalização. Alemanha e Canadá são países que não só mantiveram suas taxas de sindicalização como viram-nas um pouco aumentadas durante esse período[93].

As quedas nas taxas de sindicalização ocorreram em países com características bastante diversas quanto ao seu sistema de relações de trabalho, sistema político e de sua própria organização sindical ressaltando, portanto, a importância relativa também das variáveis nacionais na crise do sindicalismo.

Nas palavras de Martins Rodrigues (1999, p. 31):

> [...] em cada país, fatores específicos relacionados com a singularidade do modelo de relações de trabalho entrosam-se com outros mais universais, como as mudanças na tecnologia, no mercado de trabalho, nos modos de gestão de empresas, tornando difícil formular hipóteses explicativas gerais [...]. Conseqüentemente, "casos nacionais" requerem exames mais detalhados que possibilitem isolar num contexto específico, a parcela de responsabilidade que cabe a cada fator.

No geral, podemos afirmar que na década de 80 este ambiente de desmobilização expandiu-se para a maioria dos países capitalistas industrializados, onde se difundiam as políticas neoliberais e as experiências de reestruturação produtiva. Além disso, as variadas iniciativas gerenciais de intensificação do trabalho e seus mecanismos de mistificação buscaram imprimir às transformações do trabalho, a aparência de um processo consensual entre empresários e trabalhadores que fez aflorar conflitos e atitudes de resistência. Nunca é demais lembrar que as condições econômicas e políticas, extremamente favoráveis ao capital e o papel desempenhado pelo poder político na desregulamentação e flexibilização

---

[93] O trabalho de M. Rodrigues (1999) problematiza os cálculos sobre o período, apontando que os mesmos são realizados a partir da proporção relativa de sindicalização, o que aumentaria o número de países em que houve decréscimo da proporção de sindicalizados, indicando perdas maiores. Informa também que o número de trabalhadores sindicalizados diminui em termos absolutos em alguns países, enquanto em outros pode aumentar mais lentamente que o crescimento da força de trabalho. Isso significa que a situação dos sindicatos, nesse período, em maior número de países, tendia a ser mais negativa ainda do que indicava a evolução do número absoluto de associados. Uma curva mais negativa dos níveis de sindicalização pode ser inferida se levarmos em conta que as estatísticas relativas ao volume absoluto de membros, muito embora excluam os autônomos em grande parte do volume absoluto de membros, incorporam desempregados e aposentados, o que eleva as taxas de sindicalização.

das relações de trabalho, foram fatores adicionais de enfraquecimento das lutas dos trabalhadores (Jinkings, 2000).

A intensidade da crise que afetou as ações reivindicativas e conflituais dos trabalhadores e seus organismos sindicais manifestou-se, como já assinalado, pela diminuição drástica do número de greves realizadas e pela tendência de diminuição dos níveis de sindicalização.

4.2 Relações de trabalho e o movimento sindical brasileiro nos anos 80

A crise econômica e política do final dos anos 70 possibilitou a afirmação de um novo sindicalismo que se expressou fundamentalmente pela luta dos metalúrgicos do ABC e permitiu que parte do sindicalismo brasileiro urbano se afirmasse novamente e de forma diferenciada como movimento reivindicativo e político[94].

A nova fase na ação sindical brasileira, inaugurada pelo movimento grevista em 1978, recuperou espaços no cenário político nacional, principalmente por meio das organizações sindicais paralelas e da renovação de quadros sindicais.

Outro aspecto que informa sobre o ressurgimento sindical daquele período é o crescimento da taxa de sindicalização, do número de greves e do aumento da participação dos sindicatos na vida nacional, além do reconhecimento patronal e governamental dos sindicatos como interlocutores dos trabalhadores.

O trabalho de Pochmann (1995) apresenta expressivos indicadores acerca dos conflitos trabalhistas e das taxas de sindicalização. O gráfico a seguir demonstra a evolução das taxas de sindicalização e greves para o período de 1888 a 1994.

---

[94] Atuando na luta contra a ditadura militar, contribuindo para a ampliação dos direitos sociais na Constituinte, despertando os setores mais ativos das classes trabalhadoras urbanas para o apoio a causas como a reforma agrária e mobilização popular pelo impeachment de Fernando Collor de Mello (Cf. Boito Jr., 1999).

Gráfico 21 – Brasil: estimativas médias de sindicalização e de greves em anos selecionados 1888/1994

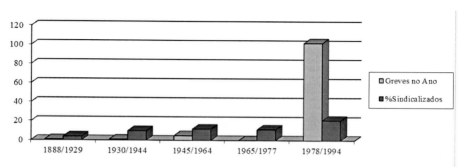

Fonte: Pochmann (1996)

Enquanto uma das partes mais organizadas e ativas do sindicalismo brasileiro, a Central Única dos Trabalhadores (CUT), durante a década de 80, em relação à economia e à política social, utilizou-se de palavras de ordem como: não pagamento da dívida externa, estatização do sistema financeiro, estatização dos serviços de saúde, da educação e do transporte coletivo, reforma agrária sob controle dos trabalhadores e luta contra a privatização das estatais. Em momentos críticos da luta democrática, aprovou o boicote ao Colégio Eleitoral e a luta por uma Constituinte exclusiva e soberana, organizando campanhas com esse propósito e organizando greves gerais de protesto, a fim de propagandear e agitar a sua plataforma de transformações econômicas e sociais. Muito embora a plataforma não tenha sido levada totalmente para a ação prática, constituía-se assim um sindicalismo de oposição à política de desenvolvimento dos anos 80 (Boito Jr., 1999).

Durante esse período, foram ao todo quatro greves gerais, cujos setores mais ativos foram os metalúrgicos e trabalhadores da indústria automobilística, trabalhadores da indústria química e petroleira, trabalhadores da construção civil, funcionários públicos estaduais e federais, professores da rede pública, trabalhadores dos transportes urbanos, médicos e funcionários da saúde e bancários, que iam incorporando outros setores tais como trabalhadores da indústria têxtil, comerciários, ferroviários, aeroviários, eletricitários, trabalhadores da indústria de couro e do calçado, ocorrendo uma participação cada vez maior de regiões do país com menor tradição sindical. De acordo com Boito Jr. (1999), o número de estados envolvidos nas greves passou de 11 para 22, entre 1983 e 1989.

Paralelamente às ações grevistas, nos trabalhos da Constituinte, o movimento sindical brasileiro procurou contribuir para a constitucionalização de direitos políticos e sociais e trabalhistas — direito de greve, aposentadoria por tempo de serviço sem idade mínima, jornada semanal de 44 horas e a extensão de direitos trabalhistas aos empregados domésticos —, que ao se concretizarem como vitórias, tornaram-se obstáculos reais à implantação atual de programas neoliberais[95].

De fato, o tipo de ação sindical que mais envolveu os trabalhadores nos anos 80 foi a luta dos diferentes setores de trabalhadores por reposições e aumentos salariais, ainda que as greves nacionais de protesto e algumas intervenções no processo constitucional não possam, de jeito algum, ser desprezadas, destacando-se o fortalecimento do movimento popular na conjuntura de crise da ditadura militar e da Nova República, a criação e consolidação da CUT, do Movimento dos Sem Terra, do PT e da legislação de partidos de esquerda (PC do B, PCB etc.), vitais para a afirmação de um cenário de avanço da luta democrática e popular (Boito Jr., 1999).

4.3 Relações de trabalho e o movimento sindical brasileiro nos anos 90

De acordo com a avaliação da CUT, o sindicalismo dos anos 80 havia sido meramente defensivo e reivindicativo[96].

A nova conjuntura política aberta pela eleição de Fernando Collor de Mello consagrada nas urnas inaugurava um programa neoliberal com força e disposição para ser implantado e que agora deveria ser enfrentado.

Na década de 90, as condições políticas e econômicas, que se desenvolvem no conjunto dos países da América Latina e do Brasil, determinam o refluxo das ações de resistência da classe trabalhadora que já vinha fragilizando o sindicalismo na maioria dos países avançados durante a década de 80, desta vez atingindo fortemente o movimento sindical latino-americano e brasileiro.

---

[95] Para Boito Jr., a atuação da CUT na década de 80 contribui para unificar um campo democrático popular, cuja acumulação de forças mostraria sua força no plano eleitoral, dada a expressividade da candidatura de Lula pela Frente Brasil Popular na eleição presidencial de 89. Segundo esse autor, as observações de analistas e dirigentes sobre o caráter socialista da central na década de 80 são caracterizações excessivas (Cf. Boito Jr., 1999).

[96] A avaliação da CUT e uma análise sobre sua política sindical fazem parte do trabalho por nós consultado, do professor Armando Boito Jr.: "Política Neoliberal e Sindicalismo no Brasil", de 1999.

As iniciativas de implementação do projeto neoliberal no Brasil se deram em conformidade com as determinações do Fundo Monetário Internacional e do Banco Mundial, que se expressaram nas reformas do governo Fernando Collor de Mello e que tiveram continuidade nos governos posteriores.

Por meio do programa de estabilização monetária — o Plano Real —, o governo de Fernando Henrique Cardoso implementou medidas de liberalização financeira e comercial, buscando promover reformas na legislação do trabalho que objetivaram transferir para o mercado as principais determinações sobre o emprego e salário, estas de acordo com os principais movimentos mundiais de privatização da economia (Jinkings, 2000).

Diante desse cenário, em meados do segundo semestre de 1990, a direção da CUT apresentou a sua estratégia definindo uma nova linha sindical, cujas resoluções passavam por propor a apresentação de propostas para as políticas de abrangência nacional relativas à política econômica, industrial, habitacional, de saúde, previdência, agrícola, energética, educacional etc., não assumindo, porém, a denúncia contra a política neoliberal. Firmava-se assim uma proposta de participação ativa do sindicalismo cutista na definição da política governamental (Boito Jr., 1999). Os fóruns tripartites[97] — reunindo empresários, sindicalistas e representantes governamentais em nível nacional — foram eleitos como locais onde a CUT apresentaria propostas próprias, constituindo-se o que foi denominado "sindicalismo propositivo".

De acordo com Boito Jr. (1999), essa nova estratégia — diferentemente da estratégia dos anos 80 — desestimulava e desvalorizava a mobilização, onde a hesitação frente ao neoliberalismo disseminou nos sindicatos a ideia de que não existiam alternativas à situação econômica do país, não incentivando qualquer luta reivindicativa dos sindicatos. De acordo com essa perspectiva, o meio eficiente de luta sindical deixava de ser a luta grevista — instrumento considerado então desgastado — para ser substituída por elaboradas propostas como meio de afirmação do movimento sindical. Segundo esse mesmo autor, nesse contexto, a luta sindical grevista foi vista pela CUT como objeto a ser desvalorizado e inclusive estigmatizado.

---

[97] "Recentemente, a participação de representantes sindicais nos vários fóruns institucionais tripartites de discussão sobre capacitação tecnológica, qualificação profissional, etc., ou em conselhos (como do FAT, por exemplo), indica, sem dúvida, uma preocupação no sentido de interferir na definição de políticas públicas de maior alcance" (Pochmann, 1998; Dieese, 1998 apud Pessanha; Morel, 2000).

Mesmo assim, de acordo com o Ministério de Trabalho, em termos relativos, a taxa de sindicalização dos trabalhadores urbanos com registro formal permaneceu em torno de 30%, apresentando um crescimento de 10 mil sindicatos no ano de 1989, para 16 mil sindicatos no ano de 1996, sendo que mais da metade no setor terciário. Especificamente, quanto ao número de horas perdidas por motivo de greve e por pessoa ocupada, as taxas foram superiores à média da maioria dos países: 29,5 horas em 1991; 6,1 horas em 1992; 24,2 horas em 1993; e superior a 5,5 horas entre 1994 e 1995, de acordo com dados dos trabalhos de Pochmann (1995; 2001).

Ainda nessa perspectiva, segundo dados do Dieese (1998), o número de greves realizadas cresceu entre os anos de 1992 e 1996. No quadro a seguir é possível observar que ainda que não tenha ocorrido o aumento da média de grevistas participantes por greve, o número de greves dos anos de 1996 representa quase o dobro do ano de 1997, quando é observada uma queda acentuada no número de greves e grevistas.

Quadro 63 – Número de greves, grevistas e média de trabalhadores por greve (1992/1997)

Anos	Greves	Grevistas	Média de Grevistas Por Greve
1992	557	2.562.385	4.600
1993	653	3.595.770	5.507
1994	1034	2.755.619	2.665
1995	1056	2.277.894	2.157
1996	1258	2.534.960	2.015
1997	630	808.925	1.284

Fonte: Dieese (1998) *apud* Pessanha e Morel (2000)

É importante destacar que no segmento não organizado do mercado de trabalho, a sindicalização é inexpressiva e atualmente o conjunto de desempregados e ocupados precariamente tem se mostrado quase superior ao conjunto de assalariados com registro.

As diversas tentativas de realizar acordos[98] com os governos Collor, Itamar e Fernando Henrique Cardoso representaram parte da nova estratégia postulada pela CUT e foram bastante prejudicadas pela conjuntura econômica dos anos 90, enfrentando inúmeros fracassos.

As mobilizações nacionais deixaram de ser prioridade para a CUT e suas exigências concentraram-se na reposição de perdas salariais. Entretanto, sob o governo Itamar, a CUT propôs a implantação do Contrato Coletivo de Trabalho, que foi amplamente discutida por diversos setores interessados da sociedade civil, ainda que o governo interrompesse posteriormente essas negociações.

Com relação à implementação do Contrato Coletivo de Trabalho[99], nunca é demais lembrar que no Brasil esta integra a pauta de algumas importantes organizações sindicais desde a Primeira República; entretanto, com a consolidação do sistema corporativista anos depois, o debate sobre esse instrumento apresentou-se circunscrito aos seus aspectos formais. A figura jurídica do Contrato Coletivo havia sido consagrada na Consolidação das Leis Trabalhistas (CLT) e até meados da década de 60 os sindicatos insistiam na sua implantação. A ditadura militar, somada ao peso dos limites intrínsecos ao ordenamento corporativista, não permitiu que o tema do Contrato Coletivo de Trabalho merecesse maior destaque. No final da década de 1970, o Contrato Coletivo de Trabalho volta às pautas de reivindicação dos sindicatos líderes do processo de ressurgimento sindical, sendo progressivamente incorporado pela CUT ao longo dos anos 80, a partir de uma perspectiva de superação do sistema corporativista, visando ao estabelecimento de novas formas de organização dos trabalhadores e de negociações coletivas que estivessem baseadas nas ideias centrais de liberdade e autonomia sindical (Siqueira Neto; Oliveira, 1994).

---

[98] Outras tentativas já haviam ocorrido nos anos 80; durante o governo Sarney, por duas vezes a central realizou negociações com o governo, a primeira entre agosto de 1985 e fevereiro de 1986, acerca do Plano Cruzado; e a segunda vez entre dezembro de 1986 e junho de 1987, quando o governo editou o Plano Bresser. Em ambas as ocasiões os resultados foram inexistentes. Entretanto, nesses dois momentos a CUT manteve sua política de mobilização nacional contra a política econômica do governo (Cf. Boito Jr., 1999).

[99] "O Contrato Coletivo de Trabalho faz parte de um leque de demandas dos trabalhadores organizados desde o surgimento do capitalismo industrial e há muito, os países capitalistas avançados têm procurado regulamentar as relações de trabalho por meio de um instituto próprio [...] O estímulo ao exercício da negociação coletiva através da adoção de normas e procedimentos compatíveis com seu desenvolvimento constitui, assim, o núcleo das formulações, das reivindicações e das legislações e acertos informais que tiveram lugar entre o pós-guerra e os dias atuais na Europa, estados Unidos e Japão [...] O CCT difundiu-se largamente como instrumento de normalização das relações de trabalho e regulação do próprio mercado de trabalho, tornando-se importante mecanismo de apoio a diferentes formas de negociação econômica e social" (Siqueira Neto; Oliveira, 1996, p. 304).

Diferentes propostas de Contrato Coletivo de Trabalho surgiram entre o final dos anos 80 e início dos anos 90, revelando contradições muito intensas no próprio âmbito do debate que refletiam não só a generalização e o fortalecimento de posições favoráveis à desregulamentação dos direitos sociais e flexibilização das relações de trabalho, mas que também tornaram evidentes as divergências entre os principais atores envolvidos no debate sobre o Contrato Coletivo de Trabalho.

Com relação à questão da proposta de Contrato Coletivo de Trabalho, o estudo de Boito Jr. (1999) aponta questões bastante instigantes. Segundo esse autor, mesmo que a proposta de Contrato Coletivo significasse ampliar as garantias políticas e legais do processo de negociação coletiva, o que se buscava, de fato, nesse momento, era uma proposta de Contrato Coletivo de Trabalho que estivesse adequada à nova estratégia sindical, onde a CUT, que havia abandonado a estratégia de luta unificada no topo, acabava por defender uma visão contratualista e fragmentada da ação sindical. Nesse sentido, os sindicatos estimulados pela estratégia participacionista, insularam-se corporativamente nos seus diferentes setores com um comportamento pouco afeito à defesa dos direitos sociais ameaçados pela conjuntura política vigente naquele período. O que se observou foi a subdivisão das bases dos sindicatos oficiais em setores e por empresas, o que no sindicalismo bancário expressou-se pela divisão entre funcionários dos bancos públicos e dos bancos privados, que na verdade tradicionalmente sempre existiu.

Nessa linha de análise, a CUT rompia com a concepção dos anos 80 — que vinculava a política governamental ao conflito entre trabalhadores e capitalistas — para através da proposta de Contrato Coletivo desviar o movimento sindical da defesa dos direitos sociais e trabalhistas, ameaçados pelo novo quadro político e econômico. Os trabalhadores ficavam mais indefesos diante da ofensiva governamental de cunho neoliberal.

A transferência da regulamentação jurídica para os marcos dos acordos trabalhistas e o deslocamento de negociação para os níveis inferiores da organização sindical informavam a nova perspectiva sindical.

A despeito de sua dimensão centralizada de caráter nacional, de acordo com Boito Jr. (1999), não houve empenho por parte da CUT[100] em

---

[100] Fragilmente articulada com seus sindicatos, a CUT é uma federação muito heterogênea no plano político e ideológico, em que predomina um pequeno número de grandes sindicatos na direção da Central e que

obter a negociação nacional e tal proposta de Contrato Coletivo estimulou um novo tipo de corporativismo, diferente do velho corporativismo de Estado.

Os setores sindicalmente mais organizados — metalúrgicos, petroleiros e bancários — tinham seus interesses contemplados pela proposta cutista de Contrato Coletivo de Trabalho formulada em 1988, o que, no entanto, ao que tudo indicava, não contemplava os trabalhadores menos organizados, principalmente diante de algumas propostas de associações de empresários que consideravam a eliminação imediata dos direitos sociais e da legislação trabalhista, uma condição para que a contratação coletiva fosse mais rapidamente implementada. Isto levou a CUT a alertar seus sindicatos quanto à necessidade de ampliar a pauta de negociações na esfera do direito protetivo do trabalho, defendendo a livre negociação, com plena liberdade de organização e de ação sindical. Numa conjuntura recessiva desfavorável para a luta reivindicativa dos trabalhadores, somada a desindexação salarial promovida por Fernando Henrique Cardoso em julho de 1995, isto se tornou um desafio enorme para a CUT.

Boito Jr. (1999)[101] entende que a proposta de Contrato Coletivo de Trabalho da CUT favoreceu a ofensiva neoliberal dos anos 90. Para esse autor, a concepção de Contrato Coletivo de Trabalho, defendido pela CUT, reduz a esfera de interferência do Estado como fonte do direito do trabalhador e amplia a esfera de contratação direta e livre entre assalariados e capitalistas, que se ajustaria nessa conjuntura a uma modalidade de ação sindical mais próxima ao neoliberalismo (Boito Jr., 1999).

O referido trabalho do autor explora mais alguns indícios de que o sindicalismo propositivo ensejado pela CUT, na década de 90, condicionava posturas conciliatórias com o neoliberalismo. A inexorabilidade da introdução das novas tecnologias, a reformulação do processo de trabalho, da abertura do comércio exterior e da especialização produtiva, assim apresentadas pela política econômica, foram aceitas pela CUT mesmo que esta admitisse a manutenção de um mínimo de intervenção reguladora

---

podem ser independentes dessa direção. Isto permitiu que, ao longo dos anos 90 e frente à nova segmentação e descentralização corporativa do movimento sindical, a direção da Central tenha perdido terreno. A proteção tutelar que o Estado dispensa aos sindicatos oficiais, assegurando-lhes a representatividade em regime de monopólio (unicidade sindical) e os meios financeiros para substituírem (taxas sindicais obrigatórias), permite que tais sindicatos sejam independentes diante do Estado (Cf. Boito Jr., 1999).

[101] Reconhece, porém, que o neoliberalismo e sindicalismo são contraditórios, ainda que dependendo da modalidade de ação sindical e tal contradição não se apresente necessariamente antagônica.

do Estado — proteção e estímulo de alguns setores industriais e presença do Estado na manutenção dos serviços e infraestrutura sociais[102].

Um outro indício de política conciliatória com o neoliberalismo, criticado por Boito Jr. (1999), é o importante papel desempenhado pelas câmaras setoriais na política sindical dos anos 90. Em 1992, o governo federal e os sindicatos dos empregados e empregadores do setor automotivo promoveram uma iniciativa no sentido de ampliar as discussões travadas em torno de reajustes salariais, os quais haviam se tornado, durante as décadas de 70 e 80, o objetivo mais fundamental das atuações dos sindicatos brasileiros nas negociações coletivas de trabalho. Os debates entre os atores sociais permaneceram quase que exclusivamente centrados em questões salariais, destacando uma atuação organizada dos trabalhadores balizada pela mobilização em torno das pautas de uniformização dos padrões de reajuste salarial e pelo questionamento judicial dos frequentes descumprimentos das regras de reajuste salarial (Siqueira Neto; Oliveira, 1999). Porém o caráter inovador dessa iniciativa demandava, naquele momento, um empenho muito grande do poder público no intuito de viabilizar uma nova prática de negociação. Diante da ausência de tal empenho, as câmaras setoriais sofreram um crescente enfraquecimento a partir do governo interino de Itamar Franco, sendo definitivamente abandonadas a partir da edição do Plano Real em maio de 1994 e das profundas transformações realizadas nas regras de reajuste salarial.

Esta é uma questão que não está explicitamente referida às questões do movimento sindical bancário, de modo que não pretendemos investigar ou tecer considerações mais elaboradas sobre o tema. É importante destacar a intensa polêmica em torno do conceito de câmaras setoriais, questionando em que medida essas câmaras poderiam representar um movimento específico de despolitização do sindicalismo. Discute-se também se as câmaras setoriais funcionam como uma estrutura de representação de interesses ou, ao contrário, como uma estrutura de dominação.

Destacadamente, no governo Fernando Henrique Cardoso, o modelo tradicional das relações trabalhistas vem sendo duramente criticado pelas autoridades do Ministério do Trabalho, a partir do qual várias inovações legislativas foram introduzidas e medidas estão sendo preparadas para entrar em vigência.

---

[102] Essa concepção foi introduzida na CUT por técnicos e pesquisadores influenciados pela nova vertente cepalina denominada neodesenvolvimentista (Cf. Boito Jr., 1999).

Durante o governo de FHC, as negociações gerais entre Estado e movimento sindical estiveram centradas na reforma da Previdência Social. Em fevereiro de 1996, foi assinado um acordo[103] entre o governo e a direção da CUT, que por ter se revelado potencialmente injusto com os trabalhadores, foi renegado pela CUT antes de ser votado na Câmara dos Deputados.

A CUT, em sua corrente majoritária, assumiu posturas radicalmente contrárias a propostas importantes de cunho neoliberal, sendo contra a Reforma Administrativa, a Reforma da Previdência Social e contra as privatizações, o que indica contradições dentro da própria linha de sindicalismo propositivo que a central pretendeu adotar.

Embora tenha revelado possuir estrutura e força suficientes para implementar uma determinada estratégia sindical de protesto durante os anos 80, a CUT não conseguiu nos anos 90, implementar uma estratégia de negociação de âmbito nacional, o que foi habilmente explorado pelos governos quando estes desejaram não se comprometer com as negociações. Alguns obstáculos à estratégia de sindicalismo propositivo estavam relacionados à própria fragilidade da central.

O movimento sindical dos anos 90 não se restringiu à ação da CUT que, principalmente no ano de 1997, reavivou as suas posições mais críticas. É na criação de uma nova central sindical em 1991 que objetivamente se observa um discurso, programa escrito e ação prática, que defendiam as principais ideias e parte das propostas políticas neoliberais aprovadas na adesão passiva de parte dos trabalhadores à ideologia do neoliberalismo. Estamos nos referindo à Força Sindical, criada a partir de pequenos sindicatos, com número inferior a 500 trabalhadores de setores com pouca capacidade de pressão e com experiência sindical reduzida. Aparentemente adequada à nova conjuntura política e econômica, a Força Sindical não teve um crescimento ou consolidação compatíveis com sua presumível adequação, mesmo contando com alguns grandes sindicatos, tal como o Sindicato dos Metalúrgicos de São Paulo. Suas ações mais destacadas estão relacionadas ao apoio ao processo de privatização[104] e desregula-

---

[103] "Ocorre que o acordo só retirava direitos dos trabalhadores e contrariava pontos básicos da plataforma cutista sobre a matéria – a começar pela substituição do tempo de serviço pelo tempo de contribuição na contagem do tempo para aposentadoria [...] atingia mais trabalhadores de baixa renda que estão mais expostos ao mercado de trabalho informal" (Boito Jr., 1999).

[104] A Força Sindical controlava a direção dos sindicatos das maiores siderúrgicas na época em que foram privatizadas (Usiminas, CSN, Cosipa, Açominas). A CUT controlava o sindicato de metalúrgicos de Timóteo,

mentação do mercado de trabalho, ainda que a abertura comercial e o desemprego industrial tenham sido objeto de duras críticas a partir de 1996, assim como a política de juros altos que causou a diminuição de postos de trabalho e fechamento de empresas e demissões em sua base.

Na análise do movimento sindical brasileiro da década de 90, a temática do emprego ganha destaque a partir de 1993, quando é possível observar o crescimento de discussões e de elaboração de propostas em relação ao desemprego, da incorporação dessa temática às pautas de reivindicações e de realização de greves com ênfase nessa questão — geralmente com características de ações posteriores a algum movimento demissionário —, que indicam claramente o agravamento da dificuldade de mobilização e que atestam a restrição das possibilidades de conquistas sociais relacionadas ao emprego (Cardoso, 1999, p. 249).

O número de discussões diretas com as empresas aumentou ao longo dessa década, muito embora não tenham se refletido na conquista de novos direitos em convenções ou acordos coletivos, afinal o setor empresarial tem se pautado pelo objetivo de excluir os direitos conquistados durante a década de 80.

Nesse aspecto, mais uma vez, apontamos a exceção ocorrida a partir do polêmico espaço de negociação da Câmara Setorial Automobilística, que não só garantiu recuperação salarial, como logrou obter a manutenção do nível setorial do emprego entre 1992 e meados de 1995.

A mudança de estratégia nos planos de ação do movimento sindical[105] mostrou um sindicalismo mais disposto a agir e negociar nas diferentes esferas econômicas, políticas e sociais, mesmo diante de desdobramentos que não corresponderam aos objetivos nos quais baseava-se sua disposição inicial.

A mobilização sindical em relação à questão do emprego obteve resultado muito pequeno e as taxas de desemprego continuaram a crescer durante os anos 90. Muitas vezes, a ameaça de desemprego potencial foi a arma utilizada pelas empresas no processo de negociação. O desemprego e as transformações na organização da produção e o Estado modificaram a relação capital-trabalho em favor do capital.

---

em Minas Gerais, da Acesita.

[105] "Na década de 80, o contexto e a postura dos interlocutores do movimento sindical – que resistiam em negociar – forçaram e possibilitaram aos trabalhadores adotarem uma estratégia de confronto, tendo a mobilização como uma das mais importantes ações sindicais. Lembrando que também o chamado sindicalismo de resultado recorreu durante a década de 80 a um amplo movimento grevista" (Noronha, 1992 *apud* Cardoso, 1999, p. 250).

Pessanha e Morel (2000) afirmam que as mudanças de maior impacto, promovidas pelo governo Fernando Henrique Cardoso, estão relacionadas à instituição do Contrato de Trabalho por Tempo Determinado (Lei nº 9601, de 13 de janeiro de 1998)[106] e o Banco de Horas que visam alterar a CLT nos artigos 59 e 443. Além dessas mudanças, outras também relacionadas à flexibilização do trabalho estão sendo introduzidas via medidas provisórias, que serão apreciadas pelo Congresso Nacional a fim de determinar novas normas para contratação de trabalhadores em tempo parcial (MP1709 de 6 de agosto de 1998 e MP1709/1 de 3 setembro de 1998 que convalida a MP anterior[107]). Em novembro de 1998, foi editada uma outra Medida Provisória (MP1726 de 3 de novembro de 1998) que alterava a anterior e previa a suspensão temporária do contrato de trabalho de dois a cinco meses, realizada a partir de acordo entre patrões e empregados. Nesse caso, a suspensão do contrato não exime o empregador de pagar o Fundo de Amparo ao Trabalhador (FAT) e o empregado deve receber ainda bolsa de estudo equivalente ao seguro-desemprego para sua requalificação profissional e, dependendo do acordo, o empregado ainda recebe cesta básica e ajuda de custo adicional. Após esse período, caso o trabalhador não seja recontratado, sua demissão ocorre conforme o previsto em lei com todos os direitos.

Em relação a esse novo tipo de contrato de trabalho por tempo determinado, a posição oficial da CUT foi a de que de fato não haveria necessariamente a criação de novos empregos e que poderia haver um recrudescimento das ameaças ao quadro de contratações formais existentes e/ou potenciais. Quanto ao Banco de Horas, a CUT também é firme em suas ponderações ao considerar que o referido banco atende prioritariamente aos interesses patronais, alertando para uma possível suspensão do pagamento de horas extras aos funcionários, caso o banco de horas seja implementado.

Por sua vez, a Força Sindical foi a precursora na defesa da implementação do Contrato de Trabalho por Tempo Determinado, alegando a abertura de novas vagas em função da flexibilização nas relações traba-

---

[106] A nova lei permite à empresa contratar os trabalhadores por até dois anos sem pagar aviso prévio, nem multa de 40% sobre o FGTS por ocasião da demissão do empregado. Os depósitos para FGTS caem 8% para 2% do salário e as contribuições para o Sistema S (Senai, Sesi, Sesc e outros) são reduzidas à metade (Pessanha; Morel, 2000).

[107] Autoriza os empregadores a contratarem por jornadas parciais de não mais de 25 horas, aos trabalhadores ficam assegurados de forma proporcional direitos trabalhistas, garantidos aos trabalhadores por horário integral.

lhistas, possibilitada por essa medida. Quanto à CGT, bastante contrária às recentes modificações da legislação trabalhista, alega a inconstitucionalidade das novas medidas e teme um endurecimento das condições de negociação entre patrões e empregados.

A despeito das divergências entre as centrais, é flagrante a preocupação de todas com relação a suas possibilidades de adaptação à nova realidade, mesmo em se tratando de questões com relativo consenso — fim da unicidade sindical e da contribuição compulsória para os sindicatos e a redução do papel da Justiça do Trabalho — que também mereceram ressalvas acauteladoras (Pessanha; Morel, 2000).

As transformações em curso no perfil da institucionalidade das relações entre capital e trabalho, são percebidas em geral enquanto estratégias para fragilizar o movimento sindical que, por sua vez, precisa de um período de transição para responder ao impacto das políticas públicas ambivalentes que visam alterar o sistema brasileiro de relações de trabalho — tão culturalmente enraizado e resistente à mudança —, principalmente quando não está suficientemente claro se a dita modernização das relações capital/trabalho não incidirá em retrocesso.

De forma resumida, podemos dizer que o ambiente macroeconômico de insegurança do trabalho, no contexto dos anos 90, foi desfavorável para as estratégias e ações sindicais coletivas, devido não só às ações do Estado e à ausência de políticas ativas de emprego, como ao próprio contexto de mudanças no mercado de trabalho, à aceleração do processo de inovações tecnológicas e empresariais — redução de custos operacionais e forte ajuste no nível de emprego — que viabilizaram novas formas de relação capital-trabalho de onde surgiram grandes dificuldades para a mobilização sindical e negociação coletiva.

Assim, a estratégia de resistência declarada, utilizada nos anos 80, tanto pelo sindicalismo de confronto quanto pelo sindicalismo de resultados — conquista de direitos e salários com a perspectiva do recurso de retirar-se do trabalho enquanto expressão direta de insatisfação tornou-se extremamente dificultada frente aos limites impostos pela conjuntura desse período —, sobretudo no caso do setor bancário que já vinha sofrendo brutais alterações, desde meados dos anos 80.

No que se refere às considerações sobre o marco legal das relações de trabalho no Brasil, vale lembrar, que ainda que as relações de trabalho tenham passado por importantes transformações desde o final dos anos

70, a organização sindical brasileira apresentava, no final da década de 90, características introduzidas pela estrutura corporativa dos anos 30 e 40[108], permanecendo fragmentada, assistencial e burocratizada[109]. O modelo de sindicato resultante da moldagem de um conjunto de instituições que deveriam suprimir o conflito nos locais de trabalho, para transformá-los em problemas da Justiça do Trabalho, engendrou um sistema de representação sindical com características muito singulares: disperso e descentralizado por regiões, centralizado por categoria trabalhista e longe dos locais de trabalho. O caráter específico da estrutura de intermediação de interesses no Brasil tem sido amplamente discutido[110] e apresenta uma plasticidade que determinou sua capacidade de sobrevivência por várias décadas (Rodrigues, 1991 *apud* Pessanha; Morel, 2000).

Tal como já apontado, as características gerais da atuação sindical brasileira dos últimos decênios foram marcadas pelo ressurgimento sindical de fins dos anos 70, o qual inaugurou um período de atuação diferenciada das entidades de representação dos interesses dos trabalhadores e de empregadores. Excluídas da participação na vida política nacional, das atividades de negociação coletiva de trabalho, de greves e da defesa de seus próprios interesses, desde o golpe militar de 1964[111], as entidades sindicais estiveram cercadas pelo predomínio das normas da Justiça do Trabalho, da política salarial do governo e da repressão coordenada pelo Ministério do Trabalho, fortalecidos por uma estrutura sindical que, através da intervenção do Estado, impõe até hoje limites e tutela sobre a organização dos trabalhadores, assentada que está no monopólio de representação, vivendo de taxas obrigatórias impostas aos trabalhadores. O que queremos destacar é que essa estrutura sindical, reconhecidamente corporativa, sofreu algumas reformas liberalizantes. O modelo autoritário

---

[108] Ao final dos anos 30 e início dos anos 40, consolida-se no Brasil um modelo institucional de articulação entre setores público e privado, de caráter corporativista, que simultaneamente incorporou agentes emergentes no sistema político, subordinando-os ao Estado.

[109] As observações acerca da organização sindical brasileira foram fundamentalmente elaboradas a partir dos trabalhos de Pochmann (1996).

[110] Medeiros e Salm (1994), Pochmann (1998), entre outros discutem a ambiguidade e contraditoriedade da estrutura dessa intermediação.

[111] Nesse sentido, os aspectos repressivos contidos na legislação desde 1943 foram apenas reforçados durante o regime autoritário de 1964, não sendo necessário criar um novo sistema legal para o funcionamento dos sindicatos. Durante o regime autoritário não só foi possível reduzir o salário mínimo legal em termos reais — via reajustes regulados por legislação — como foi extinta a legislação referente à estabilidade no emprego a partir da criação do Fundo de Garantia por Tempo de Serviço (Lei nº 5105, de 13 de setembro de 1966), o que implicou na socialização dos custos de demissão entre as empresas, favorecendo a rotatividade no emprego sem a contrapartida dos custos adicionais (Cf. Barbosa de Oliveira, 1994).

e policialesco de gestão da estrutura sindical, realizado pelo Executivo Federal, foi substituído nos anos 80 por um modelo mais liberal de gestão da estrutura sindical, realizada pelo Poder Judiciário, ainda que ficassem preservadas as bases da estrutura sindical brasileira. Entretanto a despeito das transformações ocorridas, a não alteração do marco legal nas relações de trabalho constituiu-se em empecilho para uma maior modificação no comportamento dos sindicatos. De uma forma contraditória, em última instância, a não alteração do marco legal nas relações de trabalho pode ter sido um elemento facilitador de medidas desregulamentadoras na década de 90.

Dessa forma, o projeto de reforma trabalhista teve papel relevante na consecução das transformações previstas pelo programa de ajuste fiscal governamental, que pretendeu criar uma estrutura sindical mais moderna e ágil em conformidade com os anseios governamentais de uma nova institucionalização das relações entre capital e trabalho.

A Proposta de Emenda Constitucional (nº 623/98), encaminhada ao Congresso para alteração dos artigos 8º e 114º, da Constituição de 1988, visava em sua primeira parte redefinir regras para o enquadramento, a unicidade e o financiamento sindicais, possibilitando que o enquadramento sindical ficasse resumido ao registro em cartório, o Ministério do Trabalho deixasse de ter atribuições acerca desse controle, propondo o fim da unicidade sindical e suspendendo a possibilidade de contribuições diferentes daquelas decididas pelos próprios associados em reuniões de Assembleias. A segunda parte da Emenda traz a proposta governamental de limitação do poder normativo da Justiça do Trabalho, a fim de que, exceto em caso de greve, juízes não conciliem e julguem dissídios estimulando, portanto, a negociação coletiva entre as partes.

A reforma proposta pelo governo tem como objetivo flexibilizar as relações capital-trabalho, alterando substancialmente a CLT, permitindo a livre negociação entre patrões e empregados sobre direitos como 13º salário, descanso semanal remunerado, salário família, adicional de férias, direitos esses atualmente regulados pelo Estado (Pessanha; Morel, 2000).

Todavia, até agora, modificações de cunho liberal na estrutura sindical de fato não ocorreram. Ao contrário, o critério de unicidade foi reforçado. Nesse sentido, Boito Jr. (1996) ressalta que o projeto de lei sobre o Contrato de Trabalho por Tempo Determinado prevê a necessidade da anuência do sindicato para que uma empresa possa contratar trabalhadores dentro das novas normas contratuais e que tal medida não só aumenta o poder do sindicato oficial como pressupõe a manutenção da unicidade sindical.

Queremos enfatizar que a manutenção da legislação atual — que, segundo Pochmann (1996), estabelece uma estrutura sindical híbrida, com maior liberdade sindical, porém que mantém simultaneamente o monopólio da representação definida por força de lei, a burocratização do processo de negociação, a presença obrigatória da Justiça do Trabalho na administração de conflitos individuais e coletivos de trabalho e o sindicato distante do local de trabalho — reitera um perfil sindical corporativo, identificado pela fragmentação, pela descentralização e pulverização das negociações coletivas de trabalho, pela atuação assistencial e pela ação burocratizada que compromete ainda mais as possibilidades e avanços das lutas sindicais frente aos desafios do novo contexto do capitalismo contemporâneo.

O que se observa é uma representação de interesses distorcida, onde o exercício da ação sindical é dificultado não só pelo funcionamento cada vez mais flexível do mercado de trabalho, como por uma ação sindical laboral e patronal independente da sindicalização, determinada apenas pelo financiamento compulsório do sindicato. Essa organização sindical confederativa e verticalizada, segundo categoria profissional e região geográfica municipal — confederação, federação, sindicato e associação —, é financiada por recursos compulsórios, não possuindo ampla capacidade de negociação coletiva por entidades de cúpula, pouco difundidas entre o conjunto de entidades sindicais no país.

Os sindicatos no Brasil encontram-se organizados em conformidade com a base geográfica municipal ou intermunicipal e a categoria profissional é determinada legalmente, pressupondo negociações coletivas de trabalho restritas aos interesses de trabalhadores por categoria profissional e de acordo com a região geográfica de base mínima municipal. Desigualdades salariais e de condições de trabalho resultantes desse desenho institucional — que só não são maiores devido à ampla e minuciosa legislação social e trabalhista — dificultam negociações coletivas mais abrangentes (Pochmann, 1996).

Podemos dizer que as fontes de financiamento dos sindicatos têm se ampliado, assim como tem ocorrido uma alteração na estrutura de gastos dos mesmos, implicando na redução da participação dos recursos provenientes da contribuição sindical na receita federal total dos sindicatos, muito embora um grande número de pequenas entidades sindicais e a estrutura confederativa sejam mantidas com esses recursos.

Durante o início dos anos 90, o peso da contribuição sindical na receita total dos sindicatos apresentou um movimento de redução, desde que houve o surgimento da contribuição confederativa e assistencial, associado ao aumento na quantidade de sindicalizados. A exceção fica por conta das entidades de empregados assalariados urbanos e de trabalhadores autônomos.

Apesar da ampliação do acesso à saúde e aposentadoria, garantidas pela Constituição de 1988, os sindicatos permanecem utilizando quantias relevantes em programas de assistência médica e assessoria jurídica. Com relação a serviços de educação e participação e realização de congressos e de assessoria técnica, é muito reduzido o número de serviços oferecidos pelos sindicatos. Isto pode ser explicado pela rigidez na estrutura de gastos dos sindicatos imposta pela organização sindical corporativa que mais uma vez se apresenta anacrônica em relação às demandas sindicais e ao mundo do trabalho.

De acordo com Pochmann (1996), o exercício da atividade sindical exige do dirigente uma rotina e conhecimento de atividades tradicionais — formas de aplicação de recursos, do direito, de assistência social e de lazer entre outras — que abrange a própria ação sindical, muitas vezes afastando o dirigente das questões mais relevantes como o cotidiano dos trabalhadores.

A já citada ampliação das fontes de financiamento dos sindicatos no Brasil demandou um maior número de dirigentes em exercício, aumento este que não foi observado em relação à presença de delegados sindicais e de comissões de fábrica, bastante reduzidas em todo país.

A ausência de sindicatos nos locais de trabalho causa também maior dispersão dos recursos arrecadados, como o custeio de parte das despesas oriundas do afastamento dos dirigentes sindicais em exercício.

Em resumo, as características gerais do perfil sindical brasileiro, algumas aqui apontadas, são verdadeiramente incompatíveis com um sistema democrático de relações do trabalho, inviabilizando o rompimento com traços corporativos e implicando em dificuldades maiores para conquistas sindicais de teor setorial, regional ou nacional, favorecendo o descomprometimento com questões nacionais e metas macroeconômicas.

O estudo de Pochmann (1996) chama atenção para um conjunto de medidas que trariam o rompimento com a velha estrutura sindical e favoreceriam um possível aumento de eficácia e eficiência da atuação sindical, quais sejam:

- um amplo processo de fusão e incorporação das entidades sindicais;
- a concentração de esforços nas atividades fundamentais dos trabalhadores;
- uma maior participação nos fundos públicos, que visasse à ampliação e ao melhoramento da qualidade do sistema de seguridade social e de garantia de emprego;
- a implementação do instrumento da contratação coletiva centralizada e com forte representação sindical nos locais de trabalho.

4.4 O movimento sindical bancário nos anos 90

Desde o início do século XX, é possível observar um movimento de organização dos trabalhadores bancários. A Sociedade Beneficente dos Funcionários da Caixa Econômica de São Paulo data de 1907. A tradicional forma de organização dos trabalhadores nesse período — as mutuais — pode ser verificada e confirmada pela existência da Caixa de Montepios dos Funcionários do Comércio e Indústria de São Paulo (1921), da Caixa Beneficente dos Funcionários do Banco de Santos (1923), da Caixa de Previdência dos Empregados do Banco Comercial do Estado de São Paulo (1925) e da Caixa de Assistência do Pessoal do Banco do Estado de São Paulo (1932), para somente em 1923 ser criada de fato a primeira associação no país de trabalhadores bancários — Associação dos Funcionários de Bancos do Estado de São Paulo.

A referida associação, como outras daquele período, caracterizava-se por fins assistenciais, instrutivos e recreativos[112], não obstante já possuísse

---

[112] O discurso das lideranças bancárias desse período pautou-se pela noção de colaboração de classes, não assumindo a oposição entre capital e trabalho. A trajetória do movimento sindical bancário manifestou-se inicialmente de forma diferenciada em relação a outros setores mais organizados do movimento operário nas décadas iniciais do século XX, que realizavam clara e aberta oposição aos seus empregadores. É possível que a posição social do bancário, eivada de ambiguidades, possa explicar de certa forma a postura do movimento sindical bancário, à medida que as características do trabalho bancário exigiam qualificação encontrada em estratos sociais mais elevados e nas relações estabelecidas, onde predominava o caráter paternalista. A

a preocupação de garantir uma identidade própria à categoria bancária, ainda integrada à categoria dos comerciários. Entretanto a associação reproduzia internamente a mesma estrutura hierárquica dos bancos, para apenas em 1930 receber a participação de funcionários com menor nível hierárquico. Nesse período, já possuíam um clube e um jornal próprios.

A partir da década de 30 e da institucionalização das relações sociais no novo contexto sociopolítico — a decretação da Lei 19.770 impõe norma para o reconhecimento sindical que transforma os sindicatos em instituição de direito público —, a atuação da Associação se dá no intuito de enquadrar-se às novas determinações governamentais, em certa medida assimilando a figura e o discurso de um Estado protetor do trabalho.

A primeira greve dos bancários do Brasil ocorre em 1932[113], quando pela primeira vez a categoria posicionou-se mais efetivamente sobre suas condições de trabalho, ao reivindicar uniformidade no horário de trabalho, classificação por ordenado profissional, aposentadoria, participação nos lucros ou Contrato Coletivo de Trabalho e jornada de seis horas.

A greve de 1932[114] significou uma mudança de orientação no movimento dos bancários, demonstrando desgaste e superação no estilo anterior de atuação da Associação, que em meados dos anos 30 elege uma direção mais combativa e de perfil político mais objetivamente definido, passando a chamar-se Sindicato dos Bancários de São Paulo. Entretanto as reivindicações eram colocadas ao nível do Estado, a mobilização era dirigida ao governo, desse modo, sem conflito direto nos bancos.

A radicalização do quadro político do país e a intensificação da repressão varguista, a partir do final de 1935, reforçam os comportamentos conciliatórios por parte do Sindicato que lhe valeram o reconhecimento oficial em 1937.

Os bancários foram um dos principais setores a aderir à legislação sindical oficializando seus sindicatos, o que trouxe a politização das lutas e do movimento bancário. Os conflitos solucionados no âmbito do Estado

---

autoimagem que essa categoria elabora de si era fortemente reforçada por essas relações, mesmo que suas condições de vida igualassem ao operário (Cf. Canedo, 1986; Oliveira, A. M., 1990 e Jinkings, 1986).

[113] Nesse período, observa-se influência de militantes do Partido Comunista Brasileiro no Sindicato.

[114] "[...] As péssimas condições de trabalho, com a crescente perda de poder aquisitivo [...] motivaram a mobilização e organização do movimento. Da mesma forma, a conjuntura de ascensão do movimento operário desde o final da década de 20 contribuiu para a rápida penetração das reivindicações no interior da categoria [...] e foram fundamentais no caso bancário as mudanças nas conexões entre o Estado e as classes sociais [...]" (Oliveira, 1994, p. 85).

assumiam um caráter político, o que, por sua vez, favoreceu a substituição de relações de trabalho essencialmente paternalistas entre banqueiros e bancários, por relações eminentemente sindicais e políticas.

Em 1938, o Sindicato inicia um processo de fusão com outra organização bancária — o *Syn. diké* — de comportamento assistencialista e adepta do discurso de colaboração de classes. Após a fusão definitiva ocorrida em 1939, o Sindicato passa a chamar-se Sindicato dos Empregados em Estabelecimentos Bancários de São Paulo.

Em 1945, os sindicatos bancários das principais capitais encontravam-se consolidados, muito embora não possuíssem uma entidade central de coordenação, o que pode ser acelerado pelo processo de centralização sindical via deslocamento das direções sindicais dos bancos privados para o Banco do Brasil, acentuando assim a tendência do movimento para dentro das estruturas do Estado, que será mais bem observado na década seguinte.

Em 1950, o Sindicato consegue eleger uma diretoria desvinculada da intervenção governamental ocorrida em 1947, o que lhe vale o papel de referência no processo de reorganização do movimento sindical e uma intensa prática combativa e reivindicatória de maior autonomia e liberdade sindicais, ao desenvolver e articular uma campanha salarial unificada nacionalmente para o ano de 1951. Nesse período, era notória a presença de ex-interventores nos outros sindicatos bancários, o que demonstrava a dificuldade em unificar nacionalmente o movimento.

A greve de 1951 coloca em questão a Lei de Greve do Governo Dutra, deixando, porém, a organização do movimento potencialmente enfraquecida em face à dureza da repressão dirigida ao movimento grevista.

A partir da experiência dessa greve e da iniciativa dos bancários, foi criado em 1955, o Departamento Intersindical de Estudo Socioeconômicos (Dieese), a fim de contrapor-se aos índices oficiais do custo de vida que eram manipulados pelo governo.

Nos anos seguintes, os bancários continuaram lutando em campanhas para diminuir as perdas salariais da categoria, para somente em 1957 conquistarem as reivindicações pelas quais lutavam há muitos anos: a jornada de seis horas para todos os funcionários de bancos e a aposentadoria por tempo de serviço.

A luta pela unificação do movimento desenvolve-se paralelamente às tentativas do governo de centralizar o sistema bancário. A formação de federações e da Confederação Bancária atestam o esforço de resistência do movimento sindical bancário em criar uma base efetivamente bancária que garantisse sua representatividade sindical e o crescimento de sua capacidade de pressão. Mesmo assim, algumas reivindicações como aquelas relacionadas ao seguro social, à regulamentação do trabalho e da profissão foram realizadas ainda no âmbito das negociações com o Estado.

Os anos 60 são especialmente intensos para o movimento sindical bancário, diante da desarticulação promovida pelo governo militar por meio das intervenções nos sindicatos, do fim da estabilidade no emprego e da unificação dos institutos de previdência. A partir de 1968, o movimento sindical brasileiro sofre fortes perdas com o enrijecimento do quadro político e no caso específico do movimento sindical bancário — além das consequências gerais do clima de terror político daquele período — é nítida a prisão à máquina burocrática em que o movimento se encontrou.

Apenas em 1974/75[115], os bancários voltam-se mais ativamente para a sua reorganização prática enquanto movimento sindical, desta vez contra a política econômica do governo Geisel.

Na campanha salarial de 1978, as assembleias assumiram uma posição de enfrentamento ao entrar em greve, porém não foram bem-sucedidas, assinando um acordo — bastante desfavorável — no TRT com os banqueiros.

A partir de 1979, com a vitória de uma chapa de oposição[116], o Sindicato dos Bancários de São Paulo tem a chance de renovar-se enquanto agente ativo do processo de transição e transformação política vivida no país.

A nova direção considerava o Contrato Coletivo de Trabalho como uma porta para conquistas sociais no âmbito das relações de trabalho, iniciando um processo de mobilização e organização que viabilizasse o Sindicato como um legítimo representante das demandas da categoria. De 1979 a 1981, o número de sócios cresce expressivamente: de 29 mil para 46 mil e, a despeito da intervenção ocorrida no ano de 1983, o período de 1979 a 1985 aponta o amadurecimento do movimento e para a busca contínua de uma maior aproximação entre direção e base, especialmente favorecida pela organização da campanha pelas eleições diretas para presidente.

---

[115] Nesse período a sociedade civil brasileira começa a demonstrar um certo fôlego para organizar-se contra a repressão, ao votar expressivamente contra o governo e manifestar-se contra as violações aos Direitos Humanos.

[116] A plataforma da chapa de oposição continha questões específicas das condições de vida e trabalho dos bancários e do movimento sindical brasileiro, contemplando ainda reivindicações da sociedade, tais como a anistia, as eleições diretas e uma nova Assembleia Constituinte.

A fundação da Central Única dos Trabalhadores (CUT) em agosto de 1983 e a filiação formal do Sindicato a esta central expressam, na década de 80, a importância atribuída à capacidade de intervir diretamente não só em questões sindicais, assim como em questões que garantissem uma sociedade mais democrática e mais livre. Nesse aspecto, os bancários apoiaram vivamente as mobilizações pró "Diretas Já" e se fizeram presentes também na convocação de uma Assembleia Constituinte, visando à ampliação dos direitos dos trabalhadores. Sua participação nesse processo mobilizou os sindicatos, organizando emendas de iniciativa popular, centralizando e encaminhando-as ao Congresso Nacional. Esse tipo de empenho também pode ser observado na atuação da categoria bancária no processo de impeachment sofrido pelo presidente Fernando Collor de Mello, destacando as denúncias de teor financeiro. O Sindicato demonstrava assim seu vital envolvimento com os temas da ordem econômica, social e política do país.

A greve de 1985 materializa as várias propostas defendidas pelo movimento bancário desde 1979 e coloca o Sindicato dos Bancários em uma vantajosa posição de destaque no movimento sindical brasileiro. Porém a greve de 1987 impõe novas reavaliações sobre o movimento sindical bancário, apontando a necessidade de melhor preparo técnico da organização do movimento, em relação não só às ações grevistas, bem como em relação ao próprio funcionamento do sistema financeiro e às complexas condições enfrentadas pela categoria após os Planos Cruzados I e II: o alto índice de rotatividade no emprego e as deficiências de organização dos trabalhadores bancários dos bancos privados (Karepovs, 1994).

O final dos anos 80, além das greves e paralisações, se destacará pela discussão sobre o Contrato Coletivo de Trabalho, sempre presente nas formulações da categoria bancária. A pauta de reivindicações da campanha salarial de 1989 foi entregue em forma de contrato coletivo, alterando intencionalmente o tradicional processo de negociação com os banqueiros, que se recusam a aceitar tal proposta.

Os anos 90 podem ser divididos ou compreendidos entre o período pré-governo Fernando Henrique Cardoso e após o Plano Real. As medidas promulgadas pelo governo Collor — já discutidas em outras partes desta obra — tiveram efeitos lesivos aos bancários e à população em geral. Em junho de 1990, é realizada uma greve geral de sete dias pela reposição das perdas salariais e pela estabilidade no emprego, mas é a campanha salarial de setembro, numa greve de 13 dias, que significou uma vitória importante contra o arrocho salarial, recuperando uma expressiva participação da categoria. Nos anos 90, tornou-se fundamental inovar na organização e na mobilização da categoria. O contrato coletivo mantém-se como carro-chefe das mobilizações acompanhado certamente da luta pela reposição das perdas salariais. Os anos 90 também demonstram um certo amadurecimento nas relações entre capital e trabalho, caracterizado pela não ingerência da chamada justiça trabalhista nas negociações dos bancos privados, não obstante, esse processo não ser acompanhado pelas negociações com bancos públicos.

Os anos 90 estão marcados, outrossim, pela conquista de um único acordo válido[117] da categoria bancária para todo o país, consolidando um projeto bastante antigo dessa categoria e pela eleição de delegados sindicais no Banco do Brasil e Caixa Econômica Federal, além da eleição do Conselho de Representantes do Banespa e eleição de Diretores Representantes no Banco do Brasil e Banespa, o que atualmente está em processo de extinção no Banespa após a compra dessa instituição estatal pelo banco espanhol Santander.

A Federação dos Empregados em Estabelecimentos de Crédito do Estado de São Paulo (Fetec), criada em dezembro de 1989, e a Confederação Nacional dos Bancários da CUT-CNB/CUT, criada em março de 1992, permitiram que uma nova estrutura sindical se organizasse no movimento sindical bancário, fortalecendo-o.

4.5 As negociações coletivas como expressão da trajetória do movimento sindical bancário

Esta parte do trabalho pretende uma reflexão sobre a extensão das transformações ocorridas nas negociações coletivas do setor bancário da década de 90, principalmente após o Plano Real, por considerar que as negociações coletivas expressam parte fundamental da trajetória do movimento sindical do setor bancário nesses últimos anos.

Pautar-nos-emos basicamente pelos resultados dos trabalhos de Carvalho Neto (1999), Oliveira e Siqueira Neto (1999) que identificaram

---

[117] "[...] A Convenção Nacional de Trabalho é assinada por 120 Sindicatos, 07 Federações e 01 Confederação, representando 85% da Categoria [...]" (Karepovs, 1994, p. 146).

e analisaram os resultados das negociações coletivas durante a década de 90, buscando refletir sobre as saídas alternativas encontradas pelo movimento sindical bancário num cenário marcado pela política de controle da inflação e pela ausência de uma política salarial do Poder Executivo.

O trabalho de Oliveira e Siqueira Neto (1999) recorreu a uma análise por amostragem dos instrumentos normativos, que no caso do setor bancário analisou, de um lado, a Federação Nacional dos Bancos (Fenaban), Sindicatos dos Bancos do Estado de São Paulo, Paraná, Mato Grosso e Mato Grosso do Sul, Alagoas, Bahia, Rio de Janeiro, Minas Gerais, Tocantins e Brasília, Paraíba, Rio Grande do Sul, Pernambuco e Ceará e, de outro lado, Federações e Sindicatos dos Bancários de todo o país.

A análise desses autores esteve circunscrita ao âmbito das convenções coletivas diante da ausência de fontes sistemáticas de dados sobre negociações coletivas, sobretudo acordos coletivos. Os instrumentos supracitados foram levantados pelos autores junto ao DRT e ao TRT de SP, assim como em algumas federações e sindicatos de empregados e de empregadores.

Os dois trabalhos em questão tomam como ponto de partida períodos muito próximos: 1992, para o trabalho de Carvalho Neto (1999), e 1993, para o trabalho de Oliveira e Siqueira Neto (1999), cujo ponto de inflexão é o Plano Real, pois atingiu parte considerável dos instrumentos normativos do ano de 1993 estabelecidos em bases jurídicas diferentes daqueles que passam a vigorar após o Plano Real. Os períodos de término dos estudos são 1997 e 1998, respectivamente para cada trabalho.

A amostra utilizada pela pesquisa de Carvalho Neto (1999) envolve os bancários de todo país numa série histórica dos anos supracitados (1992, 1998)[118]. As tabelas a seguir assim o demonstram.

---

[118] "[...] as negociações de 92/93 e 93/94 nos permitiram analisar a influência das medidas tomadas pelo governo Collor desde o início dos anos 90, quando este promoveu uma abrupta abertura econômica num cenário ainda inflacionário. As negociações coletivas de 94/95 a 97/99 possibilitaram a observação do impacto do Plano Real de estabilização econômica sobre as mesmas [...]", o que permitiu analisar também os impactos do aprofundamento do processo de reestruturação produtiva no país sobre as negociações coletivas (Carvalho Neto, 1999, p. 114).

Tabela 3 – Número de convenções e acordos coletivos analisados no trabalho de Carvalho Neto (1999)

Bancos Privados	06 convenções
Banco do Brasil	05 acordos
CEF	04 acordos
Setor bancário (total)	06 convenções e 09 acordos

Fonte: Carvalho Neto (1999)

Tabela 4 – Número de cláusulas analisadas no período de 1992 a 1998

	92/93	93/94	94/95	95/96	96/97	97/98	Total 92 a 98
Bancos Privados	54	54	53	59	63	59	342
Banco do Brasil	45	43	35	32	06 (dissídio)	34	195
CEF	51	51	79	55	53	33	342
Total Setor bancário	150	148	167	146	122	146	879

Fonte: Carvalho Neto (1999)

O sistema de relações de trabalho de um país está inserido nos contextos externos político e macroeconômicos, sendo significativamente influenciado pela legislação do trabalho e pela intensidade da regulação estatal. Segundo Carvalho Neto (1999), a importância das negociações coletivas nas relações de trabalho está relacionada ao fato de ser a negociação coletiva[119] um importante instrumento de regulação de um conflito que é permanente e faz parte das relações capital — trabalho. Esse mesmo autor entende que a negociação coletiva é uma importante produtora de regras de funcionamento do sistema de relações de trabalho e uma grande conquista dos trabalhadores que, às vezes, conseguem sobrepor seus interesses aos dos grupos dominantes que, tradicionalmente, têm maior influência sobre o sistema de relações de trabalho. No seu entender, a negociação coletiva é um processo dinâmico legitimado pela prática de regulação de conflito e com grande indeterminação, sendo fator estruturante das relações de trabalho[120].

---

[119] Existe uma intensa polêmica sobre o caráter das negociações coletivas como centro dos sistemas de Relações Industriais, Carvalho Neto (1999) faz uma resenha bibliográfica sobre o tema no Capítulo 1 de sua tese de doutorado "As Negociações Coletivas como expressão das relações de trabalho: estudo de caso brasileiro de 1992 a 1998".

[120] A fim de uma aproximação empírica aos resultados sobre as negociações coletivas nas análises dos trabalhos de Oliveira e Siqueira Neto (1999) e de Carvalho Neto (1999), realizamos algumas entrevistas semiestruturadas

4.5.1. Observações gerais sobre as negociações coletivas no setor bancário brasileiro

Os titulares da negociação coletiva de trabalho no Brasil são os sindicatos, as demais entidades do sistema confederativo — federações e confederações — que negociam apenas quando autorizadas por procuração pelos respectivos sindicatos; as centrais sindicais, por sua vez, não possuem poderes para negociar, o que só pode ser feito também por procuração.

Os bancários, enquanto uma categoria de maior unidade nacional, realizam negociações de âmbito nacional, muito embora negociem com a presença dos sindicatos de base.

As negociações coletivas no Brasil contemplam apenas a negociação anual e por categoria; fora da data-base, as negociações só ocorrem em realidades sindicais mais avançadas ou em face a situações extraordinárias (greves, mobilizações etc.). A chamada negociação permanente é quase inexistente e a valorização das negociações anuais é limitadora do conteúdo de tratativas, bem como concentradora nas questões de teor salarial. Além disso, a data-base não é única por categoria, a despeito das lutas pela sua unificação.

São instrumentos normativos decorrentes da negociação coletiva:

- o **Acordo Coletivo de Trabalho** – acordo de caráter normativo pelo qual os sindicatos de trabalhadores estabelecem com uma ou mais empresas correspondentes condições de trabalho aplicáveis no âmbito local;

- a **Convenção Coletiva de Trabalho** – acordo de caráter normativo, pelo qual dois ou mais sindicatos representativos por categorias econômicas e profissionais estipulam condições de trabalho, não podendo prevalecer nenhuma disposição de contrato individual de trabalho que contrarie as normas da Convenção ou Acordo Coletivo. As condições estabelecidas em Convenção, quando mais favoráveis prevalecem sobre aquelas definidas em Acordo (Oliveira; Siqueira Neto, 1999, p. 9). Convenções ou Acordos podem ter cláusulas normativas — que estabelecem condições de trabalho — e obrigacionais — que estipulam obrigações recíprocas dos atores

---

com dirigentes sindicais, assessores sindicais e trabalhadores bancários.

das negociações. As cláusulas normativas podem ser: econômicas, sobre questões salariais e remunerativas, e ainda sociais;

- a **Sentença Normativa**, por sua vez, decorre de processo judicial (Dissídio Coletivo)[121] instaurado pelos sindicatos perante o Tribunal Trabalhista com jurisdição sobre a base de negociação; em caso de impasse nas negociações diretas tem efeito jurídico equivalente aos acordos normativos.

As negociações coletivas no setor bancário são umas das raras negociações de caráter nacional no Brasil. Os bancos privados estão organizados na Fenaban (Federação Nacional dos Bancos) que representa 230 instituições financeiras. A Convenção Coletiva é negociada centralizadamente em nível nacional com as federações e sindicatos do Brasil. Após a realização da negociação, os sindicatos acompanham o cumprimento da convenção nas agências bancárias de acordo sua base geográfica de representação — normalmente em nível de municípios (Carvalho Neto, 1999).

Por sua vez, os bancos estatais federais — Banco do Brasil e Caixa Econômica Federal, que também desenvolvem negociações de caráter nacional — o fazem separadamente, com as federações e sindicatos bancários de todo o país.

Os sindicatos dos bancários têm procurado, desde o início dos anos 90, realizar uma coordenação nacional incluindo os bancos estaduais que negociavam em separado.

As negociações coletivas são centralizadas nacionalmente por meio dos "Comandos" ou "Executivas Nacionais" que são formadas por dirigentes dos variados sindicatos de bancários.

Impulsionado pelo movimento sindical bancário ligado à CUT, o processo de centralização das negociações — já discutido no início deste capítulo — atende também às demandas das organizações financeiras — a maioria com abrangência nacional —, viabilizando uma gestão de recursos humanos mais homogênea em torno das respostas exigidas pelas reivindicações dos trabalhadores bancários.

---

[121] "[...] a maioria dos sindicatos brasileiros não tem poder de negociação e acabam recorrendo ao Dissídio Coletivo na tentativa de suprir a fragilidade organizativa [...] a estrutura do processo de negociação praticamente força os sindicatos a seguirem o caminho do Dissídio Coletivo de Trabalho, pois em caso de impasse nas negociações, na falta de Ajuizamento do processo, o sindicato envolvido perde a garantia de continuidade das condições de trabalho persistindo o impasse após o período de vencimento do instrumento normativo" (Oliveira; Siqueira Neto, 1999, p. 10).

A maioria dos sindicatos de bancários é filiada à CUT, muito embora outros grupos com certa expressividade não possam ser desconsiderados. A Confederação Nacional dos Bancários da CUT (CNB) representa 97 sindicatos e oito federações de trabalhadores.

A Federação dos Trabalhadores em Empresas de Crédito do estado de São Paulo (Fetec) está filiada à Central Única dos Trabalhadores (CUT) e reúne a maioria dos sindicatos desse setor, o que inclui o Sindicato dos Empregados em Estabelecimentos Bancários de São Paulo (Seeb-SP) e têm sua data-base no mês de setembro. De acordo com o estudo de Oliveira e Siqueira Neto (1999), nas convenções do período de 1993 a 1998, as cláusulas de maior incidência eram relativas a 17 pontos:

- Sistemáticas de reajustes e de antecipações salariais;
- Salário de ingresso, salário substituto e salário após 90 dias de experiência;
- Gratificação de função, de caixa e para compensadores de cheques;
- Adicional de horas extras, por tempo de serviço e por trabalho noturno;
- Pagamento de férias proporcionais e adiantamento de 13º salário;
- Auxílio-alimentação, auxílio-creche/babá, auxílio a filho excepcional/deficiente físico, auxílio-educação, auxílio-funeral;
- Assistência médico-hospitalar ao demitido;
- Complementação de auxílio-doença, auxílio por deslocamento noturno;
- Vale-transporte e fornecimento de uniformes;
- Estabilidade provisória para gestantes, pais, alistados, doentes, empregados em vias de aposentadoria, e em casos de aborto legal;
- Abono de faltas e justificação de ausências;
- Indenização por morte ou incapacidade decorrente de assalto, e seguro de vida em grupo;
- Regras para recolhimento de FGTS, dispensas e homologações;
- Comissões de prevenção a acidentes, de prevenção à Aids, e de segurança bancária;

- Contribuição assistencial;
- Garantias sindicais;
- Acesso a informações.

Esse estudo aponta que a convenção assinada em 1993 se manteve praticamente inalterada até 1997, com exclusão de somente duas cláusulas: uma em 1994, que previa o reajuste pelo INPC, que vigorou apenas até a adoção do Plano Real e a outra, em 1996, relativa à insalubridade/periculosidade.

Embora não tenha havido grandes alterações, o estudo observa que apenas em 1996 o reajuste salarial dos bancários foi inferior à inflação.

No período estudado não houve significativa agregação de benefícios. Em 1994, foi introduzido o auxílio-cesta-alimentação — uma remuneração mensal para compra de mantimentos cumulativa ao auxílio-refeição — e, em 1995, foi incluído o abono de falta em caso de participação em cursos ou encontros sindicais, que beneficiava dirigentes sindicais não favorecidos pela cláusula de frequência livre. Nesse mesmo ano foi incluída também a cláusula sobre participação dos trabalhadores nos lucros e resultados (PLR)[122].

Quanto às demais cláusulas sociais, o estudo de Oliveira e Siqueira Neto (1999) observa que no setor bancário as cláusulas relativas à garantia de emprego referem-se a situações muito específicas. O estudo ressalta algumas garantias acima do previsto em lei, como o direito à estabilidade por 60 dias ao pai, após o nascimento do filho, e à gestante, após 60 dias do término da licença-maternidade, destacando ainda a inexistência de cláusula de caráter mais abrangente relativa à proteção do emprego.

Com relação ao trabalho da mulher, os autores destacam uma cláusula de proteção em caso de aborto legal, ressaltando, porém, que a inclusão nas convenções coletivas de garantia de cumprimento da licença maternidade de 120 dias — uma garantia constitucional — dimensiona a fragilidade das conquistas obtidas nesse âmbito, o que pode ser comparado às regras de proteção ao trabalho do menor. Apenas duas cláusulas

---

[122] "Incentivada pelo Executivo através de medida provisória (MP) n.º 794, de dezembro de 1994, sucessivamente reeditada a cada trinta dias, a PLR foi acordada entre a Federação Nacional dos Bancos (FENABAN) e Executiva Nacional dos Bancários nas datas-base em 1995, 1996 e 1997, através de uma convenção coletiva de trabalho (CCT), que regulamenta o tema para todas as empresas na base territorial, também a abrangência nacional é motivo de destaque" (Boletim Dieese – jul. 1998, p. 20).

relativas à estabilidade provisória ao alistado e ao abono de faltas de empregados estudantes – esta última também aplicada da mesma forma a empregados em distintas situações funcionais – informam o pouco conquistado neste campo.

Contudo o estudo ressalta que o número de cláusulas que visam facilitar o diálogo entre empregados e empregadores é bastante significativo, principalmente em comparação a outras categorias profissionais. É neste bloco que estão as regulamentações tradicionais sobre a Cipa, proteção de trabalho e prevenção de acidentes, juntamente com cláusulas referentes a garantias sindicais, comissões paritárias e mecanismos de acesso a informações. Oliveira e Siqueira Neto (1999) consideram que tais cláusulas representam uma certa evolução das relações de trabalho no setor, independentemente de não ser possível confirmar a eficácia das mesmas a partir tão somente da análise das convenções coletivas.

Outro aspecto destacado pelos mesmos autores é a ausência de cláusulas de proteção face à inovação tecnológica, especialmente se considerando o largo espectro do processo de inovação tecnológica que vem ocorrendo no setor bancário há quase duas décadas. A inexistência do tema em qualquer cláusula nas convenções coletivas aponta a fragilidade do movimento sindical em relação à realização de eventuais acordos coletivos em torno da introdução tecnológica estreitamente relacionada ao problema do desemprego. Esta é uma questão muito relevante, pois sua análise pode, de fato, informar sobre os caminhos trilhados pelo movimento sindical diante do processo de reestruturação produtiva e organizacional do setor bancário.

A seguir, apresentamos as tabelas e quadros realizados pelos autores citados que sistematizam as informações analisadas.

Tabela 5 – Reajustes Salariais

Ano	%	INPC (IBGE) acumulado (de setembro do ano anterior a agosto do ano de referência)
1993	1.710,92%+5% de aumento real	1.732,88%
1994	16% (11,87% do IPCR entre julho e agosto/94+3,69% da variação da URV)	3.112,64%
1995	30%	25,80%
1996	10,80%	14,28%
1997	5%	4,30%

Fonte: percentuais de reajuste: convenções coletivas da categoria, dos respectivos anos. INPC: calculado a partir dos números índices fornecidos pelo banco de dados do Dieese *apud* Oliveira e Siqueira Neto (1999)

Quadro 64 – Garantia de Emprego

- Ao empregado em via de aposentadoria (até 12 meses da aposentadoria para o empregado com, no mínimo, cinco anos de empresa, e até 24 meses da mesma para o empregado com 28 anos de vínculo ininterrupto com o mesmo banco, ou 23 anos, no caso das mulheres);
- À gestante, da confirmação da gravidez até 60 dias após a licença-maternidade;
- Ao alistado, desde o alistamento até 30 dias após a baixa;
- Ao enfermo, até 60 dias da alta médica para os doentes afastados por tempo igual ou superior a seis meses contínuos;
- Ao pai, por 60 dias consecutivos após o nascimento do filho;
- À mulher submetida a aborto legal, nos 60 dias após a ocorrência do aborto.

Fonte: Oliveira e Siqueira Neto (1999)

Quadro 65 – Trabalho da mulher

- Garantia de emprego à gestante, desde a gravidez até 60 dias após o término da licença-maternidade;
- Garantia de emprego à mulher submetida a aborto legal, nos 60 dias após a ocorrência do aborto;
- Licença maternidade de 120 dias, conforme a Constituição Federal;
- Estabilidade à empregada em via de aposentadoria, aos 23 anos de trabalho no mesmo banco;

- Auxílio-creche/babá, prevendo reembolso monetário por filho com até 83 meses de vida;
- Ausência justificada de dois dias/ano para levar o filho ou dependente menor de 14 anos ao médico.

Fonte: Oliveira e Siqueira Neto (1999)

Quadro 66 – Diálogo entre empregados e empregadores

- Facilitação às entidades sindicais para a realização de campanha de sindicalização na empresa, a cada período de 12 meses;
- Informação às entidades sindicais sobre o término do mandato de cipeiro, com 45 dias de antecedência;
- Obrigatoriedade de acesso ao quadro de aviso no banco para fixação de comunicados de interesse da categoria;
- Abono de até três dias/ano para participação em cursos e encontros sindicais para dirigentes eleitos e não beneficiados com a cláusula de frequência livre;
- Frequência livre e remunerada dos empregados investidos de mandato sindical;
- Remessa mensal ao sindicato, pelo banco, dos comunicados sobre acidentes de trabalho;
- Continuidade do trabalho das comissões de prevenção a acidentes, prevenção à Aids e de segurança bancária.

Fonte: Oliveira e Siqueira Neto (1999)

Acerca dos instrumentos normativos analisados por Oliveira e Siqueira Neto (1999), outro dado importante é sobre as cláusulas mais excluídas, que foram aquelas relativas à compensação de perdas salariais, suprimidas das convenções coletivas, revelando uma tendência importante face à relevância histórica das cláusulas salariais nas negociações coletivas.

Mas a capacidade de pressão e a longa experiência do setor bancário se expressam na menor alteração das cláusulas de caráter geral durante o período selecionado para o estudo.

Em relação à convenção de 1993, os bancários agregaram poucos benefícios, contudo, não ocorreram variações negativas nas suas convenções coletivas, o que pode ser explicado pela forte organização da categoria, pela sua tradição de negociação e por terem convenções mais complexas com grande número de cláusulas acordadas e consolidadas.

Com relação à participação dos trabalhadores nos lucros e resultados das empresas, esse benefício veio ocupar parcialmente o lugar dos reajustes salariais. Vale acrescentar que a participação nos lucros e resultados está normalmente afeita ao desempenho da empresa, onde o estabelecimento de metas a serem atingidas pelos trabalhadores sempre foi a tônica das discussões. Atualmente, o movimento sindical bancário começa a pôr em pauta a necessidade de se fixar metas também para as empresas. Assim, as metas de qualidade e produtividade que podem incidir em demissões devem ter contrapartidas do tipo: garantia do nível de emprego; redução da taxa de rotatividade; redução da jornada de trabalho e da realização de horas extras; o aumento das horas de treinamento; a eliminação dos acidentes de trabalho; e a redução do número de reclamações trabalhistas (Oliveira; Siqueira Neto, 1999).

O pequeno incremento das cláusulas sobre comissões paritárias observado por esses autores, refere-se basicamente à negociação de litígios e à promoção da negociação por meios extrajudiciais, que pretendeu dirimir controvérsias surgidas entre as partes, relativas ao cumprimento ou não das convenções e acordos coletivos em vigor. As comissões paritárias sobre segurança e acidente de trabalho, ainda que de caráter restrito, indicam tendências positivas de vitalidade do movimento sindical. Quanto às cláusulas relativas ao acesso à informação, que esbarram na resistência patronal — relacionada às possibilidades de as empresas informarem sobre admissão, demissão, número de trabalhadores em atividade e ocorrência de acidentes de trabalho — é de causar surpresa no setor bancário, justamente um dos que têm enfrentado mais intensamente os processos de reestruturação produtiva, não existir qualquer cláusula com esses objetivos nas suas convenções.

A dificuldade dos sindicatos para garantir sua participação nesses processos é muito grande e a cultura empresarial autoritária tem sido apresentada como uma das causas para essa ausência.

Interessante ainda e já apontado ao longo deste trabalho, é a contradição entre o discurso empresarial em favor de maior investimento em reciclagem e formação profissional e os gastos realizados com esse propósito, que associada ao reduzido número de cláusulas negociadas nesse sentido, revelam um dos lados mais obscuros da reestruturação produtiva no setor bancário. Não existe de fato um maior investimento para que os trabalhadores possam enfrentar as inovações tecnológicas, adequando-se às novas formas de gestão participativa e às exigências de inserção competitiva nos mercados interno e externo, que não seja de fato aquele realizado pelo próprio trabalhador bancário que, tradicionalmente, possui uma educação formal mais completa que os trabalhadores de outros segmentos, hoje muito mais explorada pelo capital, sobretudo diante da intensa redução de postos de trabalho nesse setor.

As tendências observadas no estudo de Oliveira e Siqueira Neto (1999) foram reforçadas por um conjunto de medidas administrativas e legislativas que ocorreram concomitantemente à dinâmica das negociações coletivas.

O lançamento das várias Medidas Provisórias sobre Participação dos Trabalhadores nos Lucros ou Resultados das Empresas destinou-se a regulamentar os dispositivos da Constituição Federal de 1988 (inciso XI, do artigo 7º), que assegurou aos trabalhadores participação nos lucros e resultados, desvinculada da remuneração, o que implica em lucros ou resultados não incorporados à remuneração do empregado[123]. O referido estudo aponta que esse expediente viabilizou a substituição das cláusulas de reajuste pelas cláusulas de participação nos lucros e resultados com grande vantagem para os empregadores, dado que sob o ponto de vista trabalhista a transferência legal de recursos das empresas para seus empregados passa a ocorrer com um baixíssimo custo.

Bem-sucedido em termos de administração do Plano Real, esse expediente não foi, porém, benéfico às relações de trabalho, já que foi utilizado para fins distintos de seu fundamento, de modo que o lado virtuoso do mecanismo não só foi esvaziado, como permitiu ampliar o risco de defasagens salariais.

A quebra de garantias institucionais e a flexibilização da ação fiscalizadora do poder público favorecem a precarização do conteúdo das negociações, subordinando as questões salariais à política macroeconômica em vigor, tal como podemos notar.

No final dos anos 90 e início do ano 2000, o fim da "inércia inflacionária"[124] apresentou uma nova tendência de alteração no foco das reivindicações, que estariam a partir de então centradas em tentativas de apropriação de ganhos de produtividade.

---

[123] Nesse sentido não podemos entender a PLR como salário ou integrada ao salário, não sendo possível incluí-la no cálculo dos direitos trabalhistas (férias, 13º salário) e não incidindo em contribuições ou tributos (FGTS e contribuição previdenciária) (Oliveira; Siqueira Neto, 1999, p. 42).
[124] A chamada "inércia inflacionária" provocava a indexação dos preços, contratos e salários.

O quadro de estabilização econômica, com variáveis mais favoráveis — inflação sob controle, taxas de juros mais baixos e mais crédito — observado a partir de 1999, permitiu que as centrais sindicais se concentrassem na tentativa de vincular as pautas de reajuste a perdas acumuladas desde o início do Plano real, a partir da alegação de que as empresas obtiveram lucros significativos com o crescimento da produtividade.

No setor bancário, onde foi notório o aumento do faturamento dos bancos em detrimento da expressiva redução do número de postos de trabalho, a mudança de cenário, todavia, favoreceu os sindicatos, não só no sentido de reforçá-los, como de levar para um plano menos prioritário as reivindicações quanto à manutenção do emprego e dos direitos adquiridos.

Muito embora com o poder de barganha arranhado por anos consecutivos de ajuste no setor, os sindicatos dos bancários permaneceram como importante parâmetro para as negociações de categorias menos organizadas e menos fortes. Contudo, ao não disporem de instrumentos para a garantia de reposição de perdas, os trabalhadores, em geral, passaram a depender exclusivamente de sua capacidade negocial, o que significou uma certa pulverização das negociações[125].

Boa parte dos 28 principais bancos que compõem o sistema financeiro conseguiu cobrir mais da metade ou mesmo a totalidade de suas folhas de pagamento com a cobrança de tarifas, que podem apresentar diferenças entre si de até 1.960%[126]. Este foi dos principais argumentos para as reivindicações relativas ao aumento de produtividade alcançado pela categoria bancária desde o início do Plano Real.

O fim da política salarial, aliado aos altos índices de desemprego nos últimos anos, fez com que os trabalhadores ficassem desmobilizados e aceitassem acordos desfavoráveis. Além do desemprego, a recessão, fatores como a privatização de empresas estatais, o crescimento da terceirização no setor privado e o conservadorismo da Justiça do Trabalho contribuíram para a redução dos dissídios coletivos. Entretanto o maior número de dissídios e recursos encaminhados ao Tribunal Superior do Trabalho

---

[125] De acordo com Pochmann, entre 1999 e 2000 foram realizados 55 mil acordos, um aumento significativo se comparado ao número de acordos dos anos 80, cerca de 35 mil (Gazeta Mercantil, nov. 2000).

[126] "De acordo com a pesquisa 'Tarifas Bancárias', da Secretaria de Estudos Econômicos (Sese) do Seeb/SP, o banco com melhor situação nesse aspecto é o Itaú, que com o recolhimento de tarifas em julho de 2000 arrecadou o equivalente a quase 2 vezes o que é gasto com a folha de pagamento (196%) [...] Em 2º está o Unibanco, cuja quantia chega a 116,1% e em seguida vem o Bradesco, com 93,5%" (Gazeta Mercantil, 2000).

no ano de 2000 já indicava o maior poder de fogo dos trabalhadores nas negociações salariais. O quadro a seguir indica a evolução do número de dissídios coletivos que foram levados a TST.

Quadro 67 – Evolução do número de dissídios coletivos levados ao Tribunal Superior do Trabalho

Ano	Originários de Categorias nacionais	Recursos Apresentados
1995	18	649
1996	15	956
1997	16	1.082
1998	14	852
1999	08	418
2000	13	370

Fonte: *Gazeta Mercantil* (dez. 2000)

O estudo de Carvalho Neto (1999) informa que com relação ao número de cláusulas acordadas nas negociações coletivas de 92/93 a 97/98, houve um ligeiro aumento nos bancos privados (cinco cláusulas); na Caixa Econômica Federal (CEF) houve um forte aumento do número de cláusulas em 94/95, que depois apresentou declínio no ano seguinte, mantendo em 97/98 o mesmo número de cláusulas[127] do período inicial de análise, e quanto ao Banco do Brasil, houve uma redução de 11 cláusulas que marca um período de demissões[128] e enfraquecimento do poder sindical nessa instituição.

As análises de Carvalho Neto (1999) apontam severas perdas salariais e de conquistas, especialmente em bancos estatais federais, confirmando a diminuição do poder dos trabalhadores bancários em relação aos anos 80.

Em 1996/97 houve instauração de dissídio no Banco do Brasil, o que explica o baixo número de cláusulas (apenas seis) constantes no acordo

---

[127] As causas apontadas para justificar a oscilação na CEF estão relacionadas a uma intensa mobilização dos trabalhadores e ocorrência de greve no período de 94/95. Essa negociação resultou em conquistas bastante significativas (direito de greve na CEF, garantia de emprego, requalificação e alocação de trabalhadores atingidos por inovações organizacionais e estabilidade para comissão de negociação) que, entretanto, foram perdidas logo no ano seguinte (Carvalho Neto, 1999, p. 170).

[128] No período de 94/98 foram demitidos 53.600 funcionários do BB, 43% do total (Carvalho Neto, 1999, p. 170).

coletivo. Mas o que se destaca é uma importante mudança de postura[129] por parte da Justiça do Trabalho, que ao longo da década de 90 vai indeferir conquistas anteriores, promovendo a perda da irredutibilidade que possuíam os acordos coletivos. Mesmo assim, em conjuntura tão adversa, a alteração da validade de dois acordos coletivos na CEF de um para dois anos (anualmente seriam discutidas as cláusulas relativas a variações sazonais) pode ser considerada como positiva, porque em alguma medida indica maior confiança na negociação.

A **negociação coletiva centralizada da remuneração do setor bancário** de 1992 a 1998 apresenta um aumento de peso percentual do número de cláusulas sobre remuneração nas convenções e acordos coletivos dos bancários brasileiros, tanto nos bancos privados quanto no Banco do Brasil. Nesse bloco temático da remuneração encontramos variações importantes entre o setor bancário privado e estatal.

Para os anos anteriores ao Plano Real (92/93 e 93/94), os sindicatos bancários negociaram com a Fenaban não só a reposição integral da inflação acumulada, como aumentos reais de 5% a 6%; já os bancos estatais pesquisados — CEF e BB — onde isto não ocorreu, houve perdas. Os bancários da CEF permaneceram dois anos consecutivos com perdas ainda que residuais (1,20%) e os do BB tiveram perdas no ano anterior ao Plano Real. O ajuste do setor já havia começado nos bancos estatais, como se pode observar.

Após o Plano Real, a despeito da conjuntura totalmente desfavorável para o trabalhador bancário, os sindicatos dos bancários conquistaram aumentos reais nas negociações com a Fenaban, exceto para o ano de 96/97 quando foi residual e os bancários das instituições privadas sofreram perda salarial, mantendo, porém, seu poder de compra durante todo o período de 1992 a 1998.

Confirmando as tendências observadas ao longo deste trabalho, a análise das negociações coletivas nos permite ver que houve grande dificuldade dos bancários do setor estatal se defenderem, sofrendo perdas salariais durante cinco anos consecutivos no caso do BB e no caso do CEF durante seis anos. Os abonos que os bancários do BB e CEF tiveram, apesar de elevados, só ocorreram no período de 96/98. De todo modo, se os bancários do setor privado conseguiram mostrar uma vitalidade maior

---

[129] Até os anos 90 prevaleceu o direito adquirido dos trabalhadores de modo que o acordo do ano anterior era referendado sempre pelos Tribunais do Trabalho. Essa mudança de atuação da JT causou e tem causado dificuldades adicionais aos sindicatos.

que os do setor estatal em termos do que foram conquistados, acerca de reajustes, reposições, abonos etc., os salários pagos pelos bancos privados ainda eram, nesse período, de 2,5 a 3 vezes menores que os salários pagos nos bancos estatais até 1998 (Carvalho Neto, 1999).

O quadro a seguir informa sobre a negociação da remuneração após o Plano Real.

Quadro 68 – Negociação da remuneração após o Plano Real

Ano	Fenaban	BB	CEF
94/95	Aumento real de 0,87%	Perda de 1,14%	Perda de 0,75% a 1,12%
95/96	Aumento real de 3,57%; PLR: 72% do salário, mais R$200; bancos com programa de PLR podem compensar valores pagos.	Perda de 0,41%	Perda de 3,75% - Abono de R$550 para todos.
96/97	Perda de 1,93%; PLR: idem acima, de 60% do salário, mais R$270.	Reajuste de 0,00%; Perda de 12,49%; abono de R$3.000 para todos.	Reajuste de 0,00%; perda de 12,49%; 1ª parcela do abono de R$5.500 para todos.
97/98	Aumento real de 0,67%; PLR idem acima, de 80% do salário, mais R$300.	Reajuste de 0,00%; Perda de 4,12%; abono: R$ 3.000 para todos exceto apoio –R$1.800.	Reajuste de 0,00%; Perda de 4,12%; 2ª parcela do abono de R$5.500 para todos.

Fonte: Carvalho Neto (1999) a partir de convenções e acordos coletivos entre a Fenaban, CEF e o BB e vários sindicatos e federações de bancários de todo Brasil

A PLR desvinculada de metas e da própria discussão sobre produtividade, constitui-se em abono, descaracterizando sua própria concepção como já assinalamos.

O recente estudo do Dieese sobre programas de remuneração variável, realizado em quatro instituições de varejo (Itaú, Nacional, HSBC e Real ABN Amro), confirma implementações sem qualquer negociação com os sindicatos — à exceção do HSBC, cujo programa foi implementado com a participação de uma comissão de 13 representantes dos empregados, dos quais quatro são indicados pelas entidades sindicais dos bancários (Rodrigues; Passos; Fazio – Dieese, maio 2001).

A **negociação coletiva centralizada da PLR**, ainda que tenha se mantido, apresenta uma tendência a descentralizar-se de acordo com sua natureza localizada. Porém o modo como os bancos concebem a PLR não faz desse expediente uma oportunidade positiva de ação dos sindicatos, afinal a imposição de programas e as constantes negativas em negociar a PLR, vinculada a metas com os sindicatos, confirmam a concepção de que a PLR ainda não se tornou o instrumento de ação que se pretendeu em sua origem.

No decorrer do período analisado por Carvalho Neto (1999), os sindicatos dos bancários conseguiram manter os anuênios a despeito das tentativas da Fenaban, que vem tentando retirá-los da convenção. A CEF foi a única instituição que não concedeu anuênio e no BB, o anuênio de 1% concedido tem valor praticamente igual ao concedido pelos bancos privados.

As mudanças na forma de remuneração dos bancários ocorreram em um cenário de radical reestruturação do sistema bancário, iniciada na década de 80 após as tentativas de estabilização econômica e que foi acelerada nos anos 90, após o Plano Real, o que colocou em andamento um movimento de recriação do trabalho bancário e de sua remuneração. Essa nova política de remuneração informa sobre os esforços das instituições bancárias em ganhar não só flexibilidade nos custos como eficiência operacional e competitividade diante do fim dos tradicionais ganhos inflacionários.

Os referidos programas de participação nos resultados representam, assim, um poderoso mecanismo de remuneração variável dos empregados, utilizado pelos bancos privados brasileiros, com o objetivo de tornar mais flexíveis as despesas de pessoal e transformar, a médio prazo, custos fixos em custos variáveis, vinculando parcela da remuneração dos bancários à evolução do valor adicionado nas suas atividades, em busca crescente de ganhos de produtividade.

Apesar de a convenção coletiva dos bancários ter a PLR como cláusula, muitos bancos têm seus próprios programas.

A PLR influenciou muito no desvio das discussões sobre as mudanças no comportamento do sistema financeiro e a consequente redução dos salários e postos de trabalho.

Seus aspectos negativos podem também estar relacionados à transferência do controle do uso do trabalho para o interior das empresas, ignorando os sindicatos e como o acesso às informações econômicas das instituições bancárias não é completo, o cálculo sobre os percentuais a serem pagos pode não ser favorável aos trabalhadores.

Com relação à **negociação coletiva centralizada dos benefícios**, os bancários das instituições privadas obtiveram ganhos em relação aos bancários das instituições estatais, confirmando a tendência de que a negociação coletiva foi mais positiva nos bancos privados e revelando certa estagnação ou retrocesso nos bancos estatais. Benefícios como ticket alimentação de valor mais elevado para os bancários de instituições privadas, a conquista da cesta básica nos bancos privados, e plano médico odontológico[130] garantido por 30 dias para demitidos somente em bancos privados, são alguns exemplos.

Observa-se no quesito benefícios uma crescente ofensiva empresarial no sentido de retirar conquistas dos bancários, não obstante até o momento sem sucesso, tal postura é absolutamente compatível com a reestruturação produtiva e organizacional que vem sendo encetada pelo setor bancário.

Os benefícios de indenização por morte ou invalidez revelam a preocupação de empresários e trabalhadores com o aumento do número de assaltos a bancos que se expressou também na criação de comissões temáticas (Carvalho Neto, 1999). Por sua vez, a diferenciação entre planos de benefícios de trabalhadores antigos e aqueles que entraram mais recentemente na instituição[131], enquanto artifício de duvidosa legalidade, expressa a tendência de precarização do contrato de trabalho.

O peso percentual do número total de cláusulas sobre benefícios nas convenções e acordos coletivos dos bancários, para o período de 92/98, mostrou-se relativamente estável nos bancos privados e CEF, sem haver mudanças concretas, conforme demonstrado no quadro a seguir:

---

[130] O plano de saúde do Banco do Brasil não está formalizado em acordo coletivo, o que implica em riscos de seu desaparecimento sem qualquer obrigação legal de discussão sobre o assunto por parte dessa instituição.
[131] No BB essa diferenciação foi criada em 1997, onde até mesmo o plano de previdência (Previ) é diferente para novos empregados (Carvalho Neto, 1999).

Quadro 69 – A Negociação Coletiva dos Benefícios – Setor Bancário – 92/98

92/93	95/96	96/97	97/98
Auxílio-creche: valor fixo para filhos até 7 anos – p/ mês	FN - R$ 78,00 BB - R$ 60,00 CEF – R$ 78,00	FN – R$ 86,00 BB – R$ Dissídio CEF – R$ 90,00	FN – R$ 100,00 BB – R$ 76,20 CEF – R$ 105,00
Cesta Básica (início 94/95) p/ mês	FN – R$ 102,00 BB e CEF – nada	FN – R$ 113,00 BB e CEF nada	FN – R$ 118,00 BB e CEF nada
Ticket Alimentação valor fixo	FN – R$ 7,00 BB – R$ 7,00 CEF R$ 7,00	FN – R$ 7,80 BB – Dissídio CEF – R$ 8,00	FN – R$ 8,11 BB – R$ 8,00 CEF – R$ 8,00
FN – Plano Médico – odontológico até 30 dias após demissão	FN = 92/93	FN = 92/93	FN = 92/93
Indenização por morte e invalidez em caso de assalto, valor fixo	FN -R$ 34.522,76 BB –R$ 44.747,80 CEF – R$ 45.000,00	FN -R$ 38.552,00 BB –Dissídio CEF – R$ 50.000,00	FN -R$ 40.000,00 BB –R$ 50.000,00 CEF – R$ 50.000,00

Legenda: FN = Fenaban (privado).
Fonte: Carvalho Neto (1999)

A **negociação coletiva da jornada de trabalho** no setor bancário brasileiro assumiu, nos últimos anos, uma importância crescente devido à disseminação do desemprego e à polêmica diante da possibilidade de minorá-lo, se implementada a jornada legal de seis horas para todos. O chamado comissionamento — o pagamento de duas horas extras diárias — de um número significativamente alto de bancários, embora represente o acréscimo de 1/3 da remuneração, não corresponde ao efetivo pagamento das horas extras, prática diária extremamente disseminada nos bancos.

A Fenaban vem tentando, sem, contudo, lograr êxito, flexibilizar o horário de atendimento com uma perspectiva oposta à dos sindicatos, alegando que essa proposta de abertura para trabalhar em dias não ortodoxos geraria empregos.

Nesse sentido, são reveladoras a redução do adicional de horas extras e a retirada de conquistas anteriores (jornada de seis horas para comissionado e impedimento do fracionamento da jornada de trabalho de seis horas diárias) realizadas no BB que tinham o objetivo de restringir os artifícios para estender a jornada de seis horas. A instituição do "banco de horas" no BB em 97/98, caminha no sentido de viabilizar a troca de horas extraordinárias por compensação em folgas, ou concessão prévia de folgas quando a demanda de serviço for reduzida, pago com horas extras, posteriormente, quando a demanda de serviço aumentar.

No quadro a seguir está demonstrada a negociação da jornada nos bancos brasileiros selecionados pelo estudo de Carvalho Neto (1999).

Quadro 70 – A Negociação da Jornada de Trabalho

	92/93	93/94	95/96	97/98
Adicional de horas extras	BB – 60% FN – 50%	BB – 60% FN – 50%	BB – 50% FN – 50%	BB – 50% FN – 50%
Flexibilização da Jornada	-	-	-	BB: banco de horas

Fonte: Carvalho Neto (1999)

Para a Fenaban, a constituição de um banco de horas misto — parte das horas extraordinárias é paga e outra parte é compensada em folgas — traria algum reflexo positivo no desempenho do setor e nos custos dos bancos.

A **negociação centralizada da saúde e segurança** no setor bancário brasileiro, de 1992 a 1998, apresentou algumas observações contrárias a um movimento de expansão negocial no âmbito dos bancos privados. Desta feita, foram os bancários das estatais (BB e CEF) que obtiveram importantes conquistas no período analisado, em detrimento dos bancários das instituições privadas que não negociaram nenhuma nova cláusula no período. No período analisado, não havia nas convenções coletivas da Fenaban cláusulas referentes à segurança do trabalhador ou à readaptação do acidentado, tal qual as existentes nos acordos coletivos do BB e da CEF.

Fonte de preocupação no setor, os casos de assalto e violência, que também dizem respeito ao cliente, fomentaram nos sindicatos estratégias de envolvimento do usuário dos serviços bancários a fim de pressionar as instituições bancárias a não só discutir a segurança física das agências como promover medidas nesse sentido[132].

Como já amplamente conhecido, um dos principais problemas dos bancários é a grande incidência das lesões por esforços repetitivos (LER), sendo o reconhecimento formal dessa doença pelos empresários uma conquista importantíssima tanto da CEF quanto do BB. Neste último, a inclusão de cláusula que garante "gratificação de caixa" por um ano após o término da licença de caixas com LER, merece destaque. Em 1997/1998, os bancários do Banco do Brasil perderam a cláusula referente ao direito de transferência da gestante para dependência não insalubre e se nos bancos privados foi feita uma nova redação que incidiu na elevação do número de cláusulas desse bloco, não foi inserida nenhuma nova cláusula; na CEF no ano de 94/95 foram introduzidas novas cláusulas que foram retiradas nos acordos subsequentes, o que demonstra as dificuldades do movimento sindical quanto à negociação desse bloco temático. Os quadros a seguir informam sobre as cláusulas de segurança e prevenção de acidentes no setor bancário brasileiro.

Quadro 71 – A negociação coletiva da segurança no BB e CEF

94/95	97/98
Promoção de reunião banco – sindicato sobre problemas de funcionários que testemunharam assalto (BB).	Igual (BB) 94/95
Assalto: empregados terão atendimento médico e psicológico custeado pelo banco (CEF)	Igual 94/95 (CEF)

Fonte: Carvalho Neto (1999)

---

[132] Carvalho Neto (1999) cita o caso do Sindicato de Bancários de Belo Horizonte que conseguiu aprovar legislação que obriga a colocação de portas rotativas de segurança com detector de metais na entrada da agência, ação que envolveu vereadores e a comunidade. Vale ressaltar, de todo modo, o enorme transtorno que isto significou ao usuário ao retardar-se a entrada nas agências e eventualmente causar constrangimentos ao usuário.

Quadro 72 – A negociação coletiva sobre prevenção de acidentes/doenças – anos escolhidos

92/93	94/95	97/98
- **Intervalo de 10 minutos, a cada 50 minutos trabalhados, por digitadores (FN)**	FN: igual 92/93 BB: digitação, microfilmagem, telex CEF: atividades repetitivas	Todos igual 94/95
- **Programa de Prevenção de Saúde (PPS) para doenças que afetam empregados; política preventiva de doenças ocupacionais (CEF)**	- igual 92/93 (CEF) Serão considerados acidentes de trabalho, doenças ocupacionais e distúrbios psíquicos adquiridos em decorrência de trabalho e assalto, homologados pelo INSS (CEF).	Acrescenta políticas de diagnóstico, tratamento e reabilitação de afetados por LER (CEF) - gratificação para caixa executivo até um ano após o término de licença-saúde devido à LER comprovada

Fonte: Carvalho Neto (1999)

Mais uma vez observamos maiores conquistas dos bancários das instituições estatais em relação à instituições privadas, desta vez no tocante à **negociação coletiva da relação sindicato-empresa**, que realizaram importantes avanços. A CEF conquistou o raro direito de realizar reuniões em local e hora de trabalho. Mesmo não prescindindo do conflito, as negociações coletivas se destacam aqui como produtivas de regras que dão maiores garantias para ação sindical, por meio do acesso às agências para distribuição de material e facilidades para que os sindicatos realizem o trabalho de sindicalização dentro das empresas atestando possivelmente o reconhecimento do papel do sindicato nas relações de trabalho pelo lado empresarial (Carvalho Neto, 1999). Porém, no decorrer de 95/96, foi perdido o reconhecimento formal do direito de greve. O quadro seguinte informa sobre a negociação coletiva da relação sindicato-empresa.

Quadro 73 – A negociação coletiva da relação sindicato-empresa no setor bancário brasileiro (anos escolhidos)

	92/93	94/95	97/98
Presença de Dirigente Sindical na Empresa	- CEF – acesso às unidades para distribuir material de propaganda, observados limites. - FN – facilitação em campanha de sindicalização a cada ano.	- CEF – igual 92/93. - FN – igual 92/93.	CEF – igual 92/93: disponibilizará ao sindicato local de maior afluxo de empregados para facilitar a sindicalização. - FN igual 92/93
Liberação de dirigentes para o sindicato	- BB - liberação não remunerada aos empregados eleitos. - CEF – um dirigente/1000 empregados. CEF – assegurando ao dirigente o retorno à unidade de lotação após o fim do mandato. - FN – BH liberação de seis empregados.	BB – igual 92/93. CEF – igual 92/93. CEF – igual 92/93. FN – igual 92/93.	BB – igual 92/93. CEF – igual 92/93. FN – igual 92/93.
Participação em eventos sindicais	FN – abono de ponto dos dirigentes sindicais não liberados – três dias/ano.	FN – igual 92/93. CEF – assegurado o direito à greve, competindo aos empregados decidir sobre a oportunidade de exercê-lo. Atividades essenciais, abusos tratados conforme a lei.	FN – igual 92/93. - CEF: sindicato tem direito de realizar reuniões em local e hora de trabalho, com número de 2h por mês, atendendo algumas restrições.

Fonte: Carvalho Neto (1999)

Nos anos 90, o quadro negocial do setor bancário apresenta um grande aumento do número de comissões, paritárias ou permanentes, que discutiram temas relativos a saúde, segurança bancária, terceirização, jornada de trabalho, banco de horas, financiamento educacional, geração de empregos e solução de conflitos fora da Justiça de Trabalho, etc., que foram apontados como uma novidade em relação ao processo negocial dos anos 80 por diversos autores (Oliveira; Siqueira Neto, 1999; Carvalho Neto, 1999). Este último nos informa que a partir da comissão paritária nacional de saúde da Fenaban, foi realizado um programa nacional de prevenção e acompanhamento aos portadores de LER. Contudo a discussão sobre a geração de empregos no sistema bancário esteve circunscrita à questão da jornada de trabalho, apresentando uma discussão sobre a qualificação. Quanto às comissões sobre segurança bancária, foram realizadas discussões que contemplaram a idoneidade das empresas prestadoras de serviços terceirizados e o sistema detector de metais, além das discussões sobre os impactos na saúde dos bancários que passaram por assaltos.

As comissões sobre a solução de conflitos individuais fora da Justiça do Trabalho refletiram sobre o papel das comissões de conciliação[133] — entre ex-empregados, sindicato e banco — como uma forma de diminuir o recurso ao Estado e à Justiça.

Entretanto Carvalho Neto (1999) apresenta algumas ponderações acerca da possibilidade de que, de fato, as comissões possam produzir resultados, apontando que antes de mais nada os trabalhadores devem reconhecê-la como legítima, o que implicaria no trabalho de representantes eleitos nos estabelecimentos bancários, com as garantias necessárias para tal exercício.

Observa-se, ainda, uma variação no número de comissões durante o período analisado por esse autor, tanto nos bancos privados quanto nos estatais; destacadamente, no setor privado houve crescimento contínuo do número de comissões, mas é na CEF que permanecendo uma comissão única de negociação no ano de 97/98 com autorização para tratar de qualquer tema, observamos uma diferença substantiva: a presença de membros não sindicalistas na referida comissão.

---

[133] Carvalho Neto (1999) cita a experiência entre o Banco Itaú e vários sindicatos, que consiste em conciliar as partes, evitando os recursos à Justiça do Trabalho. Para a Fenaban, essa forma de tratamento do conflito pode reduzir em cerca de 70% as ações trabalhistas geradas no setor.

O quadro a seguir informa sobre a negociação coletiva da representação dos bancários.

Quadro 74 – A negociação coletiva centralizada das comissões bipartites e da representação dos trabalhadores no setor bancário brasileiro (92/98)

92/93	93/94	94/95	95/96	96/97	97/98
-BB: Comitê de relações trabalhistas composto por 6 representantes sindicais e 8 do banco	BB: igual 92/93 porém 7 representantes da CONTEC e 6 do banco	BB: Comitê Nacional e Trabalho: 3 representantes do BB e 3 do sindicato	BB: Comitê de relações trabalhistas, com 6 da CONTEC e 6 do banco	BB: Comitê de relações trabalhistas 6 do banco	BB: Comitê de relações trabalhistas 6 do sindicato e 6 do banco
FN: Comissão de segurança bancária e comissão paritária sobre AIDS	FN: igual 92/93	FN: igual 92/93	FN: igual 94/95, sendo 4 representantes do banco e 3 do sindicato	FN: igual 95/96	FN: igual 95/96 mais criação de comissões paritárias temáticas (acordo extrajudicial, funcionamento das agências em horários/jornadas especiais, implantação de agências pioneiras, como as destinadas a clientes em centros comerciais nos dias de feriados,

92/93	93/94	94/95	95/96	96/97	97/98
					compensação de horas extras, auxílio educacional, estratégias de geração de empregos)
		CEF: Comissão de negociação: estabilidade de um ano após afastamento do cargo	CEF: Comissão de negociação igual 94/95 mais Comissão de Relações Trabalhistas para discussão de saúde, PLR alimentação e segurança bancária		CEF: Comissão de negociação igual 94/95
					BB: Comissão de empregados para discussão de PLR

Fonte: Carvalho Neto (1999)

Para concluir, Carvalho Neto (1999) alega que a multiplicação de negociações via comissões bipartites e ou paritárias não produziu os resultados esperados e ou compatíveis à ampliação da temática negociada. Nesse aspecto as organizações dos trabalhadores no local de trabalho (OLTs) representariam um enorme reforço à estratégia sindical de encontrar soluções alternativas negociadas para as questões colocadas em discussão pelas comissões.

Os resultados das negociações sobre a introdução de inovações organizacionais e tecnológicas são pífios, principalmente se considerado o retrocesso ocorrido nos acordos estatais nos anos 90, quando foram retiradas cláusulas relativas à qualificação profissional e ao remanejamento funcional do acordo coletivo da CEF e o direito a informações sobre inovações tecnológicas que pudessem modificar as relações de trabalho, pedido pelos funcionários do BB. Quanto à convenção coletiva da Fenaban, a única cláusula existente no período refere-se ao financiamento de curso de requalificação para demitidos, o que, segundo Carvalho Neto (1999), do ponto de vista prático, não possui fundamental importância.

Algumas modificações na estrutura organizacional do setor bancário afetaram sobremaneira as relações de trabalho nesse setor; este é o caso do aprofundado processo de subcontratação que não logrou obter o tratamento adequado que o problema requer nos processos de negociação coletiva durante o período pesquisado no estudo que ora analisamos. É importante ressaltar, nesse sentido, que não houve qualquer cláusula referente à negociação de terceirizações ou contratação de mão de obra temporária. Carvalho Neto (1999) destaca, enquanto resultado concreto das negociações nas comissões paritárias com a Fenaban, apenas uma carta-compromisso fora da convenção, onde os bancos reconheciam que os serviços de compensação e de retaguarda de informática eram de fato serviços específicos do trabalho bancário, o que possibilitou a manutenção da convenção coletiva para esses trabalhadores de empresas privadas durante os anos de 1993 a 1996.

As dificuldades que se apresentam para o movimento sindical relativas à terceirização, tais como a fragmentação da categoria e a diminuição do poder sindical, têm sido enfrentadas a partir de estratégias alternativas como a sindicalização de empregados de firmas contratadas, que encontra uma profunda resistência por parte dos proprietários das contratadas.

A **negociação coletiva das garantias de emprego** no setor bancário brasileiro tem como destaque as cláusulas que garantem a estabilidade por certos períodos de tempo à gestante e ao pai após nascimento do(a) filho(a), aos doentes e aos empregados em fase de pré-aposentadoria, presentes nas convenções coletivas da Fenaban e nos acordos coletivos da CEF. Situações como ocorrência de aborto e empregados em fase de pré-aposentadoria estão contempladas nas convenções de bancos privados.

As **negociações dos sindicatos de bancários** com o setor bancário privado estenderam o prazo de estabilidade no emprego além da previsão legal, criando garantias inexistentes na legislação. Vale dizer que este é um aspecto fundamental da existência de força e representatividade do movimento sindical bancário, que com sua capacidade de influência sobre outras categorias menos organizadas viabiliza a possibilidade de difusão desse tipo de avanços. Quanto à indenização nas demissões — cláusula presente nas convenções dos bancos privados — que visa também inibir demissões incentivadas, pode também ter uma difusão positiva em relação a outros setores.

Em resumo, podemos afirmar que o contexto econômico, tecnológico e o próprio poder dos atores sociais causaram um profundo impacto nas relações de trabalho, o que pode ser observado na análise sobre as negociações coletivas do setor bancário; no tocante à subcontratação, é notório que a inexistência de cláusulas a esse respeito, revela uma vantagem em favor do capital, que ciente do desequilíbrio de poder existente entre os atores sociais, apresenta-se insensível e intransigente às colocações e reivindicações dos trabalhadores bancários.

Durante a década de 90, foi possível observar, também, que o histórico desequilíbrio em favor dos empresários do setor bancário foi bem maior que nos anos 80, e que as negociações coletivas produziram mais resultados no setor bancário que no setor estatal, tal como exposto ao longo do capítulo.

Nos anos 80, os paradigmas da categoria eram os bancos federais, em especial o Banco do Brasil, porém na década de 90, as perdas salariais no setor estatal foram contínuas, diferentemente do setor privado, onde os sindicatos conquistaram aumento real em cinco dos seis anos da série histórica, analisada por Carvalho Neto (1999). Como já apontado, os salários dos bancos privados permaneceram, entretanto, bastante inferiores aos pagos pelos bancos estatais federais.

Além das significativas perdas salariais, os trabalhadores do Banco do Brasil e CEF perderam no percentual de horas extras, muito embora tenham realizado avanços na área de saúde.

Em linhas gerais, conquistas foram mantidas em ambos os setores como procuramos demonstrar. Porém, nos bancos privados, observou-se uma certa melhoria em algumas temáticas relevantes, não obstante não terem alcançado conquistas importantes nos temas saúde e segurança e relação sindicato-empresa, tais como as existentes nos bancos estatais.

A garantia de emprego não formalizada dos bancos estatais, deixa de existir no novo contexto macroeconômico; de fato são os bancos privados que concedem mais garantias temporárias formais de empregos nesse período, mesmo que somente em relação a situações muito específicas — acidentes, aborto e pré-aposentadoria. Assim, a tradicional diversidade de condições de trabalho, de emprego e de salários entre bancários de bancos privados e estatais — que cindiram esses trabalhadores em segmentos, econômica e politicamente distintos — ganhou na década de 90 novo significado frente aos programas de desestabilização do sistema financeiro nacional que têm atribuído ao conjunto do sistema a lógica de lucratividade do capital privado e novos métodos de gestão do trabalho (Jinkings, 2000b).

O significativo aumento de comissões paritárias de negociação permanente e a própria ampliação do leque temático podem ser considerados um ponto positivo ao informar sobre uma possível nova tendência em termos de estratégia sindical; vale dizer, entretanto, que isto pode ser também reflexo da própria fragilidade do movimento sindical, que precisou diversificar sua abrangência de atuação diante do vigoroso endurecimento das condições políticas e econômicas de negociação.

Sem grandes avanços, devastada pela diminuição radical dos postos de trabalho, a categoria bancária conseguiu manter a maioria das conquistas obtidas nos anos 80, o que confirma, segundo Carvalho Neto (1999) e outros autores pesquisados (Jinkings, 2000), a capacidade de organização, de pressão e resistência do movimento sindical bancário, mesmo frente ao ajuste que passaram os bancos privados e em especial os bancos estatais. As diferenças nas relações de trabalho entre os bancos privados e estatais mais uma vez se expressam pelos resultados de suas negociações coletivas.

O processo negocial é visto pelos empresários do setor bancário, como um espaço legítimo de retirada de conquistas que na sua percepção consideram anacrônicas, diante das alterações em curso e da própria competitividade desse setor. Nesse sentido, as negociações coletivas do setor bancário são entendidas tanto por sindicatos quanto empresários, como um espaço privilegiado de discussão e negociação, não existindo até o presente momento tendência de descentralização das mesmas.

A lógica da instabilidade e do rebaixamento salarial afetou profundamente os bancários do setor estatal, que historicamente vivenciaram uma cultura gerencial diversa da que foi imposta na década de 90. A posição paradigmática do setor bancário estatal, adquirida nas lutas sindicais de muitos anos antes da década de 80, foi desestabilizada por ações do governo federal, que afetaram profundamente o poder do sindicalismo nas estatais, alçando as negociações da Fenaban a um patamar que pertencia anteriormente às negociações do setor estatal.

A despeito do maior desequilíbrio existente atualmente entre empresários do setor bancário e trabalhadores desse mesmo setor, a capacidade de influência dos sindicatos de bancários não é absolutamente desprezível; alguns avanços conquistados, como aqueles que criam garantias inexistentes na legislação — extensão do prazo de estabilidade no emprego além da previsão legal — à medida que as negociações coletivas no setor bancário são centralizadas, não só produzem convenções que abrangem todo o território nacional como reforçam a possibilidade desses avanços.

Nos anos 90, a defesa do emprego obteve enorme destaque nas campanhas nacionais dos bancários. No Capítulo 2 apresentamos uma avaliação sintética do comportamento do emprego bancário, que nos informou sobre a redução contínua da categoria durante quase uma década e que corrobora a importância da defesa do emprego enquanto tema prioritário nas campanhas nacionais dos bancários durante quase a totalidade dos anos 90[134]. Tal como demonstramos, poucos foram os progressos com relação a esse tema, registrados nas negociações entre sindicatos e a Fenaban, onde a posição mantida pelos representantes patronais pautou-se pela negativa quanto à discussão desse problema. Com espaço privilegiado no debate dos bancários e nas negociações, a defesa do emprego, todavia, não eclipsou totalmente outras questões fundamentais presentes nas cláusulas de convenções referentes às temáticas da remuneração, jornada de trabalho, saúde e segurança, inovações tecnológicas e organizacionais etc.

Para o movimento sindical brasileiro, a crescente taxa de desemprego, a crescente queda de ocupação no setor industrial e bancário e o aumento do trabalho autônomo e domiciliar atingem diretamente sua existência e relevância como ator social (Cardoso, 1999), que associados ao forte grau de impacto de medidas governamentais — abertura de capital e privatizações —, definiram estratégias diferenciadas para o movimento sindical bancário.

---

[134] Ao longo do trabalho elencamos também algumas das principais causas das demissões acentuadas no setor bancário brasileiro, particularmente após o Plano Real, e analisamos as origens e a natureza do ajuste que permitiu inclusive uma alteração no perfil da categoria bancária.

Vale dizer que ainda que tenhamos nos utilizado da análise dos resultados de negociações coletivas do setor bancário, procuramos trabalhar com uma noção de estratégia sindical que situa a ação no sentido da escolha dos meios disponíveis para atingir objetivos específicos, que reconhece não só a existência de alternativas como considera que o caminho escolhido não está totalmente predeterminado (Almeida, 1992 *apud* Cardoso, 1999), de modo que nos preocupa o caminho percorrido pelo movimento sindical bancário para alcançar ou não os objetivos propostos e não apenas os resultados.

Nesse aspecto, as reivindicações de participação do movimento sindical nos processos de inovação tecnológica e organizacional que incidem diretamente em demandas de garantia de emprego, informação e treinamento de trabalhadores — existentes desde a década de 80 —, foram tema frequente nas pautas de reivindicação, não obstante terem sido reiteradamente negadas pelo empresariado e não constem de convenções e/ou acordos. Na realidade, os chamados temas reivindicados e colocados para e pelo movimento sindical como participação no processo de inovação tecnológica, acesso a informação, qualificação e treinamento, mão de obra temporária, terceirização, raramente se transformaram em conquistas no processo de negociação coletiva (Cardoso, 1999).

Durante os anos 90, a manutenção ou a qualidade do emprego não se tornaram de fato objeto de conquista nos espaços tradicionais de ação sindical, entretanto, a geração de empregos tampouco foi alcançada em outros âmbitos. O sindicalismo bancário brasileiro tem se mostrado declaradamente disposto a agir e negociar nas mais diferentes esferas econômicas, políticas e sociais, mesmo diante de desdobramentos que não correspondem aos objetivos que baseiam essa disposição do movimento.

A negociação coletiva institucionalizada pelo conflito capital e trabalho parece não ter perdido até agora seu sentido, ainda que esteja diante de uma situação em que os trabalhadores são incentivados a identificar-se com a empresa, o que pode levá-los à colaboração, o que por definição sugere o desaparecimento do conflito.

4.6 Possibilidades de resistência e ação coletiva do movimento sindical bancário nos anos 90

Outras formas de manifestação, além do processo de negociação coletiva fizeram parte da atuação do movimento sindical. De acordo com

Jinkings (2000), as assembleias, passeatas e movimentos grevistas[135], que haviam mobilizado um expressivo contingente de trabalhadores nos anos 80, foram substituídos por atividades e manifestações de âmbito mais restrito nos anos 90, de forma que são as campanhas salariais que se destacam nessa década como possibilidade de resistência[136] e luta contra a exploração capitalista. As campanhas salariais serão aqui analisadas com o objetivo de averiguar o comportamento de uma base sindical desestabilizada pelo desemprego e atônita com as exigências patronais de produtividade e qualidade.

Em junho de 1990, a deflagração de uma greve geral com duração prevista de sete dias pretendeu não só a reposição de perdas salariais e estabilidade, como pautar-se por um movimento mais amplo de luta da classe trabalhadora contra as reformas liberais do governo Fernando Collor de Mello[137]. A conjuntura macroeconômica anunciava-se, porém, extremamente desfavorável e o movimento grevista ficou restrito a poucos bancos privados, muito embora tenha conquistado antecipação salarial e auxílio-alimentação para os bancários da rede privada.

Conforme visto na discussão anterior, na negociação coletiva de 1990, o eixo das reivindicações foi a reposição das perdas salariais, reajuste mensal, piso salarial calculado pelo Dieese e estabilidade. Com o sugestivo slogan[138] "esta primavera tem que ser nossa", a campanha salarial desse ano se contrapunha à propaganda governista que acusava os sindicalistas de inviabilizar a economia do país, nomeando a

---

[135] A paralisação nacional dos bancários de 1985 é um momento de inflexão de grande possibilidade da luta sindical bancária e resultou de uma trajetória de lutas e confrontos pontuais com os patrões e governo. Nesse momento são reatualizadas tradições de luta dos próprios bancários, que exploram os sindicatos como movimento e instituição que deve defender os interesses dos trabalhadores. O maior desafio residiu na organização dos funcionários nos bancos privados e o movimento foi cuidadosamente preparado. O símbolo catalisador do movimento grevista, a mobilização em torno da incorporação salarial de 25% de antecipação, difunde a ideia de criar uma vontade coletiva em torno dos 25% de antecipação salarial e dissolve algumas das diferenças entre as orientações político-ideológicas dos bancários dos vários segmentos hierárquicos que compunham naquela época os bancários, recolocando na ordem do dia a questão da heterogeneidade das experiências de luta (Blass, 1999).

[136] Esta parte do estudo foi elaborada a partir do resultado das pesquisas do estudo de Jinkings (2000), principalmente utilizando-se do Capítulo 4, "Práticas e Resistência e Estratégias defensivas do sindicalismo bancário".

[137] "O plano de estabilização instituído em março de 1990 [...] agravaria sobremaneira as condições de emprego e salário da classe trabalhadora. A política de reajuste de preço e salários passaria a ser da prefixação com determinação de reajuste de acordo com a expectativa de inflação futura. Este mecanismo foi abandonado em maio [...] e sucessivas medidas provisórias estabeleceram a 'livre negociação [...] e proibiram a indexação salarial como instrumento de reajuste automático'" (Jinkings, 2000, p. 283).

[138] "A alegria das flores foi a marca da greve em SP [...] flores foram distribuídas e os 'infernais' apitos tratarem de dar vida à cidade" (Revista Bancária, dez. 1990 *apud* Jinkings, 2000, p. 285).

data-base de importantes categorias de "setembro negro" (Jinkings, 2000, p. 284). A greve nacional deflagrada pela campanha salarial de 1990 obteve adesão significativa do contingente de bancários em todo território nacional, conquistando um reajuste médio de 105% para os bancários da rede privada e bancos estaduais.

Os bancos federais não participavam desse movimento grevista que durou 13 dias e não conquistaram sequer a reposição das perdas salariais daquele ano, tal como informa a análise dos resultados das negociações coletivas[139].

A implementação, em fevereiro de 1991, de um novo programa econômico visando corrigir o processo inflacionário que se manifestava desde o final do ano anterior — o Plano Collor II —, decretou não só medidas de racionalização dos gastos públicos e mecanismos de aceleração do processo de modernização industrial, como implantou uma política salarial que estabelecia reajustes em fevereiro com base na média dos salários nos últimos 12 meses, a ser considerada pelo governo, além de determinar o fim da correção monetária.

Os resultados se fizeram sentir na redução de 11,1% do nível do emprego no setor financeiro, já no primeiro semestre de 1991, assim como o movimento de queda do salário, contínuo desde 1985. No entanto, a rentabilidade das instituições financeiras, apesar de apresentar pequena queda em 1991, manteve-se superior à média de rentabilidade do capital produtivo no Brasil e do sistema financeiro dos países de capitalismo avançado (Dieese, 1992 *apud* Jinkings, 2000, p. 286).

Na campanha salarial de 1991, os trabalhadores dos bancos federais foram mais uma vez derrotados pelos mecanismos repressivos e institucionais do Estado. A greve nacional deflagrada pela categoria bancária que durou três dias para os bancários dos bancos privados nacionais e estaduais, perdurou por mais duas semanas para os bancários dos bancos federais, sem, contudo, ter alcançado as conquistas dos primeiros — reposição de perdas salariais do ano, produtividade, unificação dos pisos salariais de todos os bancos privados em nível nacional e comissão paritária de segurança de bancários e clientes. A campanha salarial dos bancos federais contou com a interferência da Procuradoria-geral da República e do

---

[139] No item anterior discutimos as causas da ausência das empresas e instituições estatais, destacando a intensa pressão governamental que não permitiu que os trabalhadores de bancos federais se articulassem e se organizassem para o enfraquecimento da ofensiva neoliberal no país.

Tribunal Superior do Trabalho que determinou em dissídio coletivo um reajuste salarial que não contemplava a defasagem em relação aos salários praticados em setembro de 1990[140].

Os primeiros anos da década de 90 foram pródigos em políticas salariais; em setembro de 1991 uma nova política salarial garantiu a reposição da inflação a cada quatro meses para os trabalhadores que recebessem até três salários mínimos, quanto aos outros trabalhadores a lei assegurou somente a reposição sobre a parcela equivalente aos três salários mínimos. O cenário macroeconômico mantinha-se profundamente instável e o ajuste do setor financeiro desenvolvia-se aceleradamente.

A profunda crise política econômica do final do governo Collor foi o pano de fundo da campanha salarial de 1992. Nesse ano, o processo preparatório da campanha realizou uma consulta nacional aos trabalhadores por meio de um questionário sobre questões salariais, organizacionais e sobre condições de trabalho a serem contempladas na negociação. A minuta de reivindicações continha uma representação efetiva das demandas dos trabalhadores bancários, orientando-se a partir dos seguintes pontos centrais: a reposição das perdas salariais, reajuste salarial, direito de organização nos locais de trabalho, estabilidade no emprego, aplicação do horário de atendimento ao público nas agências bancárias, fim das privatizações e da corrupção e a questão da ordem do dia: o impeachment para o presidente[141].

A campanha salarial de 1992 resultou em acordo válido para todo o país – a Convenção Coletiva Nacional de Trabalho, foi assinada por 120 sindicatos, sete federações, e pela CNB (Confederação Nacional dos Bancários) (então recém-criada) —, após várias rodadas[142] de negociação e defesa da aceitação em assembleia da proposta da Fenaban — considerada insuficiente pelo conjunto do movimento.

---

[140] A sentença deferida pelo TST aplicou pesadas multas aos sindicatos que permaneceram em greve, suspendendo no Banco do Brasil a liberação de dirigentes sindicais e permitindo a demissão de 110 funcionários da CEF como punição pela continuidade do movimento grevista (Revista da Campanha Salarial 91, Departamento Nacional dos Bancários, SP, 1991 apud Jinkings, 2000).

[141] O severo quadro recessivo, o avanço de investigações sobre o uso indevido de recursos públicos pelo governo e a grave instabilidade política resultaram em uma conjuntura de excepcional efervescência e mobilização popular que deu origem ao processo parlamentar de impeachment que depôs legalmente o Presidente Fernando Collor de Mello (Jinkings, 2000).

[142] Alguns assessores sindicais apontam o aumento do número de rodadas de negociação como uma estratégia do capital em alongar o processo negocial e assim fragilizar o movimento dos bancários que, exaurido pelas constantes negativas e intransigência dos banqueiros e pela própria conjuntura hostil, termina por aceitar de caráter insuficiente e negativo para a categoria.

Notadamente no ano de 1993, os elevados níveis de desemprego e crescimento do trabalho informal e precário no Brasil, iriam fragilizar ainda mais a luta sindical bancária, já bastante debilitada pelo conjunto de medidas restritivas[143] para os bancos públicos determinado pelo Plano de Ação Imediata (PAI)[144] do governo Itamar Franco.

Na campanha salarial de 1993, o movimento grevista decidido em assembleia seguiu uma nova estratégia: desta vez iniciava-se pelos bancos com maior organização e mobilização, de modo que as outras instituições fossem contaminadas pelo processo de luta. A despeito da nova estratégia, essa ação grevista restringiu-se a alguns poucos bancos — Banco Mercantil de São Paulo, Nossa Caixa, Econômico e Real —, conquistando um aumento real de 37% nos pisos salariais dos caixas, que foi estendido aos demais bancos privados e um mecanismo de ajuste mensal dos salários.

4.6.1 Campanhas salariais em um contexto de estabilização

A intensificação dos programas de ajuste administrativo e operacional — com redução do quadro funcional e terceirização — somada à implementação do Plano Real e à eleição presidencial no país, determinaram um longo e difícil processo de negociação na campanha salarial de 1994. As formas de pressão utilizadas foram as paralisações-surpresa que se converteram em instrumento de fragilização mercadológica do banco atingido. As ações desenvolveram-se em locais de grande concentração de trabalhadores, os centros administrativos e de processamento de dados, buscando atrasar a entrada dos funcionários e realizar assembleias em frente aos bancos paralisados. O acordo conquistado considerado pelos sindicalistas como uma vitória, na verdade, em termos propriamente salariais, foi medíocre — dos 119% reivindicados com reposição de perdas, apenas 16% foram obtidos —, destacando-se, contudo, o cheque-alimentação no valor de R$ 80 a ser pago mensalmente.

---

[143] As medidas mais fundamentais eram: maior autonomia do Banco Central para executar, prevenir ou intervir na atuação dos bancos estaduais e federais, proibição de socorro financeiro pelo BC e Tesouro Nacional aos bancos estaduais em dificuldades, promoção de reestruturação do sistema de bancos estaduais, transformação dos bancos estaduais de desenvolvimento em carteiras com fechamento de agências, redefinição e enxugamento dos bancos federais com fechamento de agências e privatização do Banco Meridional (Jinkings, 2000).

[144] O Programa de Ação Imediata foi instituído em maio de 1993, tinha como objetivos centrais combater a inflação e ajustar as contas públicas [...] "baseando-se no diagnóstico de que a origem do processo inflacionário residia no desequilíbrio financeiro e na desorganização administrativa do setor público, o plano visava transferir para o setor privado da economia as responsabilidades da recuperação econômica [...]" (Jinkings, 2000, p. 290).

Mas o quadro de crise econômica e social do país era de fato alarmante; as medidas de reestruturação implementadas pelo sistema financeiro haviam produzido uma concentração e centralização do capital sem precedentes, com intensa presença de grandes conglomerados financeiros estrangeiros. Essa situação já analisada no âmbito do Capítulo 1, promoveu programas como o Proer e incidiu na perda de um número expressivo de postos de trabalho no setor bancário. A correlação de forças efetivamente desequilibrada para o lado dos bancários indicava condições muito negativas para as negociações salariais e assinatura da convenção coletiva dos bancários. As diversas formas de pressão tradicionalmente utilizadas mostraram-se se não obsoletas, insuficientes, levando a Executiva Nacional dos Bancários a sugerir uma consulta ao conjunto dos bancários nos seus locais de trabalho, a fim de redefinir os rumos da campanha salarial de 1995. A solução foi organizar um plebiscito[145] questionando a possibilidade de aceitação da proposta da Fenaban, e em caso da não aceitação, questionando se haveria disposição para o enfrentamento por meio da greve.

Os resultados do plebiscito informaram a indisposição da categoria para com a greve e sua consequente não aceitação. Mas Convenção Coletiva de 1995 teve seus resultados em termos de cláusulas econômicas reivindicadas pelo conjunto dos trabalhadores dos bancos federais e estaduais, que haviam permanecido em luta pelos seus direitos conquistados em acordos anteriores (Jinkings, 2000)[146].

É importante notar que até a campanha salarial de 1995 ainda é mais intensa a participação dos bancários dos bancos estatais nas atividades gerais das campanhas salariais, muito embora não tenham alcançado as conquistas salariais desejadas.

Jinkings (2000) informa que um dos focos das negociações da campanha salarial de 1995 foi a discussão sobre a participação nos lucros ou resultados das instituições financeiras, cuja inclusão em cláusula da Convenção Coletiva dos Bancários naquele ano foi interpretada muito positivamente pelo movimento sindical bancário.

---

[145] Em São Paulo havia na época 107 mil bancários, foram respondidas 25.886 cédulas, cujo resultado foi ratificado em assembleia geral: 14.778 bancários aceitaram a proposta da Fenaban, 10.878 discordaram e 230 abstenções; somente 7.745 se dispuseram à greve, 17.745 não desejaram participar e 596 não responderam (Folha Bancária Seeb/SP, out. 1995 *apud* Jinkings, 2000).

[146] Os bancários da CEF realizaram uma greve que durou 12 dias nas agências de todo o país e os bancários do BB paralisaram suas atividades por 24 horas.

A campanha salarial de 1996 concentrou o movimento grevista — com duração de nove dias — em locais de trabalho mais mobilizados e em setores considerados estratégicos para a lucratividade dos bancos. A análise da série histórica das campanhas salariais da década de 90 aponta para um cenário de crescentes adversidades para a mobilização dos trabalhadores, determinador de estratégias diferenciadas, de sensibilização e envolvimento dos trabalhadores bancários nas lutas reivindicatórias que, entretanto, não se concretizaram na conquista das reivindicações dos trabalhadores.

No ano de 1996 não foi diferente, o reajuste de 10,8% acordado sequer repunha a inflação do período medida pelo INPC IBGE (14,28%). O acordo válido para os bancos privados, definiu também um abono de 45% que, porém, não foi incorporado ao salário; não obstante suas limitações, as modestas conquistas do acordo foram reivindicadas pelos trabalhadores de bancos estatais e federais que só haviam conquistado em seus acordos específicos um abono salarial. E a despeito das efetivas paralisações dos funcionários da CEF e das manifestações de protesto dos funcionários do Banco do Brasil, Banespa e outros bancos estatais, na campanha salarial de 1996 não foi fechado acordo salarial para esses bancos (Jinkings, 2000).

A campanha salarial de 1997 se dá em um ambiente de grande fragilização da categoria bancária, que reivindica reajuste de 22,86%, participação nos lucros e garantia de emprego. Nesse ano, nenhum movimento grevista é declarado e a campanha salarial de 1997 utiliza das já tradicionais paralisações-surpresa, decidindo os bancários em assembleia geral aceitar a contraproposta da Fenaban de reajuste salarial de 5%, que era superior ao INPC IBGE (4,3%).

A adição do pacote econômico de 1998 — correspondente ao agravamento de instabilidade financeira internacional[147] — repercutiu muito negativamente nas possibilidades de sucesso da campanha salarial desse ano; somada a isto, a própria conjuntura eleitoral determinava um

---

[147] A política de abertura indiscriminada ao capital estrangeiro e de incentivo a uma maior concentração de capital no sistema financeiro nacional, resultou em ações de mudança de controle acionário, fusões e incorporação que envolveram 39 instituições financeiras resultando em crescimento do poder econômico dos grandes conglomerados financeiros privados, enquanto eram sendo promovidas políticas de desmontagem do sistema bancário estadual. Os bancos estaduais Credireal e o Banerj foram adquiridos pelo Bradesco e Itaú respectivamente, e o banco federal Meridional foi comprado pelo banco privado nacional Bozano-Simonsen, posteriormente incorporado ao conglomerado financeiro espanhol Santander (Jinkings, 2000). Após a crise financeira nos países asiáticos no segundo semestre de 1997, o governo brasileiro determina a duplicação da taxa básica de juros que passa a 43,4%, editando um novo pacote econômico que trouxe forte desaquecimento da economia, forte aumento dos índices de desemprego e também inadimplência bancária.

momento político delicado para a mobilização dos trabalhadores, que se refletiu em resultados distantes das reivindicações dos bancários.

De acordo com Jinkings (2000), a forma predominante de resistência utilizada pelo movimento sindical bancário nesse ano, foi a organização de manifestações surpresa concentradas em alguns bancos; mas a ausência de mobilização ampla dos trabalhadores, submetidos as já citadas adversidades conjunturais, expressou-se nos resultados das negociações. A campanha salarial de 1998 teve como principais conquistas, segundo avaliação do Seeb/SP, reajuste de 12%, abono de R$700, 40% do salário como participação nos lucros e ou resultados, manutenção de todas as cláusulas da Convenção Coletiva Nacional dos Bancários e nenhuma supressão de direitos.

As negociações das campanhas salariais tornam-se cada vez mais lentas e a campanha salarial de 1999 não será diferente. O acordo firmado com a Fenaban em novembro de 1999 contemplou parcialmente as reivindicações salariais, entretanto o que é mais importante de ser assinalado aqui, é que as condições de remuneração nas instituições bancárias estatais haviam se tornado cada vez mais próximas às dos bancos privados. Nas palavras de Jinkings (2000, p. 309):

> [...] à imposição de "reajuste zero" nas instituições estatais, como tática que conduz a uma queda progressiva das verbas de natureza salarial, soma-se a adoção de programas de remuneração variável, em padrões semelhantes aos dos bancos privados, objetivando a crescente individualização dos rendimentos do trabalho.

Diferentemente do que aponta o estudo de Carvalho Neto (1999), analisado neste capítulo, Jinkings (2000) acredita que as campanhas salariais dos anos 90, não garantiram de fato a reposição de perdas acumuladas para o conjunto dos trabalhadores bancários; destacando, porém, que no que se refere às cláusulas propriamente salariais, os índices de reajuste acordados para os bancos privados repuseram parcialmente a inflação medida no período anterior. Essa autora verifica uma degradação mais acentuada dos rendimentos do trabalho nos anos 90 em comparação aos anos 80, que pode se expressar pelo crescente distanciamento entre as reivindicações dos trabalhadores e os resultados das campanhas salariais bancárias ao longo da década de 90; concluindo que o ataque das políticas estatais e do capital aos trabalhadores reduziu drasticamente a capacidade conflitual do sindicalismo bancário.

O afastamento dos trabalhadores bancários da luta sindical, resultante da articulação das profundas transformações relativas à reestruturação produtiva e à organização do setor bancário e suas repercussões políticas e ideológicas com programas e princípios neoliberais orientadores da política econômica brasileira nos anos 90, está longe de ser minimizado, principalmente se consideradas as repercussões dessa articulação na esfera dos valores que fundamentam as ações dos trabalhadores e de como foram afetados os modos como esses valores estão relacionados à luta sindical.

As atuais dificuldades da organização e mobilização sindical dos trabalhadores bancários estão balizadas não só pelas questões apontadas anteriormente que incidem diretamente em suas condições materiais de existência, mas também pela quebra dos laços de solidariedade, viabilizados pelas estratégias patronais de dominação, e escamoteadas por discursos de competência e qualificação do trabalhador, modernização e competitividade.

4.6.2 Dilemas e impasses do movimento sindical bancário da década de 90

No trabalho de Jinkings (2000) foram arrolados os fatores que determinaram — segundo a ótica de sindicalistas bancários — o refluxo vivido pelo movimento sindical bancário dos anos 90. Nas várias técnicas citadas pelos entrevistados para desarticular a capacidade de mobilização da categoria bancária, estão presentes mais notadamente: a terceirização, a subcontratação, a automação, o desemprego e as consequentes mudanças nas relações de trabalho.

Nesse aspecto, é importante ressaltar que alguns fatores que poderiam ter se tornado positivos, converteram-se de fato em alarmante situação para os trabalhadores bancários. O caso da automação é emblemático, pois ao mesmo tempo que eliminou o empregado bancário com pior remuneração, significou a retirada da representação sindical de um expressivo contingente de trabalhadores, fragmentando concretamente o trabalho e repercutindo diretamente na luta sindical bancária. A agilidade crescente da automação bancária[148] impõe permanentemente novas

---

[148] O mercado de fabricação de equipamentos e softwares de automação bancária mantém ritmo acelerado. As compras recentes de bancos brasileiros por instituições estrangeiras se deparam com equipamentos e programas de computador desatualizados que serão substituídos, para por meio da aquisição de tecnologia, não só os bancos estrangeiros como os outros bancos brasileiros melhorem sua capacidade de concorrência.

questões que exigem respostas às vezes não tão ágeis do movimento sindical bancário. Os impactos da automação bancária no trabalho bancário — largamente estudados — recolocam assim a necessidade de que essas situações sejam analisadas pelo próprio movimento sindical a fim de avaliar suas influências no conjunto do trabalhador bancário. As ações empresariais e de política governamental correspondentes a esse movimento atrativo para o capital, têm obtido significativo sucesso com seus objetivos, sem que o movimento sindical bancário tenha conseguido se contrapor concretamente por meio da ação sindical.

Por sua vez, a segmentação crescente dos trabalhadores bancários, via terceirização, além do tradicional enfraquecimento da ação coletiva, vem estabelecendo relações de rivalidade entre trabalhadores bancários e terceirizados. Se detectar relações de rivalidade entre funcionários de um mesmo setor — que foram destituídos progressivamente dos padrões de solidariedade a partir das novas imposições empresariais de competitividade — já é um duro golpe para a ação sindical, detectar rivalidades entre trabalhadores que foram colocados em condições tão díspares e de forma tão agressiva quase que independentemente de suas vontades, e que de fato nem exercem mais seu trabalho no mesmo tipo de local, é no mínimo assustador.

Em termos formais, ainda que os sindicatos sejam objetivamente contrários à terceirização, não foi possível desenvolver ou implementar estratégias de sucesso para que tal não ocorresse, restando a posição de tentar negociar com os bancos a extensão dos direitos para os terceirizados e/ou subcontratados, o que na presença de relações de rivalidade pode ser inclusive obstaculizado.

Os efeitos nefastos dos movimentos de racionalização do trabalho bancário — implementados gradativamente ao longo de quase duas décadas e que promoveram um aumento de produtividade gerador inclusive de forte redução do emprego bancário — não foram percebidos unanimemente por toda categoria, impedindo que os trabalhadores bancários reagissem com a coesão necessária. O resultado, fortemente associado aos determinantes externos macroeconômicos foi uma fragilidade sem precedentes do movimento sindical que ficou profundamente acuado.

Assim também pode ser observada a pujança da automação bancária a partir da implantação do Sistema de Pagamentos Brasileiro (SPB) que vai demandar novos produtos e serviços e evidentemente obrigações ao trabalhador bancário no sentido de garantir que as operações com o Banco Central sejam liquidadas em tempo real pelos valores brutos de cada operação (Gazeta Mercantil. Relatório Bancos, fev. 2001).

As possibilidades de resistência dos trabalhadores bancários foram gravemente obstaculizados pelas profundas mudanças de ordem organizacional e pelos condicionantes macroeconômicos, mas é também o desmonte da base de sustentação do sindicalismo bancário viabilizado pela política de privatização, que efetivamente gera uma menor capacidade de organização sindical.

O desmantelamento do sistema financeiro estatal atinge drasticamente a ação sindical bancária (Jinkings, 2000), quebrando paradigmas — como melhores condições de contratação, regulamento de pessoal, plano de cargos e salários, benefícios, valorização do trabalho e estabilidade —, tornando a reivindicação básica, uma reivindicação mínima, ou seja, tentando manter os direitos anteriormente conquistados. Profundamente auxiliados pela ofensiva dos governos neoliberais contra os direitos sociais dos trabalhadores e suas lutas de resistência, os bancos pautaram-se na década de 90, pelas tentativas de diminuir os direitos, tornando as negociações cada vez mais árduas a cada ano, principalmente para os trabalhadores dos bancos estatais[149].

O próprio cenário de estabilização foi fator de desmobilização da luta sindical bancária a partir da metade da década de 90; inexistindo o forte estímulo à ampla participação, relativo às reivindicações muito significativas em termos numéricos, características dos anos anteriores.

Nesse sentido, o compromisso e a solidariedade da categoria ficaram circunscritos aos objetivos comuns das reivindicações salariais, deixando claro o quanto estavam fortemente impactados pelo processo de reestruturação produtiva e organizacional vivido pelo setor bancário, sendo notório o recuo das reivindicações de ordem geral. E muito embora a temática do emprego tenha sido recorrente na luta sindical bancária, fazendo parte das pautas de negociação das campanhas salariais, nem de longe a defesa do emprego tornou-se uma conquista do movimento.

O encorajamento à ação coletiva de resistência e à percepção de interesses comuns que se expressava a partir do convívio diário nas grandes agências e nos centros de compensação, serviços e computação dos bancos, foram drasticamente afetados pela racionalização do trabalho

---

[149] Privatizações, terceirizações, demissões e planos de demissão voluntária foram a tônica da década de 90, marcada pela aceleração do processo de reestruturação produtiva e organizacional do setor bancário. A política de desrespeito com os bancários após a indução de demissões voluntárias e criação de expectativas de liberação imediata não cumpridas, confirmava a postura instável dos bancos desorganizados em torno de seus próprios planos de desligamento.

bancário, incidindo na limitação das práticas defensivas, no debilitamento dos sindicatos, evidenciado pelos resultados das campanhas salariais e pela dinâmica de suas negociações com os banqueiros.

A substituição por máquinas automatizadas, de escriturários, caixas e chefias intermediárias e o crescimento da presença de gerentes e assessores financeiros, alteraram a conformação do universo bancário e das relações estabelecidas com o movimento sindical, disseminando um novo tipo de negociação individual na categoria.

A mudança no perfil profissional dos bancários implicou com certeza em maiores obstáculos para a luta sindical. O esvaziamento dos mecanismos sindicais de organização do trabalho está profundamente atrelado às novas formas de subordinação do trabalho ao capital, disseminadas pelo discurso e práticas patronais de "qualidade" e "excelência" dos serviços e produtos oferecidos, submetidos à lógica quase que irrefutável da mítica figura do mercado. Compelidos a uma adesão incondicional, os bancários têm seu desempenho avaliado de acordo com os atributos, habilidades e comportamentos, sintetizadores daquilo que o sistema financeiro concebe como qualidade. A luta coletiva, as decisões coletivas, encontram-se atualmente substituídas por uma lógica individualista de ascensão profissional e máxima produtividade requeridas pelo capital, que informam o esgarçamento da noção de solidariedade.

Os atuais mecanismos de individualização dos rendimentos do trabalho tornam os sindicatos incapazes de determinar por meio da negociação coletiva, o valor total dos rendimentos do trabalhador[150], provocando perda de espaço dos sindicatos junto aos trabalhadores, já bastante limitado pelo enorme contingente de trabalhadores terceirizados[151] que não fazem parte do processo negocial da categoria bancária e

---

[150] O descumprimento do pagamento da PLR, tal como previsto no acordo coletivo da categoria bancária, tem sido uma constante reclamação do profissional bancário, assim como o processo de reestruturação e seus consequentes planos de demissão voluntária e de terceirização.

[151] Além da terceirização, a contratação de estagiários, que pode ser encarada como mais uma forma de driblar custos com pessoal, tem sido frequentemente denunciada pelos sindicatos. A substituição de funcionários experientes por jovens com salários mais baixos e sem qualquer resistência sindical, reforça o quadro de mudanças inerentes a uma nova cultura empresarial, cujas agências passam a ter a denominação de "lojas" onde são enfatizados a fixação de metas por produto e por funcionários, o trabalho em equipe e a criação de ambiente propício à venda (Jornal Banespianos, abr. 2001; Radar do Novo Banespiano, abr. 2001, s/p). As denúncias dos sindicatos sobre os efeitos da terceirização englobam, não só as percepções dos trabalhadores sobre essa política, como campanhas de esclarecimentos à população sobre o significado da terceirização quanto à sua natureza e a sua não confiabilidade, principalmente quanto à compensação automática de cheques e quebra de sigilo bancário. "Para a categoria a terceirização causa demissão, enquanto que para o

pela própria fragilização da base de sustentação do movimento sindical bancário, os bancários do setor estatal. Mas é o medo do desemprego que definitivamente obstaculiza a mobilização e participação sindical, considerado pelo conjunto de estudos analisados e pelas entrevistas realizadas como a causa fundamental da quebra na resistência dos trabalhadores bancários, notadamente mais uma vez, no setor estatal.

Atualmente, as práticas sindicais são meramente reativas, com participação menos intensa dos trabalhadores, debilitadas e de ação restrita, fruto da crítica contextualizada que se abateu sobre o movimento sindical bancário com traços concretos de destruição das mediações coletivas das relações de trabalho.

Os refluxos que pontuam as ações coletivas da década de 90, reduziram as expectativas de combatividade do movimento sindical bancário no sentido de cumprir seu papel de antagonista, confrontando os sindicatos bancários com grandes desafios a responder, exigindo deles uma análise e reinvenção de si próprios, condizentes com as novas dimensões que se combinam de modo complexo na atual contextualidade do capitalismo contemporâneo.

---

trabalhador terceirização reduz direitos. Aos clientes, ameaça a segurança e a privacidade. Ou seja, só quem ganha é o banqueiro" (Folha Bancária, maio 2001, s/p).

CONCLUSÃO

> *Os homens que valem realmente a pena, dizia Nietzsche, são os que atuam contra o seu tempo e, assim, sobre o seu tempo e – quem sabe? – a favor de um tempo por vir (Paulo Nogueira Batista Jr.)*

Setor de ponta do sindicalismo brasileiro, o setor bancário realizou nos últimos 15 anos, especialmente a partir do início da década de 90, substantivos esforços de reestruturação produtiva. Em um contexto de orientação político ideológica neoliberal, caracterizado pela radical inserção da economia brasileira na economia internacional, pela abertura do mercado internacional e pela privatização de empresas estatais, o setor bancário financeiro, ponta de lança da nova ofensiva do capital, preparou-se durante esse período, para interagir com os novos padrões de concorrência capitalista, acelerando seu processo de transformações produtivas e organizacionais.

Os reflexos desta profunda reestruturação produtiva e organizacional — adoção de novos padrões tecnológicos e organizacionais, terceirização, flexibilização nos contratos de trabalho, precarização e enxugamento de empregos, redução de salários e incremento à produtividade do trabalho — atingiram duramente o sindicalismo bancário, em um dos principais atores sociais da luta pela democratização da sociedade brasileira na década de 90, colocando renovados desafios para essa fração da classe trabalhadora brasileira (Alves, 1995, p. 133).

O processo de transformações realizado no setor bancário esteve voltado para a busca de um novo patamar de acumulação capitalista no país, a partir da maximização da produtividade do trabalho resultante das inovações organizacionais e tecnológicas promovidas por esse setor. Nesse sentido, desde meados dos anos 80, as instituições bancárias investiram em programas de qualidade total e treinamento para seus empregados, aparentemente destinados a desenvolver sua participação na gestão das empresas, assim como implantaram progressivamente sofisticadas novas formas de gerenciamento automatizado da força de trabalho e da produção.

No início dos anos 90, os programas de qualidade chegaram às bases mais combativas do sindicalismo bancário no Brasil: os bancos públicos que passaram a adotar programas de qualidade, que em profunda contradição com o ajuste estrutural efetuado nesse segmento, causaram enorme perplexidade nos empregados dos bancos estatais. Outros incentivos individualizados, como a participação nos lucros e resultados (PLR) e propostas de remuneração variável, desenharam os contornos do iceberg do aprofundamento da exploração dos trabalhadores bancários, cuja ponta visível sugeria apenas um novo tipo de compromisso que se esperava do trabalhador bancário com o novo contexto de competitividade.

Ao procurar diluir o conflito implícito entre capital e trabalho a partir das propostas de cooptação e compromisso partilhado entre empresa e funcionários, os bancos tentaram driblar o já tradicional padrão de ação sindical bancário, que tinha nos sindicatos bancários o fórum escolhido pelos trabalhadores para realizar discussões e negociações sobre os novos processos de produção de qualidade e produtividade, que ora o contexto econômico demandava. Dessa forma, por meio de propostas de cooperação e de envolvimento individual do trabalhador, os bancos procuraram alterar todo um histórico de lutas, cujo modelo passava pelo antagonismo, conflito e negociação via sindicato.

Acontece que todo esse processo de aparência modernizadora e de adequação ao cenário internacional não conseguiu por muito tempo disfarçar suas características essencialmente predatórias da força de trabalho, cada vez mais evidentes: queda dos salários, drástica redução dos postos de trabalho, terceirização e precarização do trabalho e vigoroso desmonte do setor bancário estatal.

Destacadamente, o desemprego e terceirização foram os grandes algozes do movimento sindical bancário, ao instituírem poderosas barreiras à mobilização sindical. O desemprego apresentou-se como elemento-chave da desintegração do movimento unitário da classe trabalhadora, associado ao grau de competitividade e individualismo a que foram levados os trabalhadores bancários na década de 90 — só comparável ao processo idêntico ocorrido nos anos 80 nos países centrais do capitalismo. Em condições econômicas altamente adversas, são reforçadas as avaliações de que a intensificação da perda de postos de trabalhos é elemento definidor nas decisões sobre filiação ao sindicato, participações em greve e assembleias e manifestações contra o patronato. Embora a rotatividade do emprego não seja exclusividade do período atual, trata-se de competente instrumento de diminuição de custos em virtude da alta competitividade pelas vagas no mercado. Tal redução drástica da expectativa de emprego contribuiu para que fosse gerada crescente insegurança em relação ao mercado de trabalho, uma competitividade proporcionalmente maior e uma participação sindical proporcionalmente menor. Além disso, a flexibilização das formas de contratação constituiu um outro elemento do atual processo dissociativo entre os trabalhadores bancários (Cruz, 2000).

A terceirização do setor bancário visando basicamente à redução de custos e às mudanças organizacionais, foi realizada à revelia do movimento sindical bancário, pulverizando-o. Por sua vez, automação bancária e inovações tecnológicas foram também realizadas sob as determinações da modernização e competitividade do setor, a partir de discutíveis critérios de concorrência capitalista e a despeito da existência de inúmeras comissões de empregados acerca dos impactos das novas tecnologias no trabalho bancário, não levando em consideração quaisquer conclusões dessas comissões.

A voracidade e agilidade com que foram operacionalizados no setor bancário brasileiro os processos de transformações produtivas, inovações tecnológicas e gerenciais, as recorrentes tentativas de flexibilizar as relações de trabalho, os descumprimentos ao Acordo Coletivo da categoria, assim como as transformações gerais advindas das fusões, incorporações e privatizações, estiveram profundamente integrada às mais recentes determinações de competitividade e concorrência capitalista, impelindo dessa forma o movimento sindical à permanência em uma lógica reativa e reivindicativa. Muito embora seja este um traço definidor da ação sindical, esse tipo de lógica que induz às ações específicas no curto prazo possui características limitadas e pontuais. Ao tornar-se progressivamente impactada pelo novo cenário macroeconômico, tornou-se também prisioneira de si mesma, perdendo inclusive a vitalidade combativa demonstrada especialmente nos anos 80 (Alves, 1995).

Mesmo assim, é na vigência de um contrato coletivo de trabalho que o trabalhador bancário ainda mantém suas exíguas possibilidades de resistência.

A mudança no padrão de ação sindical bancária resultou das severas pressões impostas pela agilidade do capital sob hegemonia neoliberal. Em uma conjuntura particularmente difícil, a ação sindical bancária parece ter incorporado a lógica do capital, abatendo-se diante de sua nova magnitude.

O propalado viés neocorporativista do sindicalismo brasileiro, no caso do movimento sindical bancário, talvez não exista de fato, mas com certeza foi forjado um defensivismo de novo tipo, marcado por cruciais ambiguidades políticas e ideológicas muito específicas desse período. Essas ambiguidades, por sua vez, provocaram uma incapacidade muito grande do movimento sindical bancário de afastar-se da lógica do capital ou da perspectiva de parceria com o capital, como mal menor diante de uma momentânea, porém flagrante, derrota do mundo do trabalho.

REFERÊNCIAS

ABREU, A. R. de P. Mudança tecnológica e gênero no Brasil. Primeiras Reflexões. *Novos Estudos Cebrap*, n. 35, p. 107-120, mar. 1993.

ACCORSI, A. Automação: bancos e bancários. 1990. Dissertação (Mestrado em Administração) — Universidade de São Paulo, São Paulo, 1990.

ACCORSI, A. Automação bancária e seus impactos: o caso brasileiro. *Revista de Administração*, São Paulo, v. 27, n. 4, p. 39-46, out./dez. 1992.

AFUBESP – Associação dos Funcionários do Conglomerado Banespa e Cabesp/SEEB; Brasília, FEEB, SP/MS. O mercado financeiro: cenário de estabilização. *2º Seminário Nacional*, fev. de 1992. São Paulo, 1992.

AFUBESP – Associação dos Funcionários do Conglomerado Banespa e Cabesp/SEEB, Brasília, FEEB, SP/MS – *Caderno A crise do Banespa*. SP, 1994.

ALMEIDA, J. S. G. de. Crise econômica e reestruturação de empresas e bancos nos anos 80. Tese (Doutorado em Economia) – Universidade Estadual de Campinas, 1994.

ALMEIDA, J. S. G.; FREITAS, M. C. P. de. A regulamentação do sistema financeiro. *Texto para discussão*, IE/Unicamp, Campinas, n. 63, mar. 1998.

ALVES, G. Nova ofensiva do capital, crise do sindicalismo e as perspectivas do trabalho– o Brasil nos anos noventa. In : TEIXEIRA, F. J. S. & OLIVEIRA, M. A. (orgs.). *Neoliberalismo e reestruturação produtiva : as novas determinações do mundo do trabalho*. São Paulo: Cortez, 1995.

AMORIM, W. A. C. Setor bancário brasileiro: a negociação coletiva de 1993 e a busca de novos rumos para 1994. *Federação Nacional dos Bancos*, Anpocs-MG. out. 1994..

AMORIM, W. A. C. Negociação coletiva. *Encontros* Afubesp-SP, São Paulo, 1999.

AMORIM, W. A. C. Setor Bancário Brasileiro: a busca de novos rumos para a negociação coletiva. *RELASUR: Revista de Relaciones Laborales en America Latina-Cano Sur*, Madrid, nº 7, 1995.

ANTUNES, R. Adeus ao trabalho? Ensaio sobre as metamorfoses e a centralidade do mundo do trabalho. Campinas: Ed. Unicamp/Cortez, 1995a.

ANTUNES, R. O novo sindicalismo no Brasil. Campinas: Pontes, 1995b.

ARRIGHI, G. O longo século XX. Rio de Janeiro: Contraponto; São Paulo: Editora da Unesp, 1996.

FEBRABAN. Federação Brasileira das Associações de Bancos. Balanço social dos bancos 1998. São Paulo, 1999.

BANESPA – Relação de benefícios concedidos. SP: [s. n.], 1994.

BARROS, J. R. M. de; LOYOLA, Gustavo J. L; BOGDANSKI, J. Reestruturação do sistema financeiro no Brasil. Ministério da Fazenda - Secretaria de Política Econômica. Rio de Janeiro, 1998.

BARROS, J. R. M.; ALMEIDA, M. F. JR. Análise do ajuste do sistema financeiro no Brasil. Ministério da Fazenda, Maio. 1997.

BATISTA JR., P. N. *A economia como ela é...* São Paulo: Boitempo Editorial, 2000.

BELLUZO, L.; ALMEIDA, J. C. Crise e reforma monetária no brasil. *SP em Perspectiva*, São Paulo, jul./set. 1992.

BELLUZZO, L. G. GALÍPOLO, G. Dinheiro: o poder da abstração real. 1. ed. São Paulo: Contracorrente, 2021. 256 p.

BERNARDO, J. Economia dos conflitos sociais. São Paulo: Cortez, 1991.

BIFU. New technology in banking insurance and finance. London: [s. n.] maio, 1988.

BLASS, L. M. S. A automação bancária: práticas e representações. *In*: XVI ENCONTRO ANUAL DA ANPOCS, out. 1992, Caxambu. *Anais da ANPOCS*. Caxambu: [s. n.], 1992a.

BLASS, L. M. S. Estamos em Greve! Imagens, Gestos e Palavras dos Bancários DP. Hucitec/Seeb-SP, São Paulo, 1992b.

BLASS, L. M. S. O trabalho bancário: (re)fazer de todo instante. *Cadernos de Formação*, Seeb/SP, n. 2. [1989].

BOITO JR., Armando. *Política neoliberal e sindicalismo no Brasil.* São Paulo: Editora Fora da Ordem, 1999.

BOLETIM DIEESE. Esvaziamento do sistema financeiro no RJ. p. 6-9, abr. 1993a.

BOLETIM DIEESE. Emprego bancário: tendências recentes. p. 7-12, set. 1993b.

BOLETIM DIEESE. O projeto da Qualidade em Atendimento do Sistema Bancário. p. 45-48, dez. 1993c.

BOLETIM DIEESE. Desemprego volta a ameaçar os bancários. p. 7-17, ago. 1994.

BOLETIM DIEESE. A campanha salarial dos bancários em 1995. p. 15-19, jul. 1996a.

BOLETIM DIEESE. O emprego nos bancos na cidade de São Paulo de 1986 a 1995. p. 10-12, dez. 1996b.

BOLETIM DIEESE. Estratégia de estabilização, desemprego e exclusão social. p. 3-4, fev. 1997a.

BOLETIM DIEESE. Produtividade do setor bancário. p. 22-27, jul. 1997b.

BOLETIM DIEESE. Reestruturação produtiva reduz emprego nos bancos. p. 9-14, jul. 1997c.

BOLETIM DIEESE. A globalização da economia e a informatização do sistema financeiro. p. 21-28, set. 1997d.

BOLETIM DIEESE. As mudanças do emprego nos anos 90. p. 29-32, set. 1997e.

BOLETIM DIEESE. Balanço das negociações salariais em 1998. p. 12-16, jan./fev. 1999a.

BOLETIM DIEESE. A jornada de trabalho nos bancos. p. 33-39, mar./abr. 1999b.

BOLETIM DIEESE. Princípios para a produtividade: item da Nova Agenda Sindical? p. 10-12, jun. 1999c.

BOLETIM DIEESE. A conjuntura e as negociações no segundo semestre de 1999. p. 23-24, jul./ago. 1999d.

BORGES, C. R. C. Reestruturação produtiva e luta de classes: impactos políticos ideológicos da difusão do modelo japonês no Brasil. Tese (Mestrado em Ciências Sociais) – Pontifícia Universidade Católica de São Paulo, São Paulo, 1997.

BRAGA, J. C. A economia de "um só fundamento". *Gazeta Mercantil*, mar. 2001.

BRAVERMAN, H. Trabalho e capital monopolista: degradação do trabalho no século XX. Rio de Janeiro: Zahar, 1981.

BRESCIANI, L. P. O trabalho nos olhos do furacão: trajetória brasileira em meio a turbulências. *In: II CONGRESSO LATINO-AMERICANO DE SOCIOLOGIA DO*

TRABALHO, dez. 1996, Águas de Lindóia, SP. *Anais* [...]. Águas de Lindóia, SP: [s. n.]: 1996.

BUONFIGLI, M. C. Reestruturação produtiva e o renascimento da resistência dos trabalhadores nos anos 90. In: *II CONGRESSO LATINO-AMERICANO DE SOCIOLOGIA DO TRABALHO*, dez. 1996, Águas de Lindóia, SP. *Anais* [...]. Águas de Lindóia, SP: [s. n.], 1996.

CAMARGO, R. G. M. (org.). Os programas de qualidade total e o setor bancário. Vitória-ES: Dieese/Seeb-ES, out. 1994.

CANÊNDO, L. B. *Bancários*: movimento sindical e participação política. Campinas: Ed. da Unicamp, 1986.

CANO, W. Reflexões sobre o Brasil e a nova (des)ordem internacional. Campinas: Unicamp, 1995.

CANUTO, O.; LIMA, G. T. Crises bancárias, redes de segurança financeira e currency boards em economias emergentes. *Texto para discussão*, IE/Unicamp, Campinas, n. 83, set. 1999.

CARDOSO, A. M. Sindicatos, trabalhadores e a coqueluche neoliberal: a Era Vargas acabou? Rio de Janeiro: FGV, 1999.

CARTA CAPITAL. A nova ordem bancária no Brasil: crescimento dos bancos privados e o papel do capital estrangeiro. Revista Carta Capital, São Paulo, ano 6, n. 250, p. 42-45, 2000.

CARVALHO, C. E. *Bancos e inflação no Brasil*: comentários depois do Plano Real. São Paulo: Iesp-Fundap, 1996.

CARVALHO NETO, A. As negociações coletivas na indústria e nos serviços de ponta no Brasil dos anos 90. In: *III CONGRESSO INTERNACIONAL DE SOCIOLOGIA DO TRABALHO*, maio 2000, Buenos Aires. *Anais* [...]. Buenos Aires: [s. n.], 2000.

CARVALHO NETO, A. (org.). *Sindicalismo e negociações coletivas nos anos 90*. PUC-MG, IRT, Belo Horizonte, 1998.

CARVALHO, C. E. As dimensões do sistema Bancário no Brasil Setor Terciário. *SP em Perspectiva*, São Paulo, Seade, v. 6, n. 3, jul./set. 1992.

CASSIOLATO, J. E. A conexão entre usuários e produtores de alta tecnologia: um estudo de caso da automação bancária no Brasil. *Ensaios FEE*, Porto Alegre, v. 13, n. 1, 1992.

CERQUEIRA, H.; AMORIM, W. *Evolução e características do emprego no setor bancário. Texto para Discussão* n. 96. Cedeplar/Face/UFMG-BH, 1996.

CERTAIN, T. H. C. F. Processo de difusão da automação bancária no Brasil. *Relatório Final de Pesquisa*, Fapes-IE, Unicamp, maio 1985.

CERTAIN, T. H. Tecnologia e emprego no setor bancário: estudo de caso no banco Itaú. [s. n.] 1994.

CHESNAIS, F. A mundialização do capital. São Paulo: Ed. Xamã, 1996.

CHOSSUDOVSKY, M. *A globalização da pobreza*. Impactos das reformas do FMI e Banco Mundial. São Paulo: Moderna, 1999.

CINTRA, M. A. M. Uma visão crítica da teoria da repressão financeira. Campinas: Unicamp/IE, 1998.

CINTRA, M. A. M.; FREITAS, M. C. P. de. O processo recente de concentração financeira nos principais países desenvolvidos. *Indicadores Iesp*, n. 65, mar./abr. 1998.

CLACSO. Comisión de Movimientos Laborales – Modernización tecnologia y ación sindical em el sector financiero em America Latina – *Seminário*, fev. 1991.

CLUSTER CONSULTING. A participação da população brasileira no universo bancário. Valor Econômico, São Paulo, 2 maio 2000.

CNB/CUT. Bancários brasileiros lutam por empregos e transparência no sistema financeiro. abr. 1996.

CNB/CUT. Executiva Nacional dos Bancários. Perfil do Bancário. 1997.

COSTA, F. N.; MARINHO, M. R. N. Bancos no estado de São Paulo 1988. *In*: Estratégias recentes no terciário paulista – telecomunicações, comércio e sistema bancário. *Análises e Ensaios*, Seade/SP, 1995.

COSTA, F. N.; MARINHO, M. R. N. Relatório analítico das informações oriundas da Saep. *PABP*. Fundação Seade/SP, São Paulo, 1997.

COUTINHO, L. A terceira revolução industrial e tecnológica. *Economia e Sociedade*, Campinas, ago. 1992.

COUTINHO, L. G; BELLUZZO, L. G. M. Desenvolvimento e estabilização sob finanças globalizadas. *Economia e Sociedade*, Campinas, n. 7, p. 129-54, dez. 1996.

CRUZ, A. *A janela estilhaçada* – a crise do discurso do novo sindicalismo. Petrópolis: Ed. Vozes, 2000.

CUT. Departamento Nacional dos Bancários – Sistema Financeiro Nacional. fev. 1992.

DEDECCA, C. S. Racionalização e trabalho no capitalismo avançado. Campinas: Editora do Instituto de Economia, Unicamp, 1999.

DESENVOLVIMENTO Tecnológico da Indústria e Constituição de um Sistema Nacional de Inovação no Brasil. Relatório Síntese, 1990.

DIEESE. O comportamento das negociações coletivas de trabalho nos anos 90: 1993. 1996. *Pesquisa Dieese*, São Paulo, n. 15, maio 1999.

DIEESE. Profissão bancário, perfil da categoria. São Paulo: Ed. Seeb, 1980.

DIEESE/CNB/CUT. Mapa de gênero e raça do setor bancário brasileiro. *In:* DIEESE/CNB/CUT. *Desigualdades no mercado de trabalho bancário:* um estudo comparativo. São Paulo: DIEESE/CNB/CUT, 2001. p. 41-43.

DIEESE/CNB-CUT/SEEB. Fusões e incorporações: um roteiro de informações. Londrina: Dieese/CNB-CUT/Seeb, out. 1996.

DIEESE/CNB-CUT/SEEB. Os impactos das fusões e incorporações: de bancos sobre o trabalho bancário. Dieese/CNB-CUT/Seeb, São Paulo: Dieese, maio 1996.

DIEESE/CNB-CUT/SEEB-BA. O trabalho bancário: notas para discussão. Dieese/CNB-CUT/Seeb-BA, São Paulo: Dieese, abr. 1996.

DIEESE/CNB-CUT/SEEB-SP/BH. O emprego bancário no Estado de SP (1989-1994). Dieese/CNB-CUT/Seeb-SP/BH, São Paulo: Dieese, out. 1994.

DIEESE/ESTUDOS SETORIAIS. Automação nas agências bancárias em cidades de porte médio: o caso de Juiz de Fora-MG. Dieese/Estudos Setoriais, São Paulo: Dieese, jun. 1995.

DIEESE/ESTUDOS SETORIAIS. Impactos das fusões e incorporações de bancos sobre o trabalho bancário. Dieese/Estudos Setoriais, São Paulo: Dieese, maio 1996. p. 12-17.

DIEESE/ESTUDOS SETORIAIS. Terceirização e restruturação produtiva no setor bancário no Brasil. Dieese/Estudos Setoriais, São Paulo: Dieese, jul. 1994.

DIEESE/SEEB/ES. Resposta Sindical à Automação – SEEB/Secretaria de Formação Sindical – Os programas de qualidade total e o setor bancário. Dieese/Seeb/ES, São Paulo: Dieese, out. 1994.

DOURADO, E. O. *As inovações tecnológicas e suas implicações no perfil do trabalhador bancário*: o caso dos gerentes. Dissertação (Mestrado em Serviço Social) – Faculdade de Serviço Social, Universidade Federal do Rio de Janeiro, Rio de Janeiro, 1995.

DOWBOR, L.; IANNI, O.; RESENDE, P. E. (org.). *Desafios da globalização*. Petrópolis: Vozes, 1997.

ELY, H. B. Qualidade nos bancos: um estudo sobre o aspecto participativo das novas formas de gestão. Programa de Pós Graduação em Sociologia, UFRGS, Porto Alegre, 1995.

ELY, H. B. Mudanças tecnológicas nos bancos brasileiros. Sese/Seeb/SP, São Paulo, 1993.

FEEB/RS. BANCÁRIO – Trabalho, vida e organização. *Relatório de Pesquisa*, 1988/1989.

FENABAN. Convenção coletiva de trabalho da FENABAN, 1999/2000. *Convenção Coletiva da Participação nos Lucros e Resultados 1999/2000*. Minuta de Reivindicações da Categoria Bancária apresentada à FENABAN para a convenção 2001/2001.

FERREIRA, S. Reestruturação empresarial e ação sindical: mito e realidade sobre o imperativo de produtividade e da qualidade. *Proposta* n. 63, dez. 1994.

THE ECONOMIST. Fim da ditadura do teclado. *Gazeta Mercantil*, São Paulo, abr. 1993.

FIORI, J. L. (org.). Estados e moedas no desenvolvimento das nações. Petrópolis: Vozes, 1999.

FIORI, J. L.; TAVARES, M. C. (org.). Poder e dinheiro. Uma economia política da globalização. Petrópolis: Vozes, 1997. (Parte II – O dinheiro e a riqueza).

FORRESTER, V. O Horror Econômico. São Paulo: Ed. Unesp, 1997.

FREITAS, M. C. P. D, PRATES, D. M. Reestruturação do Sistema Financeiro Internacional e Países Periféricos. *Brazil J Polit Econ* [Internet]. 2002 Apr;22(2):207–24. Available from: https://doi.org/10.1590/0101-31572002-1268.

FUNDAP. O formato institucional do sistema monetário e financeiro: um estudo comparado. *Relatório final: Reordenamento Institucional do Sistema Financeiro no Brasil*, 1991 (SP).

GADREY, J. Emprego, produtividade e Avaliação do Desempenho de Serviços. In: *Seminário – Os Estudos do Trabalho: novas problemática - novas metodologias, novas áreas de pesquisa*, 4ª Trabalho e produtividade no terciário, 1999, USP/SP.

GARCIA, M. de F. Reestruturação bancária no Brasil dos anos 90 e os efeitos sobre as relações de trabalho: algumas evidências recentes. *In: VI ENCONTRO NACIONAL DE ESTUDOS DO TRABALHO*, 1999. Anais. Abei, [S. l.] 1999.

GAZETA MERCANTIL. Representação de bancos estrangeiros no Brasil. Gazeta Mercantil, São Paulo, Caderno de Finanças, 3 set. 1999.

GAZETA MERCANTIL [jornal], a. 80, n. 21907. São Paulo-SP, 2000.

GAZETA MERCANTIL. Grupo de Trabalho/Grupo dos 10 Mais Industrializados realiza estudo sobre as mudanças na paisagem financeira resultantes da onda de concentração. Gazeta Mercantil, São Paulo, 26 jan. 2001.

GITAHY, L. Inovação tecnológica, subcontratação e mercado de trabalho. *In: ANPOCS, SEMINÁRIO TEMÁTICO, PERSPECTIVAS DO SINDICALISMO NOS ANOS 90*, out. 1993, Caxambu. Anais [...]. Caxambu: [s. n.], 1993.

GITAHY, L; RABELO, F. ; COSTA, M. C. Inovação tecnológica, relações industriais e subcontratação. *Texto para discussão* nº 10. Campinas: DPCT/UNICAMP, 1991.

GOUVÊA, J. L. Bancos e finanças no Brasil: reestruturação e tendências. Trabalho apresentado como subsídio ao Programa de Capacitação de Dirigentes e Assessores Sindicais (PCDA), Programa financiado pelo FAT/MTb e CNPq/MCT, sob coordenação do DIEESE e das Centrais Sindicais CUT, Força Sindical e CGT, 1998.

GOUVEIA, J. L. Os municípios brasileiros e o papel dos bancos públicos (um roteiro para exposição). CNB/CUT/SP, São Paulo, ago. 1999.

GOUVEIA, J. L. Reestruturação do sistema financeiro nacional e o papel dos bancos públicos. São Paulo: CNB/CUT, jun. 2000.

HARVEY, David. Condição pós-moderna. São Paulo: Loyola, 1992.

HIRATA, H. Da larização das Qualificações ao Modelo da Competência. *In:* FERRETTI, C. J. *et al.* (org.). *Novas Tecnologias, Trabalho e Educação:* um Debate Multidisciplinar. Petrópolis, Vozes, 1994.

HOBSBAWM, E. Era dos Extremos – O breve século XX. São Paulo: Cia das Letras, 1995.

IADES – Instituto de Análises sobre o Desenvolvimento Econômico e Social. *Perfil da Categoria Bancária em SP*. Seeb/SP, São Paulo, 1992/1993.

IANNI, Octavio. A ideia de Brasil moderno. Coleção Grandes Cientistas Sociais. São Paulo: Brasiliense, 1994.

IESP/FUNDAP. O formato institucional do sistema monetário e financeiro: um estudo comparado. *Relatório final: Reordenamento Institucional do Sistema Financeiro no Brasil*. São Paulo: FUNDAP, 1991.

IESP/FUNDAP. Tendências estruturais dos bancos privados no Brasil: dinâmica da relação entre bancos e empresas não-financeiras (1990-1994). Iesp/Fundap, São Paulo, ago. 1995.

INFORMA CUT. Sistema democrático de relações de trabalho – *Desatar nós*. jan. 1995.

INFORMAÇÃO SINDICAL. A informatização bancária hoje. Ano 1, n. 14, ago. 1992a.

INFORMAÇÃO SINDICAL. Radiografia do sistema financeiro brasileiro. Ano 1, n. 16, out. 1992b.

INFORMAÇÃO SINDICAL – CNB. A construção da convenção coletiva nacional dos bancários. Ano 1, n. 17, nov. 1992c.

INFORMAÇÃO SINDICAL. O Sindicalismo e as lutas da sociedade civil. Ano 1, n. 18, dez. 1992d.

IPT – Automação bancária. Panorama Setorial, 1996. São Paulo: Editora Gazeta Mercantil, 1996.

JÁCOME, I. (org.). O novo sindicalismo. Vinte anos depois. Petrópolis: Ed. Vozes, 2001.

JINKINGS, N. Bancários brasileiros: entre o fetichismo do dinheiro e o culto da excelência. In: *III CONGRESSO LATINO-AMERICANO DE SOCIOLOGIA*, maio 2000, Buenos Aires. Anais [...]. Buenos Aires: [s. n.], maio 2000.

JINKINGS, N. O mister de fazer dinheiro: automação e subjetividade do trabalho bancário. São Paulo: Ed. Boitempo, 1995.

KAREPOVS, D. (coord.). A história dos bancários: lutas e conquistas, 1923-1993. São Paulo: Sindicato dos Bancários e Financiários de São Paulo, 1994.

LARANGEIRA, S. Automação do setor bancário, emprego e organização do trabalho. POA/*ANPOCS*, Porto Alegre, 1990.

LARANGEIRA, S. Reestruturação produtiva no setor bancário: a realidade dos anos 90. *Educação e Sociedade*, ano XVIII, n. 61 (especial), dez. 1997.

LARANGEIRA, S. M. G. As novas tecnologias e a ação sindical no setor bancário: as experiências britânica e brasileira. *ANPOCS*, Caxambú, MG, out. 1993.

LARINE, A. O processo de automação e a diversificação dos serviços bancários. *Relatório Final de Monografia II*. IE/Unicamp.

LEITE, J. V. A resposta dos trabalhadores do dinheiro à organização do trabalho no Banco Central do Brasil. *ANPOCS* (mimeo), Caxambú, 1989.

LEITE, M. de P. O futuro do trabalho: novas tecnologias e subjetividade operária. São Paulo: Scritta/Fapesp, 1994.

LOMBARDI, M. R. Reestruturação produtiva e trabalho: percepções dos trabalhadores. *Educação e Sociedade*, ano XVIII, n. 61 (especial), dez. 1997.

MANGABEIRA, W. Os dilemas do novo sindicalismo. Democracia e política em Volta Redonda; RJ Relume-Dumará, *ANPOCS*, 1993.

MARTINS, H.; RAMALHO, J. R. (org.). Terceirização: diversidade e negociação no mundo do trabalho. São Paulo: Hucitec. CED/Nets, 1991.

MATTOS, F. A. Capitalismo organizado e capitalismo desorganizado: o desafio da criação de emprego. *Cadernos do Cesit*, Campinas, n. 27, fev. 1998.

MATTOSO, J. A desordem do trabalho. São Paulo: Ed. Scritta, 1995.

MATTOSO, J.; POCHMANN, M. Mudanças estruturais e o trabalho no Brasil nos anos 90. *Economia e Sociedade*, Campinas, jun. 1998.

MATTOSO, J. E. L. Notas sobre a terceira revolução industrial, crise e trabalho no Brasil. *Cadernos do CESIT*, n. 2, Unicamp/SP, 1992.

MELLO, J. M. C. de. Consequências do Liberalismo. *Economia e Sociedade*, Revista IE/Unicamp, n. 1, ago. 1992.

MELLO, J. M. C. de. A Contra-Revolução Liberal – Conservadora e a tradição crítica latino-americana. *In*: FIORI, J. L.; TAVARES, M. da C. (org.). *Poder e Dinheiro*. Uma economia política da globalização. Petrópolis: Ed. Vozes, 1997. cap.1, p. 15-24.

MINELLA, A. Organização político-corporativa na burguesia bancária financeira no Brasil. *ANPOCS* (mimeo), 1988.

NADEL, H. Crise da sociedade salarial, nova pobreza. *In*: THERET, B.; BRAGA, J. C. de Souza (org.). *Regulação Econômica e Globalização*. Campinas: Unicamp-IE, 1998. p. 259-282.

OIT/CESIT/UNICAMP. As mudanças recentes nas relações de trabalho no Brasil. OIT/CesiT/Unicamp, dez. [S. l.], 1997. (Relatório de Pesquisa).

OIT. Los efectos sociales de los cambios estructurales en la banca. Programa de Actividades sectoriales, *Reunión tripartita sobre los efectos sociales de los cambios estructurales en la banca*, Genebra, Suíça. 1993.

OIT/World Employment Programme Research. Information technology employment, training and labour relations in financial services in Mexico. Genebra: Working Paper, 1992.

OLIVEIRA, C. A. B. et al. (org.). O mundo do trabalho: crise e mudança no final do século. São Paulo: Scritta/Cesit-Unicamp, 1994.

OLIVEIRA, C. A. B.; MATTOSO, J. E. et al. (org.). Crise e trabalho no Brasil. São Paulo: Scritta, 1996.

OLIVEIRA, F. de; PAOLI, M. C. (org.). Os sentidos da democracia – Políticas de dissenso e hegemonia global/NEDIC. Petrópolis: Vozes; Brasília: Nedic, 1999.

OLIVEIRA, M. A. Economia e trabalho: textos básicos. Campinas: SP/Unicamp/IE, 1998.

OLIVEIRA, M. A. et al. (org.). Reforma do estado e políticas de emprego no Brasil. Campinas: SP/Unicamp, 1998.

OLIVEIRA, M. A.; SIQUEIRA NETO, J. F. As negociações coletivas no contexto do plano real. Cadernos Cesit, Campinas, n. 28, nov. 1999.

TELLES, V. S. PAOLI, M. C. P. M. Direitos sociais: conflitos e negociações no Brasil contemporâneo. *Cultura e política nos movimentos sociais latino americanos: novas leituras*. Tradução. Belo Horizonte: UFMG, 2000. . Disponível em: https://biblio.fflch.usp.br/Paoli_MCPM_34_1133391_DireitosSociais.pdf. Acesso em: 8 nov. 2024.

PAULA, L. F; OREIRO, J. L.; JONAS, G. Fluxos e Controles de Capitais no Brasil: avaliação e proposta de política. *In:* SICSÚ, J; OREIRO, J.L.; PAULA, L.F. *Agenda Brasil:* políticas econômicas para o crescimento com estabilidade de preços. Barueri: Manole. 2003.

PEREIRA, D.; CRIVELLARI, H. M. A concepção fabril numa empresa bancária. *In*: LEITE, M. P.; SILVA, R. A. (org.). *Modernização Tecnológica*. Relações de Trabalho e Práticas de Resistência. São Paulo: Iglu/Ildes/Labor, 1991.

PESSANHA, E. G. F.; MOREL, R. L. M. O fim da era Vargas?: O novo sindicalismo e mudanças recentes no padrão de relações de trabalho no Brasil. *In*: RODRIGUES, Iram Jacome (org.). *O novo sindicalismo vinte anos depois*. Rio de Janeiro: Ed. Loyola, 2000, p. 95-112.

PIORE, Michael J.; SABEL, Charles F. The Second Industrial Divide. New York: Basic books, 1984. 354 pp.

POCHMANN, M. O emprego na globalização: a nova divisão internacional do trabalho e os caminhos que o Brasil escolheu. São Paulo: Boitempo Editorial, 2001.

POCHMANN, M. Políticas do trabalho e de garantia de renda no capitalismo em mudança. São Paulo: LTR, 1995.

RALLET, A. Mudança tecnológica e políticas regulamentadoras: os determinantes do surgimento de um novo setor de crescimento. *In*: THERET, B.; BRAGA, J. C. de S. (org.). *Regulação Econômica e Globalização*. Campinas: Unicamp-IE, 1998. p. 343-430.

RAVAGNANI, M. L. *Capacitação Tecnológica*: o caso da indústria brasileira de software e a contribuição da automação bancária, [S. l.], 1990.

REVISTA DOS BANCÁRIOS. Segurança para todos. n. 43, abr. 1999.

REVISTA EXAME. 230 mil postos de trabalho foram extintos. Exame, São Paulo, p. 63, 23 jun. 1993.

RODRIGUES, Alcinei Cardoso. O emprego bancário no Brasil e a dinâmica setorial (1990-1997). 217 f. Dissertação (Mestrado em Economia) Faculdade de Economia da Pontifícia Universidade Católica de São Paulo, São Paulo, 1999.

RODRIGUES, A. C.; PASSOS, D.; CERQUEIRA, H. E. A. G. *Evolução recente ao emprego no Brasil*. Dieese/Fetec/Seeb-BH/Seeb/SP, São Paulo: Dieese, jul. 1998.

RODRIGUES, A.; PASSOS, D.; FAZIO, L. A remuneração variável em bancos privados selecionados. São Paulo: Dieese 2001.

RODRIGUES, L. M. Novo cenário do sindicalismo brasileiro. Rio de Janeiro: Inae-RJ mimeo, 1990.

RODRIGUES, L. M. O destino do sindicalismo. São Paulo: Edusp/Fapesp, 1999.

RODRIGUES, L. M.; JACOME, I. A greve dos nove dias: um estudo das greves dos bancários de março de 1987, São Paulo: USP, 1988.

ROMANELLI, Geraldo. O Provisório Definitivo: Trabalho e Aspirações de Bancários em São Paulo. 1978. Dissertação de Mestrado - FFLCH/USP, São Paulo.

ROMITI, G. Revolução tecnológica, sistema bancário e atividade sindical. *In*: *Seminário Nacional Sobre Liberdade Sindical E Negociação Coletiva Entre A Revolução Tecnológica No Setor Bancário*, mar. 1991, Uruguai. *Anais*. Montevidéu, 1991.

SABÓIA, J. O terciário: um setor em crescimento no Brasil: Setor terciário. *SP em Perspectiva*, SP Seade, v. 6, n. 3, jul./set. 1992.

SADER, E.; GENTILI, P. Pós-neoliberalismo: as políticas sociais e o Estado democrático. Rio de Janeiro: Paz e Terra, 1995.

SALERNO, M. S. Automação e luta dos trabalhadores. *SP em Perspectiva*, São Paulo, jul./set. 1988.

SALERNO, M. S.; ZAMBERLAN, F. Racionalização e automatização: a organização do trabalho nos bancos. *In*: FLEURY, A. C. C.; VARGAS, M. *Organização do trabalho: uma abordagem interdisciplinar*. São Paulo: Atlas, 1983. p. 172-194.

SANTOS, C. M. et al. Sistema bancário: mudanças no perfil do setor, na organização sociotécnica do trabalho e ação dos trabalhadores. *Relatório de Pesquisa: Automação Bancária, reorganização do trabalho e percepção dos trabalhadores: um estudo de caso*. CRH/FINEP/UFBA – Departamento de Sociologia, Salvador, 1991.

SÃO PAULO. Relatório Do Projeto De Pesquisa "Processo de Difusão da Automação Bancária no Brasil" – FAPESP, IE. Junho de 1984 a maio de 1985. São Paulo: FAPESP, 1985.

SCHMITZ, H.; CARVALHO, R. (org.). Automação, competividade e trabalho: a experiência internacional. São Paulo: Hucitex, 1988.

SCHWARTZ, G.; FREITAS, M. C. P. Serviços financeiros: rumo à regulamentação. *SP em Perspectiva*, São Paulo, jul./set. 1992.

SEGNINI, L. R. P. *A liturgia do poder*: trabalho e disciplina. São Paulo: Educ, 1988.

SEGNINI, L. R. P. Trabalho da mulher em um contexto altamente informatizado. *In*: 19° *ENCONTRO NACIONAL DA ANPOCS*, 1995, Caxambu, MG. *Anais* [...]. Caxambu, MG: [s. n.], 1995.

SEGNINI, L. R. P. Novas formas de relações empregatícias e qualificações requeridas em um contexto altamente informatizado: análise do sistema financeiro no Brasil. *Projeto de pesquisa*. Convênio Cedes/UNICAMP financiado pela FINEP, CNPq, FAE/UNICAMP, 1995/1997.

SEGNINI, L. R. P. Mulheres no trabalho bancário. São Paulo: Edusp, 1998. (Capítulos 1, 2 e 3).

SEGNINI, L. R. P. Reestruturação nos bancos do Brasil: desemprego, subcontratação e intensificação do trabalho. *Educação e Sociedade*, ano XX, ago. 1999.

SELIGMANN-SILVA, E. Desgaste mental no trabalho dominado. Rio de Janeiro: Cortez, 1994.

SILVA, R. A. Representatividade e renovação no sindicalismo brasileiro. *Cadernos do Cesit*, SP/Unicamp/IE, n. 10, jul. 1992.

SIQUEIRA NETO, J. F. OLIVEIRA, M. A. Contrato Coletivo de Trabalho: possibilidades e obstáculos à democratizacão das relacões de trabalho no Brasil. *In:* OLIVEIRA, C. Á. B.; MATTOSO, J. E. L. *Crise e Trabalho no Brasil*, São Paulo: Scritta, 1996, 344pp.

TAGLIAFERRI, T. *et al*. Nuove tecnologie produttivitá e lavoro bancario. Quadermi de Economia del Lavoro/25. Milão FAE/Riviste, Milanno, 1986.

TAVARES, M. da C. Destruição não criadora – memórias de um mandato popular contra a recessão, o desemprego e a globalização subordinada. Rio de Janeiro: Record, 1999.

TEIXEIRA, F. J. S. (org.). Neoliberalismo e reestruturação produtiva. São Paulo: Cortez; Fortaleza, Uece, 1998.

TEIXEIRA, N. G. *O sistema bancário brasileiro e suas transformações frente à crise atual*. Tese (Doutorado em Ciência Econômica) – Universidade Estadual de Campinas, Campinas, 1985.

TRABALHO E REESTRUTURAÇÃO PRODUTIVA: 10 Anos de linha de produção/ DIEESE, SP, DIEESE, 1994.

VALENDUC, G.; VENDRAMIN, P. O setor bancário na Europa. *Seminário AFETT Setor Bancário, Documentação Preparatória*. mar. 1991.

VENCO, S. (coord.). Um estudo sobre o perfil da categoria bancária. São Paulo: SP/Seeb, 1989.

VENTURINI, W. A nova cara do sindicalismo brasileiro. *Revista + D45*, p. 15-19, jul./ago./set. 2000.

VIANNA, M. L. T. W. Avaliação do modelo sindical brasileiro diante dos novos desafios da modernização. *Texto para discussão interna*. IE/UFRJ, 1993.

ZAPATA, F. Crise do sindicalismo na américa latina? *Revista de Ciências Sociais*, Rio de Janeiro, v. 37, n. 1, 1994.

ZYLBESTAJN, H.; CASTRO, M. C. Uma proposta de metodologia para o acompanhamento das negociações coletivas. *In*: SEDLACEK, G. L.; BARROS, R. P. de (org.). *Mercado de Trabalho e Distribuição de Renda*: Uma coletânea. Brasília: Ipea, 1989.